# 知行悟

——一位学校基层党组织书记的思考与实践

马志太·著

人民日报出版社
北京

图书在版编目（CIP）数据

知行悟：一位学校基层党组织书记的思考与实践 / 马志太著．-- 北京：人民日报出版社，2022.11

ISBN 978-7-5115-7558-6

Ⅰ．①知… Ⅱ．①马… Ⅲ．①中国共产党一中学一基层组织一党支部一工作一北京 Ⅳ．①D267.6

中国版本图书馆CIP数据核字（2022）第202132号

书　　名：知行悟：一位学校基层党组织书记的思考与实践
ZHI XING WU：YIWEI XUEXIAO JICENG DANGZUZHI SHUJI DE SIKAO YU SHIJIAN

作　　者：马志太

出 版 人：刘华新
责任编辑：万方正
封面设计：马志太

出版发行：人民日报出版社
社　　址：北京金台西路2号
邮政编码：100733
发行热线：（010）65369527　65369509　65369512　65369846
邮购热线：（010）65369530　65363527
编辑热线：（010）65369521
网　　址：www.peopledailypress.com
经　　销：新华书店
印　　刷：豪彩印刷（天津）有限公司
法律顾问：北京科宇律师事务所　010-83622312

开　　本：710mm×1000mm　1/16
字　　数：350千字
印　　张：20.25
版次印次：2022年11月第1版　2022年11月第1次印刷

书　　号：ISBN 978-7-5115-7558-6
定　　价：58.00元

# 海淀教育名校名家丛书

# 序

欣闻马志太书记的思想和实践成果《知行悟——一位学校基层党组织书记的思考与实践》一书即将付梓，值得祝贺。

马志太书记给我的第一印象是学识渊博、睿智风趣，谈吐中总能用最生动的故事给人带来触动心灵的启示，让人久久不能忘怀。多次接触和交流后，逐渐增加了对他的了解，他是一位思想深刻的学者型的教育工作者，亦是一位充满活力的实干型的基层党务工作者。在成为北京交大附中党委书记之前，他担任过多年的教学副校长和德育副校长，对中学的各方面工作都十分熟悉，对教师的发展和学生的成长有系统的研究。

《关于加强中小学校党的建设工作的意见》中指出，“选优配强党组织书记。注重选拔党性强、懂教育、会管理、有威信、善于做思想政治工作的优秀党员干部担任党组织书记。党组织书记一般应具备教师资格，经过学校党务和行政岗位锻炼。”我想，马书记对于教育教学工作的熟悉，对他之后的党建工作无疑是大有裨益的。因为，只有了解教育，并且对教育有极深的情怀和不断的沉淀与提升，才能使党建工作迅速、自然、深入地融入学校办学的每一个“神经末梢”，才能实现党建与教育工作的深度融和。就像交大附中党建工作的关键词“引领、融和、服务”，通过融和与服务的多项举措实现党建引领，润物细无声中实实在在地加强党的领导，使党组织成为学校全部工作和战斗力的基础。

仔细研读此书，给人耳目一新的感觉。该书并不是通篇地阐释理论，所有的理性思考都有实践的验证；实践背后总有一些耐人寻味的道理。内容涉及多个领域，包括学校党组织的作用和工作体系、德育工作、思政工作、党管人才、党管干部、党员先锋模范作用的发挥、对教育改革的前瞻思考等，是对中学党建工作全方位的探讨。行文流畅自然，可读性强。有的文章进行了大量实证而系统的研究，既有缜密的逻辑，又有生动的实例；有的文章是“原生态”的即兴讲话，金句频出，引人入胜。

如果用三句话来概括这本书和交大附中的党建工作，那就是“实践常新，制度常抓，探索常青”。

实践常新，就是在扎实的工作中不断突破和创新。近年来，在马书记的带领下，交大附中党委立足学校发展，围绕学校教育教学中心工作，积极创新党建工作方法，并通过调查研究和行动实践，构建“双引擎”的党建工作模式，形成了丰富的实践经验，从而推进学校党建工作的科学化进程。

制度常抓，就是用制度的形式，把探索出来的好的实践成果巩固下来，总结一类经验就形成一套制度，形成一套制度就规范一类行为。比如，党员的“因我而不同”和“六带头”制度、“六星级”党支部制度、“聊吧”群众工作机制，党组织“微项目”工作机制等。并且由于这些制度贴合师生需要，既在实践中取得了实效，又与中心工作相互促进、相得益彰。

探索常青，就是既以党的创新理论最新成果武装头脑，指导工作，又不断吸纳学校各级党组织和广大党员群众在实践中创造的新鲜经验，为进一步提高党建水平提供现实养分。随着交大附中走上集团化发展道路，学校党委也面临着一校多址、文化多元、地点分散、党员管理难度大的现实状况。面对机遇和挑战，学校党委旗帜鲜明，立场坚定，一方面，通过党员“六大课程”体系，加强理论指导；另一方面，通过“1+1+1”和“四三三”的组织生活会模式，讷言敏行，知行合一，使组织工作充满活力。

学校党建工作，抓好了就是凝聚力，抓实了就是生产力，抓深了就是战斗力。在马志太书记的带领下，北京交大附中全体党员以自我革命的精神，把初心写在行动上，把使命落在岗位上，将党建工作提升新高度、赋予新温度、做出新深度，充分发挥了市级党建示范点的组织力和影响力。

谨以为序。

尹润君

2021 年 11 月 3 日

# 目录
# Contents

## 第四章 组织保障：让党员干部成为学校发展的模范先锋



## 第五章 思想引领：准确把握教育教学改革的前沿和热点

# 第一章

## 把关定向：充分发挥学校党组织的领导核心作用

# 第一节　建立学校党建工作体系

## 引领、融和、服务——学校党建工作的三个关键词

党的基层组织是党在社会基层组织中的战斗堡垒，是党的全部工作的战斗力基础。为更好地发挥战斗堡垒作用，北京交大附中党委立足学校发展，围绕学校教育教学中心工作，积极创新党建工作方式，探索出“引领、融和、服务”的具体路径，推进学校党建工作的科学化进程。

### 一、回到原点重新思考学校党建工作

作为学校党组织书记，首先需要思考的是学校党组织到底该发挥什么样的作用。《中国共产党章程》第三十二条指出，党的基层组织是党在社会基层组织中的战斗堡垒，是党的全部工作和战斗力的基础。2016 年 6 月 29 日，中央组织部、教育部党组联合印发《关于加强中小学校党的建设工作的意见》明确指出，中小学校党组织要“全面负责学校党的思想、组织、作风、反腐倡廉和制度建设，把握学校发展方向，参与决定重大问题并监督实施，支持和保证校长依法行使职权，领导学校德育和思想政治工作，培育和践行社会主义核心价值观，维护各方合法权益，推动学校健康发展”。我们通过深入学习认为，要发挥学校党组织的领导核心作用，就要把握好“引领、融和、服务”三个关键词。

“引领、融和、服务”也是北京交大附中集团化办学，以及学校文化、干部队伍、教师队伍结构相融和的需要。近年来，北京交大附中办学规模不断扩大，形成了“一校六址”的新局面，有的校区跨学区，甚至跨区。面对新形势，学校党组织如何引领“一校六址”师生，真正“从行到心”融合为一个大家庭，增强全体师生对学校的归属感是亟待解决的问题。

### 二、如何理解“引领、融和、服务”

引领——本意即为引导、带领。结合北京交大附中的实际，引领有以下三层含义：一是党委、党总支及党支部对集团内各校区办学方向的引领；二是通过多元化的学习引领，增强学校发展内驱力，使学校在教育改革和优质办学中承担更重要的社会责任，为广大人民群众提供更好的教育服务；三是干部、党员在学生

全面发展的教育引导上发挥突出的引领作用。引领意在彰显北京交大附中“在思想高处引领”的党建理念。

融和——不同事物彼此接纳、和谐共处之意。融和包括三层含义：“加强校区间的融和、增强党政间的融和、促进不同身份的融和”。具体诠释如下：一是党组织引领布局调整后的各校区师生以更好的融和，共建北京交大附中这个“大家庭”。这个“融和”并非此消彼长或单向复制，而是各校区在相互尊重和相互接纳的基础上，形成精神认同、情感认同和行为认同，同时又彰显各校区的特色。二是北京交大附中党建工作与学校中心工作融为一体——围绕中心抓党建。党政同心，目标一致、责任共担。三是北京交大附中干部、党员要以融和的心态和行动处理好党员与教师双层身份之间的关系，在工作岗位上，发挥党员先锋模范作用。融和意在彰显北京交大附中“在内心深处融和”的党建理念。

服务——本意指为他人做事，并使他人从中受益的一种有偿或无偿的活动。对于学校基层党组织而言，“学生是最重要的群众，教师是最关键的群众”。因此，北京交大附中党建工作的服务包括以下三层含义：一是服务于师生身心健康，二是服务于师生发展要求，三是服务于教师生活保障。服务意在彰显北京交大附中“在行动实处服务”的党建理念。

“引领、融和、服务”三者的关系是：在融和中服务，通过服务促进融和；融和与服务是为了更贴近实际、更有实效地引领；引领是在融和与服务的基础上更好地发挥出党组织的作用和价值。三者相辅相成。

## 二、如何实现“引领、融和、服务”

首先谈谈如何实现引领。

学校党委从以下三个方面着手，引领学校全面发展。

### （一）坚持社会主义办学方向，加强德育引领

在党组织对德育的引领中，认真贯彻落实相关文件精神，发挥党组织的主导作用，把德育工作和意识形态工作牢牢抓在手上。

#### 1. 加强师德建设，强化师风传承

学校党委坚持党管干部、党管人才的原则。在干部任用与考核、人才引进、岗位聘用、考核评价和职称评审、岗位晋级等各个方面，严把政治关、师德关。

在师德建设中，学校党委一贯强调两条建设途径，即“以道为源，涵养美德；以法为常，规束言行”，从师道传承和行为规范两个方面加强师德建设，营造良好的师德、师风氛围。

以道为源，涵养美德——这里所说的道，就是师道。具体说来，师德养成的师道传承，主要由以下三个方面组成。

一是习近平总书记关于教师师德方面的重要论述，如“‘四有’好老师”“四个引路人”“四个相统一”“三个传播、三个塑造”等。

二是中国优秀传统文化中以儒家文化为代表的师道精神。

三是北京交大附中60多年办学历史积淀下来的，以“饮水思源，爱国荣校”校训精神为代表的，由代代教师、届届学子传承下来的学道精神和师道传统。

以上三方面内容的学习、熏陶、浸染和践行，都是我校课程引领和德育引领的重要内容。

尤其是我校优秀的师道传统和师德精神，比如“课比天大”“志耀精神”“新华之仁”等师德文化，在我校各种教师活动中一次次地被讲述和引用，使得这些优秀的师道传统能够代代传承，永葆青春活力。

以法为常，规束言行——学校党委通过中心组理论学习，不断培训和宣讲党风廉政、廉洁自律精神，强化干部廉洁、廉政意识。在此基础上，由党委书记、学校校长与每一位干部签订《党风廉政建设责任书》，明确主体责任和追究制度，让纪律成为从严管党、治党的一把“尺子”。

与此同时，组织全体教职工认真学习各项教育教学法规，学习师德建设相关文件要求，并与每位教师签订《廉洁自律责任书》，制度监督和主动承诺相结合，保证教职工依法从教、廉洁自律。

学校党委还持续开展“三八”红旗手、“师德之星”评选展示活动，每年举办“幸福，我来说”主题演讲活动，为教师们树立身边的榜样。以鲜活的事迹感召人、以真挚的情感打动人、以生动的故事启发人，持续营造良好的师德、师风氛围。

2. 抓好德育工作，开展重点项目

一是建立党组织主导、校长负责、群团组织参与、家庭社会联动的德育工作机制。学校“两委会”直接指导学生发展中心，指导德育工作。要求学生发展中

心根据学校党委每年的工作规划，制订和落实本中心的工作计划。各级书记定期与校长、学生发展中心干部、年级组长研究德育工作，以保障学校德育工作机制的顺利运行。

二是加强班主任队伍建设，充分发挥班主任的育人作用。班主任是学生成长最直接的指导者和引路人，是学校在育人活动中意识形态引导和核心价值观引领最直接的实施者。学校党委一方面通过“三级五类”校本课程和每周一次的班主任例会，加强班主任队伍的思想政治、意识形态和师德建设培训；另一方面为班主任搭建走向专业化的五层成长阶梯，以此激励和引导他们不断提升自己的专业素养和能力水平，从而打造一支政治素质高、师德师风好、育人能力强的班主任队伍。

三是开展德育重点项目。由学校党组织主导，学校“两委会”领导，整合学校教育教学资源，依托学生发展中心，以建设项目集群为工作方法，开展重点德育项目的管理、实施和评估，以此提升学校德育工作的实效性。

这些重点德育项目具体包括以下方面。

社会主义核心价值观入心入行项目——要想将社会主义核心价值观融入内心、融入言行，就要强化教育引导、实践养成、制度保障。建立德育工作机制，就是建立制度保障；而这个德育项目，就是要实现教育引导和实践养成功能。我校利用升旗仪式、成人仪式、百日誓师、思源讲坛、辩论赛、主题班会等活动，开展多层次、多元化的教育实践活动，引导学生深刻理解社会主义核心价值观24字三个层面的深刻含义，重点培养学生的爱国情怀、公民意识、诚信品质、创新精神和实践能力，以此促进学生将社会主义核心价值观内化于心、外显于行。

思源讲坛项目——思源讲坛是北京交大附中多年来一直坚持的活动，至今已成功举办50余期。定期邀请全国劳模、科学家、外交官、非物质文化遗产传承人、弘扬中华传统文化代表人物等名师名家，走进我校举办沙龙讲座，与师生互动交流。对名师名家的人选以及沙龙讲座的内容，学校党组织都会从政治高度严格把关。思源讲坛深受我校师生的欢迎，对培育和践行社会主义核心价值观产生了潜移默化的影响和积极的推动作用。

学生发展指导项目——这是新课改背景下海淀区重点打造的实验项目，北京交大附中作为该实验项目的基地学校，由各个年级和心理教研组的党员教师牵头成立子项目组，分别从学生的学业管理、心理健康、生涯规划和生活管理等方面，对学生进行个性化指导，让学生在自我管理、自我教育上实现可持续发展，促使其快乐健康成长。

学生榜样培养项目——北京交大附中一方面实施“领英计划”，以加强对学生干部的培养。由学生发展中心的党员干部组成项目组，加强调研、优化课程，为学生干部提供丰富的培训内容，以提升学生干部的综合素养，建设一支高素质、高能力、高质量的学生干部团队，充分发挥学生干部的带头作用，为年级文化建设和班级文化建设增效助力。另一方面在全校范围内评选“最美交大附中人”，为学生树立身边的榜样。由学校教育教学党支部牵头，自 2012 年至今，每学期评选出一批学生公认的“最美交大附中人”，也就是学生口中常说的“七美选举”。“七美”包括文明礼仪之美、遵规守纪之美、尊长爱幼之美、积极乐观之美、无私奉献之美、志愿服务之美、勤奋拼搏之美。北京交大附中通过学生榜样培养项目的实施，鼓励更多的学生发现自己和他人身上的闪光点，以点带面，逐步形成优良的校风、学风。七年来，我校已累计评选出“最美交大附中人”6636 人次。

“韶华赤子心”共青团发展项目——共青团是党组织领导下的青年组织，为了发挥团员和团支部在班级、年级和学校中的先锋模范作用，学校党委指导校团委确立共青团发展项目，重点打造星级少先队、团支部，开好团代会、学代会，并开展一系列高品质团队活动；通过设立“少年先锋岗”，进一步发挥团员的先锋模范作用，以带动全体学生通过自我学习、自我管理、自我治理，深度参与学校建设。学校“两委会”非常重视团代会和学代会上学生们提出的各种议案，在团、学代会召开期间，我校所有党员干部都深度参与各分团会议的讨论；并且在团、学代会结束后，针对学生的议案召开专题会议，研究解决学生们的合理建议和成长需求。

学生综合实践活动项目——“综合实践能力”是学生发展的核心素养之一，也是我校学生培养工作的重点之一。我校每学期在期中、期末考试后，都会安排两次综合实践活动周，开展各级各类实践活动。在内容上，包括党团教育、社会服务、考察探究、职业体验、学科实践活动等；在组织上，由学校党委指导，学生发展中心统筹，各年级组长策划组织，班主任和备课组长设计，全体教师参与和评价，共同关注学生学习体验、实践能力及创新意识的培养。

“家长学校”项目——有效的德育工作机制离不开家庭学校的联动，家长学校项目是我校德育工作的重要内容。近年来，我校开发和引入了丰富的家长学校课程，例如《蜕变式父母》课程，在辅导家长营造科学的家庭教育环境、改善亲子关系、强化家校联动机制等方面取得了很好的效果。在学校党委主导、学生发展中心监督下，我校各个年级都建立并完善了家长委员会常设机构和家校共育资源平台。有的年级支部还准备把家校共育机制的研究设立为支部微项目，以此增强家校合作育人的实效性。

### （二）探寻多元化方式和途径，强化学习引领

#### 1. 建立五位一体的学习机制

以“双培养”制度为基础，建立起北京交大附中党委“五位一体”的学习机制。一是学习理论，坚强自身；二是学习政策，坚定方向；三是学习历史，继承创新；四是学习实践，改变行动；五是学习榜样，完善自我。

#### 2. 创新党员学习方式

将集中学习和个人自学相结合、理论学习和现场学习相结合。学校党委、党总支、党支部、党员个人学习穿插进行，定期召开党支部会议，交流学习心得。各校区、各支部统一协调安排，组织党员到平津战役纪念馆、西柏坡纪念馆、周恩来邓颖超纪念馆、董存瑞烈士陵园、抗日战争纪念馆、首都博物馆等爱国教育基地，现场学习革命精神，弘扬革命传统。

同时，引入科技手段和信息技术，全方位支撑党员学习活动。比如：在校园内安装多台电子阅读机，党员扫一扫二维码，就可以随时在手机上阅读党的理论书籍；在校园内网里，通过视频资源服务平台提供学习专题片，党员可以随时在电脑上自主学习。另外，与博物馆合作，把党史学习教育展览请进校园，为师生讲解“四史”；通过VR虚拟现实技术，让师生身临其境，切实感受，强化学习效果。

#### 3. 开展读书推荐活动，提升个人修养

为促进党员干部的自我提升，并在学校党委大力倡导的“书香校园”活动中起到带头作用，在每一次集团干部中心组理论学习的时候，开展“读书推荐”活动。也就是每次学习的主报告结束后，以现场抽号的方式，随机抽取几名干部，

分享近期所读书籍和所感所悟。这种由干部带头的读书推荐活动，不仅激发了党员干部自我提升的主动性，也切实提高了党员干部的综合素养，还间接地带动教师和学生，在校园内形成浓厚的读书学习氛围。

4. 借助优势资源，开展高端培训

与北师大签约，为北京交大附中的干部和骨干教师量身定制“在职研修班”，系统提升党员干部、骨干教师的理论修养，引领他们深入探求教育改革策略和学校发展战略。与海淀区教育党校和中国教育科学研究院合作，引入国外先进的领导力课程，针对集团干部团队，开设专题研修班，以系统提升集团干部的引导力、执行力和管理能力。

5. 加强教师引领，聚焦教育改革

每个学期初和学期末，利用两三天的时间，开展全体教职工的专题大培训，请多方专家进行有针对性的培训和指导。

比如，多次邀请北京市委教育工委副书记李奕作有关课程改革的主题报告；邀请海淀区进修学校校长罗滨做有关核心素养和课程规划的主题培训；邀请海淀区教科院院长吴颖慧解读未来学校建设等。围绕新课程改革，对教师进行三个阶段、为期十天的系列培训，以引领教师适应改革要求，提升专业能力和素养。

除此之外，还陆续派出干部和骨干教师团队，分批分期，奔赴江浙、上海等课改实验区，进行实地考察交流，学习先进的课改理念和课程思想。

通过这样一系列多元化、多渠道的学习培训，为党员和教师搭建良好的自我发展与自我成长的平台，使他们真正成为思想过硬、业务精湛的学生引路人。

### （三）抓好党管干部党管人才，突出榜样引领

1.“选—学—炼—引”，加强干部队伍建设

**选：**通过制度和程序的规范，选好、配齐干部队伍。

北京交大附中党委在严格执行海淀区委教育工委关于干部选拔任用的要求和规范程序的基础上，进一步完善干部选拔程序，干部选拔任用流程有着鲜明的特色。比如，面向全校公布干部岗位需求及相关要求、学校“两委会”（校党委委员会、校务委员会）及外聘专家对申请人进行面试和答辩、对答辩者所在年级和部门成员进行无记名投票、党委委员访谈等，严把干部入口关，保证把真正优秀

的人才选拔上来。

**学：**通过思想引领、学习引领、送培党校学习等，提升干部学习力和引领力。

**炼：**通过校区间交流干部历练，锻炼干部独当一面的能力。

**引：**组织全体教职工对党组织和干部进行“双测评”，对领导干部进行德、能、勤、绩、廉等方面的匿名评价，根据测评结果，每位干部要进行认真反思和整改。同时，召开干部民主生活会，通过“1+1+1”模式（每位干部开展自我批评，提出一条自身的主要不足，作出一项为学校发展作贡献的庄严承诺，为学校发展提出一条良策），引领干部进行自我反思和不断改进。

2. 持之以恒，连续开展“因我而不同”系列活动

继第一季“风采篇”、第二季“服务篇”、第三季“六带头篇”、第四季“不忘初心篇”活动后，广泛开展“党史学习教育”典型案例征集活动。

党员“六带头”是指：

带头传递正能量——党员要乐观、阳光、包容，以党员身份而自信，精神饱满，积极乐观，不传递负面情绪；给身边人带来正能量。

带头读书学习——党员要带头坚持优秀的学习习惯，不断提升自我。

带头立德树人——党员要带头当班主任、带头关心所有的学生、带头关心学生的所有。

带头上好每一节课——党员要带头落实“课比天大”的交大附中教师文化，作出表率作用。

带头教育科研——党员要带头承担学校的“微项目”及各级课题，带动全体教师营造良好的科研氛围。

带头落实学校的各项要求——对学校安排的工作任务不推诿、不打折，积极主动落实并取得成效。

在“六带头”活动中，学校党委挖掘并大力宣传一批优秀的党员教师。党员教师的榜样引领作用，在全校形成了勇于抓重点、破难点、出亮点的良好工作局面，实现了“学生因我而不同、班级因我而不同、部门因我而不同”的党员活动初衷。

其次，谈谈如何实现融和。

学校党委注重在“做”上深化拓展，从以下三个方面着手，推动学校的发展。

### （一）加强校区间融和，实行党建一体化管理

推行海淀五校区党建工作一体化建设，将五个校区的党组织整建制纳入交大附中党委中，实施“三个统一”——统一党建工作标准，统一党务工作规范和培训，统一开展学习教育。以此来保障和推进各级党组织建设的规范化、科学化和专业化。

实施“三个统一”，要在以下几个方面下功夫。

1. 建立高水平、全方位的党建工作体系

建立学校“党委—党总支—党支部”三级工作体系，进一步规范各级党组织的任务和委员的职责，将工作模式下沉到党总支、党支部。学校党委结合上级要求和本校工作实际，制定统一适用的基本工作标准；各党总支依照标准，结合校区实际情况，精准开展党建工作；各党支部结合年级或部门工作，开展党建特色活动。

2. 健全党建工作制度

建立《交大附中党支部规范化建设日常工作机制》，扎实推进党支部规范化建设。根据上级下发的《党支部工作规范》和相关工作要求，制定交大附中教育集团《党支部工作手册》，通过定期检查、集团督导、总结宣传、固化推广等工作方式，逐步夯实党支部规范工作。

3. 巩固提高规范化建设成果

通过“六有”党支部校内星级制度，对党支部进行动态评价，巩固提高规范化建设成果。“六有”内容包括：有队伍，班子坚强有力，党员充满活力；有活动，形式丰富多样，内容特色鲜明；有阵地，建设因地制宜，功能充分发挥；有制度，体系健全完善，执行严格规范；有保障，经费充足稳定，支撑有力有效；有特色，项目研究实效，榜样作用突出。学校党委在海淀区委教育工委下发的《党支部建设规范》文件中建议推广的“五有”基础上增加了“有特色”。笔者认为，队伍是主体，活动是载体，阵地、制度、保障分别是环境、文化和经费上的支持，最终都要落实到“有特色”上来。

通过以上“三个统一”的规范化，通过各校区党建工作的融和及党员的带动作用，很好地促进了交大附中教育集团化办学所倡导的主导文化，也就是在各个校区之间逐步形成志同道合、和而不同、周而不比的集团共生文化。其中，志同

道合强调“工作融和，目标聚合”，和而不同强调“品质相同，各具特色”，周而不比强调“尊重平等，和谐共进”。

### （二）增强党政工作融和，围绕中心工作抓党建

在北京交大附中，党委书记与校长、党建与行政同担当、共奋进，党组织和行政班子、党的工作与学校中心工作在目标上聚合、力量上凝合、工作内容上汇合、评估标准上结合，最终做到党政融和，同心、同德、同责、同力，围绕中心抓好党建，共同保障和推进学校的可持续发展。

具体做法主要包括以下方面。

#### 1. 制定章程，加强对教育集团党建工作的领导

在学校“两委会”的共同领导下，根据新时期党建工作和集团化办学特点，党政联合制定教育集团章程，将党建工作纳入“内部治理结构”中，明确党组织职责、工作任务、管理体制、监督机制等，强调把抓好德育和思想政治工作作为学校党组织的重要任务，切实加强对学校党建工作的领导。

#### 2. 统一步伐，推进党政工作融和

在日常工作中，坚持做到党建工作与教育教学中心工作同部署、同落实、同检查、同总结。完善学校“两委会”制度，“三重一大”事项由学校“两委会”民主商议，集体决策。

尤其是在督察方面，我校在2016年就建立了集团督巡视导制度，定期到各校区开展集团督导活动，通过随机听课、问卷调查、干部访谈、教师访谈、学生访谈等形式，对各校区教育教学行政和党建工作进行督察，并且坚持和完善反馈与整改机制。

### （三）促进党员身份和教师身份融和，发挥党员先锋模范作用

继承我们党“将支部建设在连队”的优良传统，将大部分党支部设在教育教学组织单位上，如年级、部门和学段。党支部书记由年级组长、部门和学段负责人担任，围绕年级工作中心和部门工作中心开展党建活动，强化党员教师党员身份和教师身份的融和，增强党政工作的合力。

开展“微项目”研究活动，各党支部围绕年级、部门特点，由党员教师牵头开展项目研究，共同关注学生身心发展，增强了党员教师在工作中勇于担责、乐

于奉献的意识和能力，并提升党员教师的影响力。

比如，北校区初二年级党支部的“微项目”，此项目背景是初二学生进入青春逆反期，对周围环境的熟悉，对中学紧张、陌生的感觉逐渐淡化；同时距离中考还有一段时间，有些学生的学习动力不足，容易出现厌学、麻木、自暴自弃等现象，也容易出现不稳定和两极分化的局面。因此，对这部分学生进行思想教育和学习帮助是年级教育工作中的重难点。基于此，初二年级的党员教师带头，分学科对自己帮扶的学生进行思想教育，以提高其学科成绩。在党员教师的带动下，全年级非党员教师积极投入帮教活动中，从而推动了整个年级教学风气和学习成绩的提升，为学生们从初二年级顺利过渡到初三年级打下了良好的基础。

再比如，教育教学党支部由党员教师牵头，开展以“诚信教育”为主题的微项目研究。该项目以考试为切入点，通过诚信宣誓、无人监考、家长参与、党员教师巡视等方式，营造公平透明的考试环境，促使学生自觉树立和践行诚信品质。这种做法迅速推广到全校各个年级。在全校形成了“以诚修身，以信立世”的文明风尚，成为北京交大附中培育和践行社会主义核心价值观的常态机制。

在诚信考试的基础上，衍生出“诚信书屋”活动。教育教学党支部的党员教师们在校园内设置“诚信书屋”，师生可以随处借阅，借阅一本，则分享一本。有的学生没有借阅，也主动分享自己的书籍。“诚信书屋”不仅进一步浓厚了校园诚信氛围，也成为党建项目“书香校园”活动的有机组成部分。

通过党支部“微项目”的开展，使党员教师更加关注所在年级和部门的工作重心和学生特点，使党员身份和教师身份有机融和，提升党员的光辉形象和在群众当中的影响力，从而带动更多的教师参与进来。

最后，谈谈如何实现服务。

在党的群众路线教育实践活动中，学校党委提出的“学生是学校最重要的群众，教师是学校最关键的群众”工作观念一直秉持至今，深深影响着学校党建工作展开的切入点和着眼点，促使学校党委积极建设服务型党组织，为师生发展和成长营造良好的环境。学校党委主要从以下三个方面贯彻和实现党组织的服务理念。

### （一）服务于师生身心健康

#### 1. 秉持“以生为本”的理念，围绕学生心理需求，开展各类活动

比如在每年的5月15日，开展具有交大附中特色的学生节活动。“5·15”

谐音为“我邀我”，选择这一天举办学生节，不仅体现了学生的主体性，更重要的是向学生传递一种理念：学习不只在课堂上，更在课堂之外；自身综合素质的提升也不止在教室里，也在教室外。通过这样的活动平台，学生可以尽情展示个人的潜能和特长，发出自己的声音，从而建立起自己的自尊和自信。在学生节这一天，常规课堂不见了，取而代之的是各种才艺表演、校园吉尼斯、球王争霸赛、各种社团展示、生涯活动体验、跳蚤市场等一系列丰富多彩的活动，深受学生们的喜爱。

2. 开展特色心理教育，促进学生心灵成长

由党员教师组成项目研究小组，探索心理健康教育的实施途径和策略。针对初中学生青春期初期的心理需要，开设青春期心理健康教育，通过自我认识、亲子沟通、人际交往、情绪管理、时间管理、目标管理、压力管理、学法指导等课程，对初中生进行体验式的团体辅导。

同时，针对高中学生对升学和生涯发展的需求，开设生涯规划教育，结合探索自我、探索职业、探索专业，以及探索职业、专业和自我关系的系列课程，再结合每年在全校范围内开展生涯规划体验活动，请各行各业的专家到校，对学生进行模拟面试、访谈等，让学生近距离感受各类职业的特点和要求，为自身生涯规划做好准备，以促进学生自我同一性发展。

3. 开发周边医疗保健资源，提供便利的医疗和保健服务，关心师生身体健康

与北下关社区服务中心合作，每周请医生到校坐诊半天，提供专业医疗咨询，并且向有需要的教职工及其直系亲属提供医疗绿色通道，当教师身体健康出现状况时，能够得到及时就诊和治疗；定期邀请中医治未病中心来我校开展健康宣传和健康讲座，以提高教师健康保健意识。在学生中间开展各种健康宣传活动，比如“饮食、运动与健康”“青少年如何预防近视和肥胖”“红十字应急救护技能培训”等健康教育活动，来增强学生自我保健意识和应急技能，促进学生养成科学、健康的生活方式和行为习惯。

### （二）服务于师生发展需求

1. 开设“聊吧”，倾听师生心声

“聊吧”是我校的一个常设交流空间，每周一下午两点至五点，书记、校长、

党委委员轮流值班。学生、教师、党员甚至是家长，都可以随时来到“聊吧”，与书记、校长品茗约谈，通过营造轻松、愉悦、无障碍的交流氛围，让领导干部倾听群众心声，了解师生想法，征求师生意见，关心党员、群众工作、学习、生活的各方面情况，为他们排忧解难，提高师生幸福感知力，让学校党组织成为师生“记得起，想得到，愿意说，乐于求，信得过”的服务型党组织。

2. 开发“把党员培养成骨干”的系统课程

依托学校“三级五类”校本培训体系，针对党员教师不同的专业化发展需求，组织各种规模的校本培训，来提升党员教师理论素养和专业水平，并辐射到全体教职工。在培训策略上实施“按学科、按年级、按职级”三种范围开展培训课程，在培训内容上实施“教育理念培训、学校文化与精神培训、专业技术类培训、通用技术培训、全员专题类培训”这样五类培训课程体系。

3. 保障学生健康成长和多元化发展

学校党政同心合力，建立多元课程体系，以保障学生健康成长和多元化发展。由党员教师作为骨干力量，带动全体教师，以学生认知发展和学习规律为出发点，围绕学校“感恩重责、阳光包容、博学笃行、健康雅趣”的“十六字”育人目标，在实践中不断研究、开发、建设和完善，逐渐形成一套完整、成熟的北京交大附中幸福课程体系。其中通过基础课程、拓展课程和研究课程三个层级，对应“十六字”育人目标，建设完成“育德”“育心”“育智”“育美”四大类课程，涵盖公民社会、审美艺术、健康生活、科技创新、文学社会五大领域，为学生多元化发展提供了强大的课程保障。

### （三）服务于师生生活保障

1. 关心教师生活，解除后顾之忧

为住家较远的班主任、教职工提供应急性临时性公寓，解决他们的燃眉之急；开办教职工子女“托管班”，请专门人员免费为教职工托管子女，解除其后顾之忧；请专家开设科学育儿讲座，向年轻教师传播养育孩子的医学健康知识；开设环境优雅、设备齐全的母婴室，照顾哺乳期的女教职工。

2. 加强各类场所建设，提供物质环境保障

加强党建活动室、心理健康教育中心、校友俱乐部、图书馆、党员教师微项

目工作室等活动场所的建设管理，为党员和教师活动提供有利的环境空间和物质基础保障。

3. 设立专门的教职工之家，每天向教职工开放

在教职工之家，教职工可以自发组织各种团建活动和文娱活动；开展瑜伽、舞蹈、游泳、羽毛球、乒乓球等健身协会活动；开展教职工读书沙龙等，在全校范围内形成“工作 + 读书 + 健身”的教师氛围。所有这些，都极大地丰富了教师们的业余文化生活，提升了教师们的文化品位和文化活力。

在实践过程中，学校党委深刻地认识到，引领、融和与服务三者缺一不可，相辅相成。只有旗帜鲜明地将学校党建工作摆在引领的重要位置，才能真正发挥学校党组织的战斗堡垒作用；只有将党建工作与教育教学中心工作有机融和，才能永葆党组织的青春活力，也才能让教育绽放理性光彩；只有从师生群众的需求和发展出发，才能将党建工作落到实处。引领是融和、服务的实践目的，融和、服务是引领的实现基础。基层党组织要在本单位的发展中真正发挥引领作用，最根本、最关键也是最基础的就是将党组织“植根”于师生心中，服务于师生的需求，为师生群众服务，与学校中心工作相融和。

学校党建工作任重道远，北京交大附中党委探索“引领、融和、服务”的党建工作路径只是一个开始。我们相信，在鲜艳的党旗下，北京交大附中将百尺竿头更进一步，承担好推动教育优质均衡发展的社会使命！

## 开拓创新，提质增效——“双引擎”的党建工作模式

集团化办学背景下，学校党组织如何构建党建工作模式，以促进党建提质增效，是一个值得深思的课题。为此，北京交大附中党委不断探索实践，将“课程引领”和“项目践行”作为组织工作的“双引擎”，创建党建工作模式，夯实基层党建工作，创新基层党建活动，激发基层党建活力。

党的十九大报告指出：“要以提升组织力为重点，突出政治功能，把企业、农村、机关、学校、科研院所、街道社区、社会组织等基层党组织建设成为宣传党的主张、贯彻党的决定、领导基层治理、团结动员群众、推动改革发展的坚强

战斗堡垒。”这是党中央对党的基层组织建设的新部署、新目标、新定位、新举措，为全面加强基层党组织建设指明了方向，增添了动力。

北京交大附中党员500余人，学校党委下设6个党总支、19个党支部。在集团化办学背景下，党组织如何提升组织力，尤其是发展推动力，发挥党组织在学校教育中的坚强的战斗堡垒作用，是摆在北京交大附中党委面前的重大课题。

为此，学校党委充分发挥主体责任，以持续提升组织力为重点，创建了“双引擎”党建工作模式。

首先，学校党委广泛开展“党群问道”：定期调研、分析自身组织建设和学校发展现状，坚持以问题为导向，将党建工作落在学校发展需求的“关键点”上，来解决问题的“最痛处”。在此基础上，以“课程引领”和“项目践行”作为组织工作的“双引擎”，系统构建新型党建工作模式：一方面，将党建活动课程化，由党委统筹规划，建立六大课程体系，分层分类实施，不断提升党员队伍理论修养、政治信仰、专业素养和人生涵养；另一方面，将党建工作与学校的中心工作有机融合，由学校党委进行顶层设计，建立三级联动项目体系，通过各级党组织的项目实践，让党组织成为教师队伍中的战斗堡垒。其中，课程体系的学习又能很好地指导和推动项目体系的落实，有助于解决“党群问道”中发现的“关键问题”，从而推动学校党建工作提质增效，切实发挥党组织促进发展的推动力。

## 一、“党群问道”为方法，“关键问题”为导向，反思党建工作组织力

### （一）问道于党员群众，定位教师的需求与期待

教师队伍建设是学校最基础的工作。结合海淀区每年一度的“双满意”民主测评工作，学校党委组织全体党员教师开展满意度调研和建议献策活动。通过调研发现，党员普遍认为当前学校党建工作存在以下几个关键问题：第一，党组织服务党员教师专业成长、成才方面实施成效有待提高；第二，党组织活动内容丰富但形式缺乏创新、与实际工作内容关联不紧密；第三，党组织把握党员需求，分类施教、开展教育培训针对性和时效性方面效果欠佳。群众意见方面主要集中在三个方面：第一，身边党员主动联系服务师生、主动承担急难险重工作不够突出；第二，身边党员在教育教学专业方面发挥先锋模范作用不够显著；第三，党组织在培养教育干部、征求群众意见、建设沟通交流空间方面不够充分。

### （二）问道于反思，整合关键问题分析归因

根据调研结果，学校党委认为，北京交大附中当前的党建工作主要面临以下困境。

政治思想引领不突出——党支部层面存在着“重业务，轻思想”的现象，对于政治理论学习重视不够、流于形式，单纯追求形式阅知。

党员行动落实不到位——“知行合一”理念欠缺，缺乏理论联系实际的意识和能力，不善于用理论的立场和观点分析和解决实际问题。

党政工作开展不聚合——部分党支部组织功能弱化、工作边缘化、成效形式化，没有合理围绕支部教育教学中心开展党建工作。不整合、不协调，存在党政工作“两张皮”的现象。

党建活动规划不系统——党组织活动“碎片化”，缺乏系统化整体建构；形式单一，缺乏特色创新，党员、群众被动参与，枯燥乏味。

党群联系服务不深入——没有开辟经常性、深入性、多元性的联系群众渠道，对师生群众反映的问题解决不够及时和彻底。

党员专业引领不均衡——部分党员在教育教学中心工作中的业务骨干作用发

在平津战役纪念馆现场学习活动中为师生讲党课

挥不明显，党组织“双培养”工作有待加强，尤其是“把党员培养成骨干”这方面。

通过对以上问题的归因分析发现，学校党建工作在以下三个方面还存在明显不足：一是党建工作的思想引领、理论学习、专业培养等方面落实环节不够深入，效果欠佳；二是围绕学校中心工作开展党建工作的实践层面缺乏工具和抓手；三是回应和解决群众关心的问题方面还有待提升和加强。

学校党委认为，党建工作整改提升的关键点和痛点主要集中在“引领力度”和“行动落实”上。要本着“边整改，边实践，边创新，边建构”的工作方法，强调“知行合一”的推进思路，逐步将党建工作聚焦在“课程化”和“项目化”两个建构重点上，以“课程引领”和“项目践行”作为“双引擎”动力，创新性建构党建工作系统，提升党建组织力，以促进党建提质增效。

## 二、“课程引领”夯基础，“项目践行”激活力，“双引擎”建构发展推动力

### （一）六大系列课程体系，引领党员教师多元成长

百年大计，教育为本；教育大计，教师为本；教师大计，素质为本；素质大计，培训为基。几年来，学校党委持续投入大量精力，开发党组织资源，通过循序渐进的积累与完善，逐步建构起“书记党课、专家党课、主题党日、‘双培养’、幸福教育、数字媒体”六大党员课程体系。

其中，书记党课旨在方向引领，专家党课侧重理论引领，主题党日课程重在实践引领，“双培养”课程是骨干引领。

1. 书记党课系列课程

党委书记系列课程——主要学习习近平总书记系列重要讲话精神，学习党的教育方针、政策，学习党章、党风廉政和廉洁从教相关规章制度要求等。

总支书记系列课程——结合学校党委书记的党课内容和党总支的中心工作讲党课。比如，行政党总支的“内控制度与党风廉政”、分校党总支的“全员德育”等党课。

支部书记系列课程——结合学校党委书记、党总支书记的党课内容和党支部的中心工作讲党课。比如，初二年级党支部的“四有四引好教师”、高二年级党支部的“身边的榜样”等党课。

各级书记党课，充分体现宏观与微观相结合、理论性与实用性相结合、思想意识与本职工作相结合的特点，使教职工坚定政治方向、明确教育方针、提升师德水平。

2. 专家党课系列课程

没有理论支撑的知识，犹如无桅之舟难以致远；没有理论统领的学习，犹如无线之珠难成体系；没有理论引领的思想，犹如无缰之马难明方向。学校党委充分开发专家资源，为教师开展理论指导，以理论统一思想、明确方向、引领学习、推动发展。

党校、高校专家“三解读”课程，具体包括：解读党中央精神——学习党的十九大精神、“两会”精神等；解读国内外形势——“一带一路”“京津冀一体化”“中美经贸关系”等；解读党建工作方法——新时期的党务工作、党员发展与管理等。

3. 主题党日系列课程

主题党日系列课程分为学校党委、党总支、党支部三个范围，注重“三实”，即实地、实员、实践。

实地强调现场实地实景学习。近几年来，学校党组织按不同范围组织了中国人民抗日战争纪念馆、西柏坡、雄安新区等近20个地点的实地课程；实员强调无论是学校党委范围还是党支部范围的学习，无特殊情况不得缺勤，全员参加；实践强调党员学习成果要与工作实践相结合。

4.“双培养”系列课程

“把党员培养成骨干，把骨干培养成党员。”学校党委根据培养目标，建设“双培养”系列课程，按需求分为高端定制课程、大专题课程、实地交流课程、“三级五类”校本课程等。

其中，高端定制课程是指学校与北师大、海淀区教育党校、中国教科院等单位合作，为集团干部和教师量身定制培养课程。大专题课程是指寒暑假期间开展的北京交大附中教育集团全体教职工专题大培训，内容涵盖教学、德育、党建、管理等各个方面。实地交流课程是指派出干部和骨干教师分批分期，到江浙、上海等课改实验区实地考察交流、学习先进课改和课程理念。“三级五类”校本课程是指学校内部自建，按照学科、年级、职级三个范围，开展教育理论培训、文化与精神培训、专业技术类培训、通用技术培训和全员专题类培训。

以上丰富多元的课程设置，为学校党委“双培养”计划的实施，搭建了高效、多元、个性化的专业培养平台，成效显著。

六大课程体系本着“理论联系实践”的工作思路，以课程引领作为动力引擎，分别从政治方向、思想理论、实践体验、党员教师队伍建设、育人课程建设等五个维度入手，辅之以数字信息化手段提高工作效率并优化各维度实施效果，持续强化党建引领力度和效度。

### （二）三级联动项目体系，践行基层党建发展推动力

学校党委在课程引领夯实的基础上，基于现实问题导向，在党建工作中植入“项目化”管理的理念，通过建立“三级联动”体系，即在党委、党总支、党支部三个层面，实施党建工作与活动项目化。

#### 1. 党委层面的项目实践

党委层面的项目设置，主要注重顶层设计，强化党组织整体功能，自上而下地谋划。其中，集团督巡视导、“聊吧”空间、“因我而不同”和书香校园等项目，已经成为党建创新特色项目。

集团督巡视导项目——在“一校六址”的集团化办学背景下，北京交大附中党委需要发挥引领、融和作用，促建“志同道合、和而不同、周而不比”的集团文化，凝聚人心，推动发展。因此，学校党委牵头，党政合力，建立集团督导项目，以学年为单位，定期组织督查团，对各校区、分校进行党建工作和教育教学工作的全面督查、调研和引领，以推动各校区规范化建设和健康有序发展。

“聊吧”活动空间项目——群众路线是党的根本工作路线，善于听取群众意见是工作的关键。北京交大附中提出“学生是最重要的群众，教师是最关键的群众”的观点，致力于开发多种渠道促进干群、党群、师生间自由、畅通的交流机制。“聊吧”活动空间项目因此应运而生。

“聊吧”是学校党委的一个常设交流空间，每周一下午两点到五点，学校党委书记、校长和党委委员轮流值班。学生、教师、党员甚至是家长，可以随时来到“聊吧”，与书记、校长品茗约谈，通过营造轻松、愉悦、无障碍的交流氛围，让党组织倾听群众心声，从而更好地服务于群众。该项目不仅在学校党委开展，

也在各党总支延伸，它已成为北京交大附中的一种制度文化，不仅是党组织了解师生思想状态的常设平台，同时也是解决师生内心需求、促进教育教学中心工作、建设“幸福学校”的重要途径。

“因我而不同”活动项目——党员教师既是示范“四有好教师”“四个引路人”的先锋者，更是落实立德树人根本任务、培育和践行社会主义核心价值观的带头人。党员教师只有充分彰显自己的政治素养、教育智慧与引领风范，才能做好群众身边的“发光体”。为此，学校党委设立“因我而不同”活动项目，通过专栏、媒体、文集、现场等方式，为党员搭建影响力平台。

党员教师的榜样引领作用，在全校形成了勇于抓重点、破难点、出亮点的良好工作局面，实现了“学生因我而不同、班级因我而不同、部门因我而不同”的党员活动初衷。

“书香校园”文化项目——学校党委为推进学习型党组织的建设，倡导教职工“工作 + 健身 + 读书”的校园生活方式，大力推动北京交大附中传统的“书香校园”文化项目。具体做法包括以下方面。

一、干部带头，每次集团干部中心组理论学习时，设置“读书推荐”活动；

二、成立教职工读书俱乐部，定期开展好书分享、读书讲座、读书沙龙活动；

三、承办学区读书沙龙，开展“用文化构建多彩人生”的读书活动；

四、由教育教学党支部负责，在校园里设置“诚信书箱”，无人监管，诚信读书，呈现出“书香满校园”的美好景致。

“书香校园”文化项目的开展，以需求为动力、以研究为导向、以活动为载体，浸润式地形成了“让阅读成为一种习惯，让分享成为一种时尚”的校园风尚。

**2. 党总支层面的项目实践**

党总支层面的项目设置，注重规范流程和宣传联动，结合党委项目内容，强化党组织战斗堡垒作用，在评估、提炼的基础上进行服务引领和功能融合。

“五位一体”学习项目——各党总支以“双培养”目标为指导，坚持“在学习中提升党员干部党性修养、专业素养和人生涵养”，初步建立起“五位一体”的学习机制：一是学习理论，坚强自身；二是学习政策，坚定方向；三是学习历史，继承创新；四是学习实践，改变行动；五是学习榜样，完善自我。

党总支以“五位一体”学习项目为抓手，加强党员理想信念教育，引导党员积极践行核心价值观，将党员的先锋模范作用落到实处。

“党员六带头”项目——党员模范带头作用的强弱是衡量学校党建工作质量优劣的重要指标。学校党委指导各党总支实施“党员六带头”项目，旨在规范党组织工作，严肃党组织生活，激励党员发挥优势，真正体现党员的模范带头作用。

“党员六带头”是指带头传递正能量、带头读书学习、带头立德树人、带头上好每一节课、带头教育科研、带头落实学校的各项要求。在党员“六带头”活动中，各党总支挖掘并大力宣传一批优秀的党员教师，为教师们树立了身边的榜样。

3. 党支部层面的项目实践

党支部层面的项目设置，注重实践操作，围绕所在年级或部门的中心工作开展党建工作，突出党员的示范性和服务性。其中，党支部“微项目”行动研究已经形成党支部建设的长效机制，成为党员责任担当的自觉行为。

在学校党委的指导下，各党支部建立“微项目”行动研究工作机制，坚持问题导向和需求导向，各党支部由党员牵头，组成骨干力量，通过开展项目研究的方式，来引领年级或者部门的全体教职工共同关注学生身心发展的特点和需要，在中心工作“关键点”“重难点”上确立微项目主题，解决教育教学中存在的突出问题，从而充分发挥党员的先锋模范作用。

由于学校党委秉承我党“把支部建在连队”的优良传统，将党支部设在各年级或各部门，所以“微项目”行动研究得以顺利开展，有效地促进了党建工作与教育教学中心工作紧密融和，形成了强大的党政合力。

以初二年级党支部“微项目”为例：

“微项目”主题：教师牵手学生个案研究。

“微项目”背景：初二学生进入青春逆反期，对周围环境的熟悉，对中学紧张、陌生的感觉逐渐淡化；同时距离中考还有一段时间，有些学生的学习动力不足，容易出现个别学生厌学、麻木、自暴自弃等现象，也容易出现不稳定和两极分化的局面。所以，对后进生的思想教育和学习帮助是年级教育工作中的重难点。

“微项目”实施过程：

（1）党支部大会根据上述背景情况，同全体党员共同确定项目研究方向和主题后，向党委申报确立项目并备案。

（2）党支部委员会制订详细的实施方案，确定各班需要帮扶的学生名单，由党员教师分学科带头认领学生，具体落实到班级和人名。

（3）实施帮扶教育计划，党员教师对自己帮扶的学生进行思想教育和切实帮助其提高学科成绩两个方面展开工作，并跟进调查进行成效对比。

（4）取得一定成效后，带动全年级教师投入到更大范围的帮扶活动中。

“微项目”行动成果：

经过一年时间的探索和实践，项目的实施推动了整个年级优良教学风气和整体学习成绩的提升，也为初二年级顺利过渡到初三打下了良好的基础，帮扶行动成效显著。

北京交大附中的党支部“微项目”行动研究工作机制，用具体实在的项目搭建起发挥党员先锋模范作用的平台，充分激发了基层党组织的活力和党员教师的积极性，增强了党员群众的获得感和责任感。与此同时，也发挥了党支部对教育教学攻坚克难问题的引领作用，有利于增强党员的责任担当意识，从而发挥其专业才能和示范作用。

4. 三级联动项目工作原则

目的性原则——通过开展项目行动，强化党组织战斗堡垒作用，凡是学校工作中需要攻坚的任务，党组织都会发动党员勇挑重担，团结和带领全体教职工，共同突破。

集成性原则——通过开展项目行动积极构建责任明晰、协调推进的工作格局。根据三级联动具体项目各要素之间的配置关系，做好集成性管理，避免孤立地开展各项目的独立管理。

创新性原则——通过开展项目行动，提升学校党组织建设水平，开展党建创新，重视对创新项目进行重点关注、成果评估和有效推广，探索党建工作新途径。

保障性原则——三级联动项目体系涉及学校党政工作的方方面面，学校党委认真履行主体责任，加强统筹协调、督促指导，通过完善人员配备方式、健全议事决策流程、健全沟通协调机制、项目进展汇报制度，四项管理制度予以保障。各党总支、党支部履行直接责任，上下联动、具体落实。发展性原则——党建工作项目化管理模式是需要不断研究和探索的发展性课题，在目标合理设定、职责科学分工、时段调节把控、成果鉴定评价等多个方面都需要在实践中不断反思，不断完善。学校党委将持续加强对三级联动项目体系的研究、实践、总结和推广，促使其向纵深方面发展。

综上所述，北京交大附中党建工作项目化的探索、实践和创新，是基层党建工作化虚为实的重要载体，是发挥基层党组织组织力的重要路径，也是优化基层党建工作的重要理念。北京交大附中党委以“课程引领、项目践行”作为党建工作的“双引擎”，系统建构和推进党建工作机制，取得了阶段性的成效。在此过程中，学校党委深深感到：只有将党建工作与教育教学中心工作有机融合，才能永葆党组织的青春活力，才能让教育绽放理性光彩；只有旗帜鲜明地将党建工作摆在重要位置，只有从师生群众的需求和发展出发，才能将党建工作落到实处。

## 明确任务，聚焦重点——提升学校党组织组织力

习近平总书记在党的十九大报告中指出：“要以提升组织力为重点，突出政治功能，把企业、农村、机关、学校、科研院所、街道社区、社会组织等基层党组织建设成为宣传党的主张、贯彻党的决定、领导基层治理、团结动员群众、推动改革发展的坚强战斗堡垒。”这是党中央对党的基层组织建设的新部署、新目标、新定位、新举措，为全面加强基层党组织建设指明了方向，增添了动力。

那么，什么是党的组织力呢？作为学校基层党组织，该如何切实提升组织力，从而增强党组织的战斗堡垒作用呢？这些问题需要我们通过探索实践寻找答案。

### 一、组织力就是干事创业的合力

从管理学角度来说，组织力是一种合力，是组织内各个方面有机结合在一起的一种整体力，是设计组织结构和配备组织资源的能力，也是组织结构力和组织文化力的综合体现。

党的基层组织是党在社会基层组织中的战斗堡垒，是党的全部工作和战斗力的基础。北京交大附中党委认为，新时期教育领域党的基层组织的组织力主要包括五个方面：政治领导力、思想引领力、组织建设力、群众凝聚力和推动发展力。其中，“政治领导力”是核心统领，“思想引领力”是首要前提，“组织建设力”是基本保证，“群众凝聚力”是内在要求，“推动发展力”是集中体现。

## 二、深刻剖析学校基层党组织组织力发挥的短板

### （一）党组织作用发挥定位不明确

实践中，学校基层党组织发挥作用时存在着以下三个现象。

一是不够坚定，功能弱化，存在“缺位”现象。有的党组织认为，学校中心工作是教育教学，党组织“不能给中心工作添乱，不要占用党员教师太多时间和精力”，导致党组织功能弱化、工作边缘化、成效形式化。

二是党政不分，以党代政，存在“越位”现象。党组织代替学校行政部门，直接对一线进行行政指令式管理。这种“越俎代庖”的做法，实际上是另一种形式的“越位”。

三是不整合，不协调，存在“两张皮”现象。“你敲你的锣，我们打我们的鼓”，整体不协调，甚至出现多头领导、重复劳动，加重师生负担。

### （二）党组织思想政治引领不突出

有的学校党组织存在着“重业务、轻思想”的现象，对于政治理论学习流于形式，看了文件、学了政策，单纯追求形式阅知，不善于用理论的立场和观点分析和解决实际问题。有的虽然组织了教育活动，但是活动“碎片化”，不经常、不系统，或者形式单一，被动听讲座、学文件，缺乏特色，党员、群众感到枯燥乏味，消极参与。

### （三）党组织内部工作机制不规范

有的学校党组织对“三会一课”、组织生活重视不够，有的甚至敷衍了事，没有遵照既定的标准执行，存在着行政会议代替党的会议的现象，以致会议质量不高，效果不理想。党员的归属感、认同感不强烈，开展批评和自我批评，尤其是向他人提意见时轻描淡写、泛泛而论。学校的党务工作者大多是兼职，党建工作理论水平不高，党务工作业务不精，需要加强培训、统一规范、明确标准。

### （四）党组织联系服务群众不深入

有的学校党组织联系群众不够，没有开辟经常性的多方面的联系群众渠道，没有开展深入调查，对基层和一线情况掌握不够全面、客观，没有找准真问题。有的对于师生群众反映的问题解决得不够及时、彻底，没有建立事后反馈沟通机制。

## 二、如何提升学校基层党组织组织力

### （一）围绕中心抓党建，提升推动发展力

学校党组织要提升组织力，就要把服务学校中心工作作为根本要求贯穿到党建工作的各个方面，找准切入点、突破口和工作载体。围绕中心抓党建，抓好党建促中心，要突出重点、夯实基础，扎实推动党的建设走在前面，为全面深化教育综合改革、实现“立德树人”根本任务攻坚克难，提供动力。

贯彻“三重一大”制度，推动学校科学发展——做到党建工作与教育教学中心工作同部署、同落实、同检查、同总结。一方面，建设并完善“两委会”（党委会、校委会）制度，“三重一大”事项由“两委会”民主商议和集体决策；另一方面，建立督导制度，由党政干部定期对学校党建工作和教育教学工作进行督查、调研和引领。

坚持党管干部，选好培育带头人——党组织要严把“选—学—炼—引”四个环节，选好配强干部队伍，提升干部素养。

**选：**完善干部选拔程序，形成符合学校校情和具体发展要求的干部选拔任用流程，严把干部入口关。

**学：**通过集中培训和个人自学，提升干部的学习力和引领力。

**炼：**通过岗位交流实践，对干部进行历练，锻炼干部独当一面的能力。

**引：**根据干部考核测评结果，批评和自我批评等党内生活情况，引领干部进行自我反思和不断改进。党组织要对群众评价不高、反映不佳的干部进行谈话，帮助其深刻查找原因，纠正其错误思想和行为。

做好党管人才，聚焦教育改革——为更好地完成“立德树人”的根本任务，尤其是在当前深化教育综合改革的大背景下，党组织要联合业务部门，关注教育改革方向，对教师开展系列专题培训。引领教师适应改革要求，提升专业能力和素养，使教师真正成为思想过硬、业务精湛的学生引路人。同时，在选人、用人中，发挥主导作用，会同有关方面做好各类人才培养、引进、使用、管理、服务和奖惩工作，对教职工聘用考评、职称评审等提出意见。

### （二）坚持社会主义办学方向，凸显政治领导力和思想引领力

“党政军民学，东西南北中，党是领导一切的。”学校党组织开展党建工作，

确保党组织履行好把方向、管大局、作决策、抓班子、带队伍、保落实的领导职责。

学习贯彻党的教育方针，把握政治方向——邀请高校专家到校开展专题党课，提高对理论的认识高度和深度。坚持学校各级党组织书记讲党课，鼓励党员讲党课，并结合实际工作谈体会，理论联系实际。创新学习形式，将集中学习和个人自学相结合；理论学习和现场学习相结合；开展读书沙龙；引入科技手段和信息技术，如微信扫码阅读、视频学习等，提高理论学习实效。

培育和践行社会主义核心价值观，加强思想引领——要使社会主义核心价值观入脑入心入行，党组织一方面要联合教学部门，在学科教学中，渗透价值观教育，比如，在语文、历史、政治等学科渗透爱国、敬业、诚信、友善等品质的培养等。另一方面，要引导学校团委、德育部门，通过组织丰富的活动让学生体会、践行核心价值观，比如，开展主题演讲、道德实践、社会实践等。

**（三）完善内外工作机制，增强组织建设力**

健全党组织设置，加强组织保证——1927 年 9 月，毛泽东同志率秋收起义余部在挺进井冈山途中，在江西永新三湾村决定改编部队，“把支部建在连上”。在连队设党支部，在优秀士兵中发展党员，在班排设党小组，在连以上设党代表并担任党组织书记。这就在部队建起了严整的党组织体系，为党全面建设和掌握

主持干部学习活动

部队提供了可靠的组织保证。

学校党委认为，在学校基层党组织建设中，也可以秉承“支部建在连上”的思想，把党支部建立在年级、学段和业务部门上。并且党总支书记由各校区负责人担任，支部书记由年级组长或部门领导担任。这样可以更好地使党的工作渗透到各年级、各部门、各学段的工作中，增强党组织的领导力。

开展项目研究，发挥两个“作用”——在健全组织建设的基础上，党支部要组织党员、群众，抓住工作中的重难点，充分发挥组织战斗力。比如，以“一支部一特色，一党员一亮点”为工作要求，开展“微项目”研究活动，各党支部围绕年级、部门特点，由党员教师牵头开展项目研究，共同关注学生身心发展。通过党支部“微项目”的开展，强化党员教师党员身份和教师身份的融合，发挥党组织的战斗堡垒作用和党员的先锋模范作用，带动师生群众，攻坚克难、担当作为。

### （四）服务师生群众需要，提高群众凝聚力

在学校，“学生是最重要的群众，教师是最关键的群众”。学校党组织要疏通听取意见的常设途径，服务于广大师生群众的发展需求和生活保障。

服务师生发展需求——其一，要保质保量完成“双培养”计划。一方面关注专业骨干中的群众，把他们逐步培养成党员；另一方面，建设开发“把党员培养

全体党员参观平津战役纪念馆

成骨干”系统课程，依托学校校本培训体系，提升党员教师理论素养和专业水平，并辐射到全体教职工。其二，针对学生成长的需要，学校党政班子要同心合力，以学生认知发展和学习规律为出发点，围绕学校育人目标，建立促进学生多元发展的课程体系，为学生成为德、智、体、美全面发展的社会主义建设者和接班人奠定坚实的基础。

服务于师生生活保障——党组织要关心教师生活，解决后顾之忧，使其更好地把热情和精力奉献于教育事业。同时，也要关心学生的生活，开展适合学生身心发展、以生为本的活动。加强党建活动室、教职工之家、心理健康教育中心、图书馆等活动场所的建设管理，为党员和师生活动提供有利的环境空间和物质基础保障。

综上所述，学校基层党组织的组织力体现在能不能真正把师生群众紧密地团结在自己周围，跟着组织去实现“立德树人”的根本任务，促进教育事业的发展。因此，学校党组织只有秉持“围绕中心抓党建，务实创新促发展”的党建思路，坚持社会主义办学方向，不断完善内外工作机制，服务师生群众需要，把工作做细、做实、做深，以提高政治领导力、思想引领力、组织建设力、群众凝聚力为保障，最终落实到推动发展力上，才能增强党组织自身组织力、焕发学校工作活力。

全体党员参观西柏坡

# 第二节 提升学校党组织党建工作水平

## “聊吧”聊出党群关系新样态

党的群众路线是党的根本工作路线，是我党在各个时期斗争的制胜法宝，是党的所有工作的基础。党的十九大报告指出，“党的一切工作必须以最广大人民根本利益为最高标准。我们要坚持把人民群众的小事当作自己的大事，从人民群众关心的事情做起，从让人民群众满意的事情做起，带领人民不断创造美好生活”，并发出“增强群众工作本领，创新群众工作体制机制和方式方法”这一掷地有声的号令。

随着改革开放的深入推进和社会主义现代化建设的蓬勃发展，教育事业也发生着复杂而深刻的变化，成为广大人民群众关注的热点之一。教育事业要完成“立德树人”的根本任务，培养中国特色社会主义的建设者和接班人，必然要了解群众“所思、所盼、所忧、所急，把群众工作做实、做深、做细、做透”，紧紧依靠群众，才能办好人民满意的教育。因此，探索和完善群众工作机制是一个常谈常新的主题。

### （一）为什么要开“聊吧”

2015 年，为推进区域教育优质均衡发展，北京交大附中成为拥有北校区、南校区、东校区、分校、第二分校和密云分校“三校区、三分校”的教育集团，6000 多名学生，800 多名教职工。如何发掘各校区优势，激发核心竞争力，“办好老百姓家门口的学校”，是集团化办学面临的重要问题，这就迫切需要我们研究不同校区师生群众的现状和需求，征求师生群众意见，切实提高教育质量，增强师生群众的“获得感”。

在党的群众路线教育实践活动中，北京交大附中党委一直尝试在常规的意见邮箱、问卷调查和座谈会之外探索更有效、更人本的形式来听取意见（意见邮箱和问卷调查了解的信息有限，不能深入探讨和跟踪调查；座谈会形式较正式，有的师生有顾虑，不能真实充分地表达意见）。因此，以北校区为试点，“聊吧”在此背景下应运而生。

## （二）怎样开好“聊吧”

为了开好“聊吧”，我校坚持以下指导原则。

### （一）个人成长与学校发展相促进的原则

学校是以教书育人为目的的场所。因此，我校党委提出，“学生是最重要的群众，教师是最关键的群众”。开设“聊吧”，就是要以师生为本，以实现学生的全面发展和教师的职业成长为工作的出发点和落脚点，尊重人、理解人、关心人、依靠人。

“建一所富有生命力的幸福学校”，是北京交大附中全体师生的共同愿景。幸福学校的建设，需要依靠幸福教师培养幸福学生。因此，我校党组织通过“聊吧”，引导广大师生把个人成长与学校发展结合起来，成为学校建设的主体，以自己的幸福奋斗促进学校的可持续发展。

### （二）党建工作与中心工作相融合的原则

“围绕中心抓党建，务实创新促发展”是我校党建工作的理念，这就要求党建工作与教育教学中心工作有机融合。“聊吧”的开设，是我校党政融合的又一举措。具体做法是首先在党组织的指导下，由党员干部轮流值班，听取群众意见，

党委书记、校长座谈“聊吧”，听取老党员和学生代表建言献策

意见并不仅限于党建工作，而是涉及师生发展和学校工作的方方面面；其次，这些意见经过整理后，由“两委会”（党委会和校务会）共同商议研究；最后由党员牵头带领一个或多个行政部门，使意见得以整改和落实。

**（三）疏通思想与解决实际相结合的原则**

“聊吧”做好思想工作和解决实际问题，一方面要了解和引导师生思想状况，坚定意识形态教育；另一方面要提高学业和职业水平、关心学习和解决生活中实际困难，为广大师生办实事、办好事，把工作做到心坎上，帮助教师成为思想过硬、专业精进、生活幸福的人，培养更多优秀的社会主义建设者和接班人。

## 三、“聊吧”该怎么聊

“聊吧”不能瞎聊，为此，学校党委采取以下四项举措，让“聊吧”聊出名堂。

**（一）开展师生调查，明确工作重点**

在开设“聊吧”前，我们对师生进行了调研。通过调研，我们发现，党组织要倾听群众心声，做好群众工作，必须从以下几个方面下功夫。

一是要提高党组织在师生心中的信任度，使学校党组织成为师生“记得起，想得到，愿意说，乐于求，信得过”的党组织。

二是要进一步强化党员领导干部尊重师生、服务师生的理念，并落实到行动中，增强师生的主人翁意识，消除师生表达意见的顾虑。

三是要建立一个听取意见的长效机制，使师生有一个固定的、常态化的反映意见的渠道。

四是要听取意见及时反馈，“接诉即办”，立行立改，这样才能使群众乐于建言献策，才能使党的群众工作真正落到实处。

以上调查和分析，为北京交大附中“聊吧”的开设奠定了基础，指明了方向。

**（二）营造和谐环境，听取意见人本化**

如何才能让师生放心地说、大胆地说，自由地表达自己的看法和建议，是我校党委一直思考的问题。经过实践探索，我校党委从以下三个方面着力。

1. 一是深入渗透以人为本的理念

一方面，我校党组织不断传承和发扬我校“以人为本、和谐幸福”的文化基

因，激发师生的主人翁精神。在开展工作，尤其是进行重大决策前，必先调研，问需于民、问计于民、问道于民。另一方面，结合主题教育，强化以人为本的工作作风。无论是在群众路线教育实践活动、“三严三实”“两学一做”中，还是在“不忘初心、牢记使命”主题教育中，在我校党委的引导下，从“两委”委员、中层干部到普通党员，都自觉地在读原著、学原文、悟原理的过程中，将原理与方法论运用到实际工作中，坚持“以人为本”，将“学生在成长中体验快乐，教师在成功中体验幸福”作为工作的理念和目标。第二分校党总支还提出了“把学生放在正中央”的理念，课程设置和活动开设，都先询问师生的意见和建议。

2. 二是努力营造温馨和谐的氛围

为了让师生能够放心表达，“聊吧”的环境怡人，而且设计得十分周到，通过玻璃门的磨砂或透明状态可知里面是否有人谈话，充分尊重了师生个人隐私。

刚开始开设“聊吧”时，师生还有顾虑。直接面对领导觉得有些尴尬，来的人并不多，但学校党委书记和校长仍然坚持每周一下午轮流值班，并在“聊吧”中泡好茶，热情地等待师生的到来。后来，逐渐把“被动等”变为“主动请”，

在“聊吧”聆听学生建议需求

书记、校长主动约谈一些教师和学生，以虚心求教的态度赢得了师生的信任，使得他们愿意倾诉，敢于表达。

3. 三是着力开展打动心灵的服务

群众工作是为了更好地了解师生所想，更好地为师生服务。因此，“聊吧”实施过程中，我们强调“三必知”“三必谈”和“三必帮”，力求做到“三个解”。

“三必知”包括：师生的个性特点要知情；师生的工作和学习情况要知情；师生的发展需求要知情。

“三必谈”包括：对党建和学校工作有意见和建议要谈；出现情绪波动要谈；出现工作困难、学业困难或人际适应问题要谈。

“三必帮”包括：工作或学习出现困难要帮；生活中遇到困难要帮；有自我成长的需求要帮。

“三个解”即解惑、解困、解忧。

千说万说，不如实际行动。在“聊吧”征求意见和建议后，学校党委立即研究，逐步将其转化为服务于师生的行动。比如，有不少学生反映，希望学校开展一些学生喜欢的活动，最好是由学生自己做主。听取学生意见后，经学校“两委会”研究，决定每年5月15日，由教育教学支部党员牵头，组织开展北京交大附中特有的学生节活动。

**（三）形成长效机制，听取意见常态化**

我校“聊吧”自开设以来，受到了师生们的欢迎，起到了“集思广益”的作用。因此，我校党委将“聊吧”纳入制度化、常态化和长效化轨道，建立配套机制，以保证党组织的群众基础，为学校发展服务。

建立定期轮流接待制度：随着我校集团化办学的发展，校区增多，师生数量增加，仅靠书记、校长值班接待已远远不能满足需求。因此，我校党委将“聊吧”延伸到各个校区、分校，并且由党委委员、校务委员轮流值班接待。每学期初在“聊吧”门口公布详细的党政班子接待人员名单，具体到日期，落实到人。师生可以根据自己的需要，与相关领导约谈，从而提高了解决问题的实效性。

优化听取意见流程管理：当师生们提出意见和建议后，学校反馈不及时或没有反馈，是影响师生建言献策积极性的一大因素。针对这一问题，我校党委在开

展“聊吧”的过程中，逐步建立和完善听取意见工作流程，对“谈话征询—记录备案—检视问题—分类落实—回复反馈”等环节进行规范管理，通过流程管理，明晰职责要求，提高工作效率，如图 1-2-1 所示。

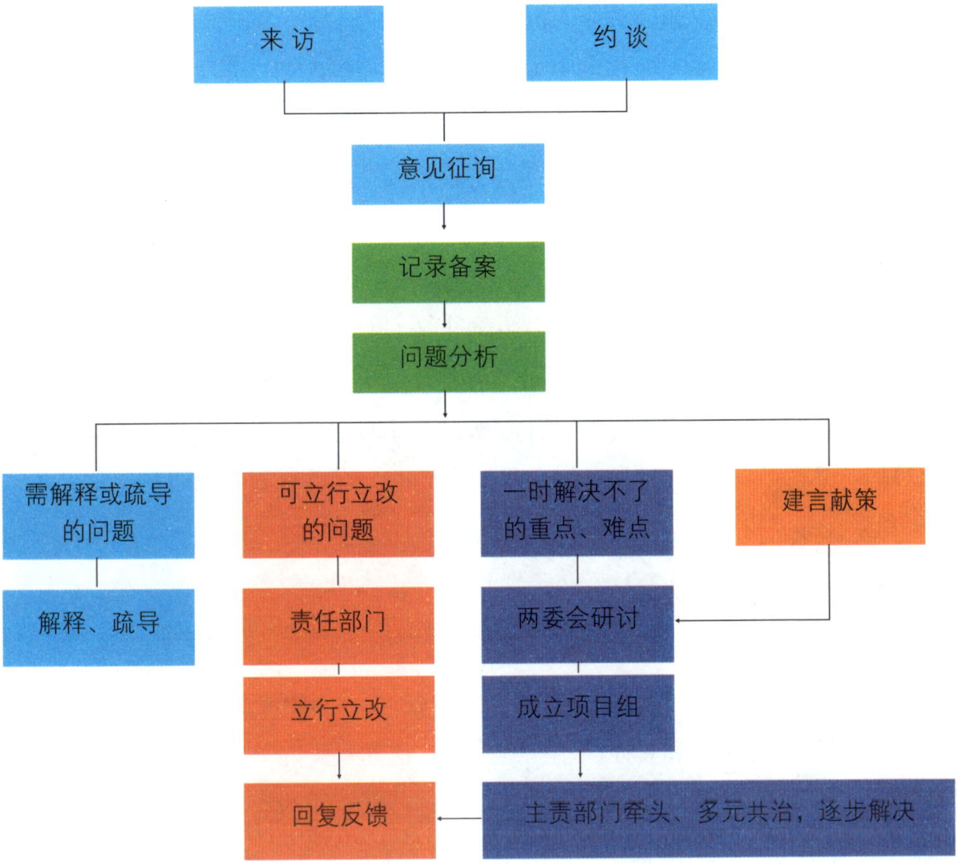

来访
约谈
意见征询
记录备案
问题分析
需解释或疏导的问题
可立行立改的问题
一时解决不了的重点、难点
建言献策
解释、疏导
责任部门
两委会研讨
立行立改
成立项目组
回复反馈
主责部门牵头、多元共治，逐步解决

图 1-2-1　听取意见工作流程图

建立分类研究解决机制——在征询师生意见时，负责接待的学校领导将各种意见进行整理记录，然后由各校区、分校办公室人员对问题进行分类。对于需要解释或疏导的问题，比如对学校某项措施不理解、存在思想情绪问题等，由接待领导当场解释和耐心疏导；对于可以立行立改的问题，比如教育教学设备维护等，由相关责任部门立即整改；对于一时解决不了的重难点问题，以及师生提出的促进学校和党建工作发展的建言献策等，由学校“两委会”研究商议，成立专题项目组，由某一部门牵头，其他部门共抓，分情况研究，分阶段解决。

### （四）与党建其他工作相结合，听取意见重落实

“聊吧”是听取群众心声的有效途径之一，如何将其与党建其他工作有机结合，关键在于落实。

与党员“先锋岗”相结合——各校区、各分校通过“聊吧”了解实际问题后，有针对性地设置各类党员先锋岗，发挥党员先锋模范作用，扎实推进问题解决。比如，通过“学生就餐服务岗”，缓解就餐高峰期拥堵问题；通过“校园安全责任岗”，排查校园安全隐患；通过“学生心理教育活动岗”，疏导部分学生学习生活中的心理问题；通过“体育锻炼督导岗”，解决部分学生重学业成绩、缺乏体育锻炼问题等。

与党建“微项目”相结合——对于一些复杂的问题，通过党建“微项目”来解决。党建“微项目”是我校党建工作的一大亮点，即坚持问题导向和需求导向，由党员牵头，组成骨干力量，通过开展项目研究的方式，引领其他教职工共同解决教育教学中存在的突出问题。通过“聊吧”的开设，有利于帮助我校党委、党总支和党支部寻找真问题，开展“微项目”；而“微项目”的开展，又是解决这些问题的一项重要举措。

## 四、“聊吧”开得怎么样?

到目前为止，我校“聊吧”开设240余次，师生650余人次来到“聊吧”讲述心声，解决实际困难和具体问题320多个。比如：听取学生意见，寓教于乐，开展生动有趣的“学科节”活动，各学科通过贴近生活的趣味活动促进学生将理论知识很好地运用到实践中；开办教职工子女免费托管班，解决教职工后顾之忧；为解决家长的家庭教育困惑，开设“蜕变式”家长教育课程等。

“聊吧”开设到其他校区和分校后，为我校集团化办学开辟了建言献策的重要途径。

通过“聊吧”的开设，北京交大附中以细致扎实的工作和行动换得师生的理解、支持和拥护，密切了干群关系，提升了干部的形象和工作水平，在海淀区教育系统年度“双满意”测评中，我校党员和群众对党组织的满意度均稳中有升。“聊吧”的开设，使我校党组织成为全体师生“记得起，想得到，愿意说，乐于求，信得过”的北京市“先进基层党组织”和“北京市中小学党建示范点”。

在北京交大附中，“聊吧”已经形成了一种制度文化，不仅是党组织了解师生思想状态的常设平台，还解决了师生们在学习、工作、生活等方面遇到的实际问题，从而有效地促进了学校的教育教学工作，成为幸福学校建设的重要途径。

学校的群众工作既要做到尊重人、理解人、关心人、帮助人，又要做到教育人、引导人、鼓舞人、鞭策人。我们将不断完善和推进“聊吧”群众工作机制，并以此为突破口，积极探索和创新做好群众工作的方式方法，解决师生最关心、最直接、最现实的问题，让师生将建言献策作为自己的一种权利、一种责任、一种倾诉、一种荣耀，更是一种享受。通过开辟多种关怀途径，有力地增强党组织群众工作的针对性和实效性，为教育集团的科学发展凝心聚力、出谋划策。

## 着眼细微、服务大局的党支部“微项目”

党的十九大报告指出：“党支部要担负好直接教育党员、管理党员、监督党员和组织群众、宣传群众、凝聚群众、服务群众的职责，引导广大党员发挥先锋模范作用。”北京交大附中党委深刻认识到，在落实学校教育根本任务的过程中，党组织是学校工作的战斗堡垒，党员教师是有效推动学校各方面工作质量和发展的重要力量。为此，我校党委坚持以问题为导向，将党建工作落在学校发展需求的“关键点”，解决问题的“最痛处”，讲求工作实效，注重工作质量。以党支部“微项目”工作机制为抓手，突出党员先锋模范作用。

### 一、党支部“微项目”工作机制的内涵

所谓项目是指为了实现一个或一组特定目标，在一定时间内，组织特定人员，采取一系列可行措施，逐步达成目标的活动。

项目根据其涉及的范围、内容、人员和复杂程度，可分为大项目、中项目、小项目和微项目。为了使党建工作逐层推进落实，我校各级党组织都开展了项目实践。其中，学校党委主要围绕学校办学、集团化发展等重大问题开展项目研究，党总支主要围绕校区或者分校办学开展党建项目，而党支部主要围绕年级或部门的工作难点开展“微项目”。

“微项目”，是党支部为了实现某一特定目标，在一定时间内(根据教育周期，通常为1–3年)，组织党员教师，通过一系列措施，解决问题，达成目标的活动。

工作机制，是工作程序、规则的有机联系和有效运转。为了使党支部“微项目”不断规范化和科学化，在实践过程中，我们逐步探索和建立了党支部“微项目”工作机制。

党支部“微项目”工作机制，即坚持问题导向和需求导向，各党支部由党员牵头，组成骨干力量，通过开展项目研究的方式，引领年级或者部门的其他教职工共同关注学生身心发展的特点和需要，解决教育教学中存在的突出问题，从而充分发挥党员的先锋模范作用，发挥党支部的战斗堡垒作用，使党建工作与中心工作紧密结合，相互促进。

## 二、党支部“微项目”工作机制的形成和培育过程

### (一)党支部设在年级，增强党政工作合力

为加强组织建设，我校党委秉承我党“把支部建在连上”的优良传统，将党支部设在教育教学组织单位上，位于海淀区的五个校区共设立了19个党支部。党支部书记由年级组长、部门和学段负责人担任，便于组织协调党政工作，使党的工作与各年级、部门、学段的教育教学中心工作相融和，增强党政工作合力。

初二党支部研讨微项目

### （二）确定党支部“微项目”，围绕中心抓党建

我校党委采用“微项目”研究的方式来加强党支部建设。在学校党委的引领和各党总支的指导下，各党支部深入探讨，围绕本年级、本部门特点，在“关键点”确定“微项目”课题。

表 1-2-1 各党支部“微项目”研究课题

| 序号 | 支部名称 | “微项目”研究课题 |
|---|---|---|
| 1 | 初一年级党支部 | 学生成长部落行动研究 |
| 2 | 初二年级党支部 | 生命教育研究 |
| 3 | 初三年级党支部 | 教师牵手学生个案研究 |
| 4 | 高一年级党支部 | 高中新课程改革中导师制的探索与研究 |
| 5 | 高二年级党支部 | 以丰富的学科活动，促进学生发展研究 |
| 6 | 高三年级党支部 | 学生思维方式的形成与转变研究 |
| 7 | 教育教学党支部 | 诚信教育研究 |
| 8 | 行政党支部 | 财务管理制度研究 |
| 9 | 离退休党支部 | 创建健康、快乐、幸福的离退休生活 |
| 10 | 分校党支部 | 以“小组建设”为载体，促进教育教学工作 |
| 11 | 东校区初中党支部 | “三有”课堂建模及应用 |
| 12 | 东校区高中党支部 | 美术生社会实践活动有效性 |
| 13 | 第二分校党总支 | 以开展“小组建设”为载体，促进教育、教学工作 |

### （三）加强项目管理，确保工作实效

为了有序地实施党支部“微项目”，我校党委委员、党总支委员、专家共同组成微项目领导小组，对党支部“微项目”申请、制定实施方案、组织实施、阶段调整、继续实施、形成结论、反思改进等过程进行整体监控和督导，确保项目取得实效。

### （四）党支部“微项目”典型案例介绍

项目名称：诚信教育之书香校园。

诚信教育之书香校园

项目背景：为加强学生社会主义核心价值观教育，教育教学党支部先是以“诚信考试”为突破口，开展了“中学生诚信教育研究”，并取得了明显效果。之后，党支部又将诚信教育与学生学识增长相结合，延伸到书香校园建设中。

主要做法：

（1）发现学生在阅读中的强烈愿望和阅读行为上出现的问题后，党支部书记第一时间组织召开支部党员大会，确定项目研究主题，征求党员意见。

（2）与后勤保障部门联系，在校园花坛边设立若干造型别致的“小房子”，里面放上书刊，师生可随手翻阅。

微项目：创造生命之博物馆中的艺术

（3）进行网络问卷调查，进一步发现问题：师生对“小书箱”持欢迎和肯定态度，但是书箱里的书很快被借走，书箱经常空空如也。

（4）召开支部大会讨论改进方案，在书箱上张贴小提示：“如果借走一本书，请您放回一本书”。新的规定得到师生一致认可。

（5）“诚信书箱”以人为本，无人监管，不仅在师生中悄然把“诚信树心田”，而且也逐渐使阅读蔚然成风，呈现出“书香满校园”的美好景致。

### （五）党支部“微项目”的总结与反思

每一个党支部“微项目”最初由党支部组织、党员承担，但在实施过程中逐渐成为年级组织、全年级师生共同参与的项目，有的项目甚至在全校实施，取得了良好的成效。

党支部“微项目”工作机制对学校基层党建的重要意义体现在以下方面。

一方面，切实发挥了党组织战斗堡垒作用和党员先锋模范作用。“一个基层党组织就是一个战斗堡垒，一名党员就是一面旗帜。”而要真正发挥“两个作用”，就要落实到每个支部建设和每位党员的素养提升上。党支部“微项目”工作机制有利于发挥学校党支部对教育教学攻坚克难问题的引领作用，有利于提高党员教职工的勇于担当意识、发挥他们的专业才能和示范作用。通过“微项目”的实施，切实地解决了学校中心工作的一些难题，提高了党建工作实效，师生群众满意度也不断提高。在“双满意”测评中，教职工对党组织和党员的总体满意度稳中有进，尤其是群众的满意度较上一年度有明显提升。

另一方面，很好地促进了党政工作的融合。北京交大附中党建工作理念是“围绕中心抓党建，务实创新促发展”。党建工作如何与学校教育教学中心工作形成合力，是一个值得认真思考的问题。党支部“微项目”便是一个很好的工作抓手，其使党建工作融合到教育教学重难点工作中，以小见大，以点带面，深入挖掘，逐步提升。

## 形成主题教育长效机制，推动学校发展

2019 年，全党自上而下分两批开展“不忘初心、牢记使命”主题教育，达到了预期目的，取得了重大成果，积累了宝贵经验。党的十九届四中全会《决定》提出，建立不忘初心、牢记使命的制度。把不忘初心、牢记使命作为加强党的建设的永恒课题和全体党员、干部的终身课题，形成长效机制。

“不忘初心、牢记使命”主题教育开展以来，北京交大附中党委认真落实“守初心、担使命，找差距、抓落实”的总要求，聚焦主题主线，紧扣目标任务，呼应群众期待，狠抓整改落实，力求做到有问必研、有题必检、有缺必改、有言必行。

在总结好做法、好经验，淬炼好品格、好作风的同时，北京交大附中党委通过问卷调查、“聊吧”座谈、实地调研等方式，发现仍然存在着很多问题需要解决，需要探索和建立“不忘初心、牢记使命”的长效机制，需要学校各部门持续抓好整改落实和专项整治，推动“不忘初心、牢记使命”深入常态，推动“解决问题、落实整改”常抓不懈。

## 一、“不忘初心、牢记使命”主题教育的主要经验

“不忘初心、牢记使命”主题教育开展以来，我校党委聚焦主题主线，紧扣目标任务，呼应群众期待，狠抓整改落实，将主题教育成果转化为推动学校发展的强大动力，确保主题教育取得实效。主要经验有以下三条。

### （一）学习教育“三坚持”，在真学深思中守初心

学校党委牢牢把握学习教育的总要求，坚持学以致用、知行合一，努力把主题教育成果更好地体现为实实在在的工作成效。

1. 坚持聚焦主题主线抓学习

自我学习结合集体学习，专家引领结合交流研讨，理论学习结合工作实践，论述阅读结合心得写作。编写《北京交大附中主题教育学习记录本》，组织党员原原本本学习《习近平关于“不忘初心、牢记使命”论述摘编》，党员个人撰写心得，各级党组织交流体会。在此基础上，邀请高校教授为我校党员干部解读相关精神和理论。比如，北大马克思主义学院张进财主任结合学校发展。解读党的十九届四中全会精神；北大马克思主义学院孙来斌教授解读《习近平新时代中国特色社会主义思想蕴含的马克思主义立场、观点和方法》；中国与世界研究院孙敬鑫主任为参加学区党员干部轮训的党员干部解读《习近平用典》蕴含的思想与智慧等。此外，利用网络信息平台开展“微党课”培训，使学习教育贯彻始终，渗透到行动中。

开展“我和我的祖国”系列活动，组织80余名师生参加国庆庆典活动，同时开展红歌比赛、金帆专场革命歌曲音乐会、主题学生节、红色教育基地现场学习、“爱我中华”读书演讲比赛、“回顾历史，爱我中华”辩论赛、“十八而志与国同行”成人仪式等,激发师生热爱祖国的真挚情感,用学习成果指导工作实践。

2. 坚持传承革命精神找初心

把初心课堂搬进爱国主义教育基地和革命圣地，先后组织205名党员干部参观新中国成立70周年展、铁军纪念馆等，结合革命先辈精神、共产党员初心与学校教育工作实际开展书记讲党课活动，号召党员不忘来时路，重整行装再出发。

3. 坚持党员榜样引领促行动

在北京交大附中教育集团内推选出94名“六带头”党员榜样，学习宣传他

们的先进事迹，引导教职工向身边榜样学习。

要求党员、干部做到“三学出”：学出坚定不移的信仰信念；学出以人为本的基本立场；学出科学系统的工作方法。

### （二）检视问题“三依托”，在联系师生中促发展

我校党委强调“学生是最重要的群众，教师是最关键的群众”，通过广泛深入调研，检视问题所在，促进学校发展。

#### 1. 依托问卷调查，找准工作方向

编制发放主题教育问卷（两类问卷），征集党员和群众对干部、党组织、党员、学校发展各方面的意见和建议，收集真问题、征集好建议、汇集新方法。

问卷调查共收到有效问卷 475 份，其中党员有效问卷 238 份、群众有效问卷 237 份。学校党委整理原始数据，形成每题的统计数据及柱状图，同时进行各分校、校区的数据对比，对每题进行“数据统计”“数据观察”和“数据分析”，并在征集到的 187 条主观问题和建议的基础上，形成调查报告。为落实“聚焦问题查，带着问题改”的行动原则，调查报告根据每一题统计和观察结果，在“数据分析”模块中，都要对梳理分析到的问题，进行一对一的整改措施制定，并实时加以落实。

#### 2. 依托“聊吧”座谈，回应师生需求

在我校，“聊吧”已经形成一种制度文化，是学校党组织了解师生思想状态、征求师生意见、解决师生实际问题和需求的常设平台，有效地促进学校中心工作，成为幸福学校建设的重要途径。

具体来说，就是由党委委员轮流值班，每周一下午两点至五点座谈“聊吧”。每学期初公布详细的党委委员值班表，具体到日期，落实到人，面对面听取群众意见；同时，各党支部主动征集本年级、本部门师生的意见，利用“聊吧”时间将其反馈到党委，打通群众意见疏导反馈通道，注重师生满意度和获得感的提升。

在主题教育期间，为进一步保障师生意见和建议征集通畅、反馈及时、整改有效，我们在以往工作经验的基础上，逐步建立和完善“聊吧”机制的工作闭环，对“谈话征询—记录备案—检视问题—分类落实—回复反馈”等环节进行规范化流程管理，明晰职责要求，提高工作效率。

我们认为，“聊吧”是学校党委听取师生心声、工作立行立改的重要途径之一，其工作的关键就是在整改落实意见上下功夫。随着集团化办学的规模不断扩大，“聊吧”也在不断向各校区延伸。

3. 依托各级座谈会，寻求整改支持

在问卷调查、“聊吧”交流的基础上，各分校及各校区党支部召开不同层面的座谈会。学校党委侧重在职教师和离退休教师的座谈，教育教学党支部侧重家长的座谈，各年级党支部侧重学生的座谈，教育集团办公室侧重于办公室教师座谈，学校团委召开学代会、团代会等。

召开座谈会、代表会，是师生、家校、社会各界为学校发展建言献策、提供整改落实思路和智慧支持的有效途径，是学校深入了解师生的真正关注点，获得丰富信息，是利于工作优化、立行立改的有效方法。

例如，在离退休教师座谈会上，老教师们主动建议定期组织退休教师和在职教师的交流座谈会，传承和发扬我校师德传统文化和师道精神，增强年轻教师守初心、担使命的自觉性和责任感。

**（三）整改落实“三着力”，在立德树人中担使命**

在整改落实中，对能够立行立改的问题，不等不拖及时改；对一时解决不了的重点难点问题，列入整改清单，制定详细整改措施，确保整改有实效。

1. 立行立改，着力开展“双培养”工作

我校党委在检视问题时，通过调查了解到，学校35%以上的教师为青年教师，他们对学校搭建多元成长平台、加大青年教师培养力度有着强烈的需求。

为此，学校党委牵头，以“老带新”活动为契机，倡导每位党员，尤其是党员中的骨干教师，都要结对一至两名教学或班主任“徒弟”，从思想和专业两方面关心和帮助徒弟成长，促进“双培养”工作落到实处。在党员骨干教师的带动下，2021年的老带新结对数相比以往年度，增加了30%左右。在培养对象中，不仅有刚毕业的新教师，还有工作十几年处于职业平稳期，希望走出舒适圈、再上一层楼的中年教师。

另外，学校党委与课程研究院共同组织，定期开展青年教师沙龙、新任教师沙龙，邀请党员骨干教师和老党员，为青年教师传经送宝、深度交流，从思想引领、文化认同、学科提升等方面促进青年教师和新任教师的成长。

2. 系统整改，着力推进制度建设和实施

针对党支部激励作用不突出的问题，不断完善和实施“六有”党支部校内星级制度，激励各党支部在队伍建设、活动开展、阵地建设、制度规范、活动保障、工作特色六个方面下功夫，总结党支部好的工作做法，提高党建工作水平。

3. 围绕中心，着力开展党支部“微项目”活动

党建“微项目”是我校党建工作的特色工作，具体做法是坚持问题导向和需求导向，由党员牵头，组成骨干力量，通过开展项目研究的方式，引领其他教职工共同解决教育教学中存在的突出问题。

在主题教育中，各年级党支部也通过前期调查研究和问题检视，结合本支部、本年级工作重点，聚焦问题，申报立项本支部重点“微项目”，以“微项目”行动研究落实整改工作实效。

比如，初一年级的学生养成教育课程建设，初二年级的大手牵小手帮教活动，高一年级的中学生主动学习标兵培养，高二年级的导师制行动与研究、教育教学、诚信教育课程体系及实施，东校区初中部的课堂教学学习共同体研究，东校区高中部的美育建设下学习共同体的建设，二分校初三年级的以“小组建设”为载体促进学习质量提升，二分校初一年级的“让每位老师在自己的岗位上成为一面旗帜”，二分校初二年级的积极心理促积极教育项目等。

在主题教育中，通过聚焦真实问题不回避，开展扎实工作促成效，使党建工作真正做到“围绕中心促党建，务实创新促发展”，不断发挥党员的先锋模范作用和党组织的战斗堡垒作用。

近年来，我校在海淀区教育系统年度“双满意”测评中，党员和群众的满意度均稳中有进。2020 年，教职工对党组织整体满意度为 96.04%，高于同类学校均值近 3 个百分点；群众满意度为 91.43%，高于同类学校均值近 5 个百分点。我校党委书记代表教育系统参加海淀区主题教育座谈会，学校的做法得到同行们的认可。

### （四）把“不忘初心、牢记使命”主题教育长效持久地开展下去

针对不同群体和层面的问题调研，学校党委进一步开展建立“不忘初心、牢记使命”的长效机制建设实践，着力在学习教育、激励担当、服务群众等方面下功夫。主要措施有以下三条。

1. 一是构建长效机制的工作思路

（1）健全学习教育长效机制。健全党内学习制度，将主题教育中采用的个人自学、领导领学、主题学习、集中研读、专家辅导和研讨交流等多种有效学习手段上升为制度，并延伸到全体教职工中，把学习融入日常，坚持学与做相结合，实现学习教育制度化、常态化。

（2）健全激励担当长效机制。加强对党员干部的历练，健全激励担当机制，完善激励担当的相关法规政策，要为广大党员干部提供有利的政策和工作条件，营造改革创新、干事创业的良好环境。充分调动全体党员干部的积极性、主动性、创造性，激励党员干部担当作为。

（3）健全服务群众长效机制。践行初心和使命始终离不开走群众路线，建立服务群众制度，规范和引导广大党员干部自觉践行为师生服务的宗旨，提高为师生服务的本领，加强与群众的密切联系，培养与群众的深厚感情，维护和发展好师生群众的利益。

2. 用六大机制保障主题教育持久开展

思路理清以后，在具体实践中，学校党委本着“让问题件件有整改、事事有落实”的原则，围绕问题推进机制变革，通过机制变革固化工作成果，力求实现“解决一个问题，就建立一种机制；建立一种机制，就规范一类行为”，夯实作风，推进工作，提升效能，如图 1–2–2 所示。

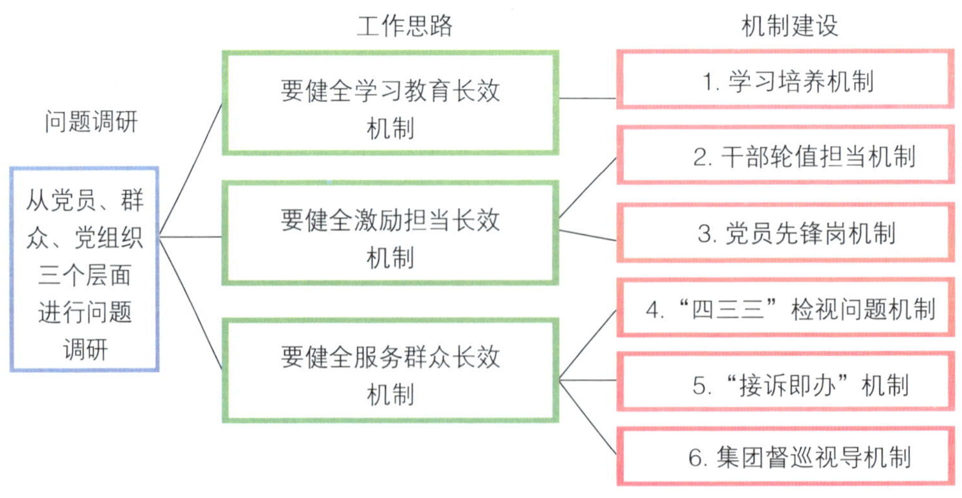


图 1-2-2　“问题调研—工作思路—机制建设”流程图

（1）学习培养机制。针对教职工人才培养和激励的需求，学校党委从党员六大课程体系出发，不断辐射和完善教职工“三级五类”校本培训体系。

党员六大课程体系——通过党建活动课程化，不断提升党员队伍理论修养、政治信仰、专业素养和人生涵养，这就是“党员六大课程体系”。具体包括书记党课、专家党课、主题党日、“双培养”、幸福教育、数字媒体课程。

其中，书记党课旨在方向引领，学习贯彻习近平新时代特色社会主义思想和习近平总书记系列重要讲话、《中国共产党章程》、党的十九大精神等，树牢“四个意识”，坚定“四个自信”，坚决做到“两个维护”，将宏观与微观相结合、理论性与实用性相结合、思想意识与本职工作相结合，使教职工坚定政治方向、明确教育方针、提升师德水平。专家党课侧重理论引领，充分开发专家资源为党员教师开展理论指导，以理论统一思想、明确方向、引领学习、推动发展。主题党日课程重在实践引领，分为党委、党总支、党支部三种范围，注重“三实”——实地、实员、实践。“双培养”课程是骨干引领，按需求分为高端定制课程、大专题课程、实地交流课程、校本课程等。幸福教育体系在于行动引领，以党员骨干为牵头人，行动引领全体教师，遵循学生认知发展和学习规律。数字媒体课程是数字引领，充分利用数字媒体技术，积极开发数字媒体课程，拓展党员学习时空与渠道。

以上六大课程不仅是对党员干部进行培训，学校党委还精选一些主题学习最终辐射到全体教职工之中。比如：把密切指导教育思想和行为的主题，包括师德师风建设、教育法律法规、教育大会精神、青少年思想道德建设等的学习扩大到全体教职工中，把教职工思想政治学习与教育教学实践紧密结合。

在此基础上，学校党委将党员培训延伸至大人力资源观下的校本培训，依托集团课程研究院，不断引领和优化全体教职工的“三级五类”校本培训。

教职工“三级五类”校本培训体系——教师因其职业特殊性，需要不断参加学习和培训，但如果要求所有教师参加所有的培训活动是不合理的、低效的，也会带来抵触情绪。为此，学校党委根据本校教师的年龄组成、专业发展程度、外在和内在需求等，细化出不同的职级需求群体，如表 1–2–2 所示。

表 1-2-2 教师不同成长阶段的学习需求

| 成长阶段 | 主要学习需求（培训） |
| --- | --- |
| 职前期 | 初始培训阶段或者承担新任务而准备接受培训的阶段 |
| 职初期 | 学习实践语言，在某些特殊问题上需要个别指导，包括实践指导和理论指导 |
| 能力建构期 | 与资深教师在课程开发和教学实践上形成合作，同时继续理论学习 |
| 兴趣与成长期 | 自己选择成长需要，渴望进修机会，对教科研的高度兴趣 |
| 职业挫折期 | 技能的反思和改进，探索职业道德，渴望担任学校领导的机会 |
| 职业稳定期 | 开展教学改革实验，协商式的管理，渴望专家引领，欢迎提出批评意见，参加沙龙式的教师交流 |
| 职业消退期 | 让有经验的教师分享他们的知识，同行指导工作、代教老师、课程编制、实习教师的教学指导等 |
| 职业离岗期 | 幸福退休生活，感受社会发展，传承学校精神 |

按照职级、年级和学科三个维度确定不同的培训对象，同时根据学习内容不同又分为五个类别，不断优化和实施北京交大附中特有的“三级五类”校本课程中，如图 1-2-3 和表 1-2-3 所示。

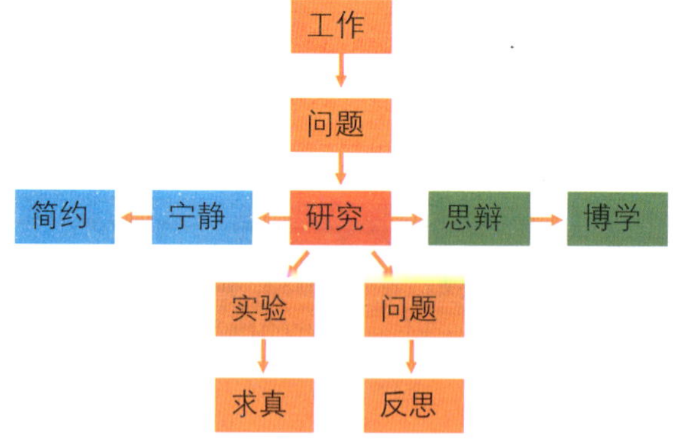


图 1-2-3 “三级五类”校本课程体系

表 1-2-3 五类课程内容

| 类别 | 相关专题 |
| --- | --- |
| 思想政治 | 教育路线、方针、政策、师德专题、教育法规专题、学术理念等 |
| 教育理论 | 教育学专题、心理学专题、德育理论专题、课程理论专题、学习理论专题、管理理论专题等 |
| 专业知识与技能 | 新课程专题、现代信息技术专题、教学基本功专题、教学常规专题、班主任专题、管理技能专题等 |
| 教育教学实践及研究 | 课堂教学专题、研究性学习实施、心理健康专题、特殊教育专题、办学特色专题、校本教研专题、社会实践指导专题、小班化教学专题等 |
| 教育科研 | 教育科研方法专题、校本研究专题、校本课程专题等 |

在培训中，学校党委为提高教师的实际获得感，注重过程管理和结果评估，进一步完善和优化教师培训程序，形成闭环结构。即从需求出发，确定内容和方法，制定标准，关注过程，不断反馈评估，进一步调整培训结构，如图 1-2-4 所示。

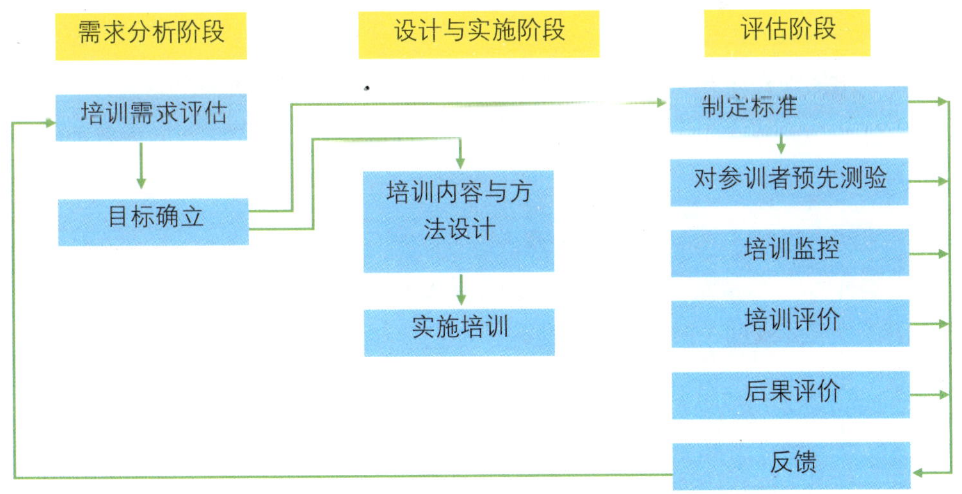


图 1-2-4 校本培训闭环结构

课程引领是北京交大附中党组织抓党员、教职工意识形态工作的主阵地，加强校本培训，不仅是教职工职业成长的重要需求，也是党组织领导下校长负责制中“党管人才”的一项重要举措。

（2）干部轮值担当机制。领导干部是学校发展的头雁团队，干部的担当力行，是组织发展的中坚力量。为此，学校党委进一步完善干部轮值机制和干部队伍建设机制，统一北京交大附中教育集团党建工作标准。

干部轮流值班是我校管理工作的传统。主题教育开展以来，尤其是新冠肺炎疫情期间，学校党委深刻感受到疫情是“试金石”，干部是“定盘针”，进一步完善了轮值机制。疫情防控期间，学校党委书记、校长带头轮流值守，教育集团干部自觉结束假期，24 小时待命。第一时间成立学校新冠肺炎疫情防控工作领导小组、工作小组、督查小组，建立了从校长、书记到各校区负责人、各部门干部、教职员工、班主任、学生家长五级管理体系，明晰各级职责。

疫情期间，进一步规范干部值班管理，每位值班干部实时关注和掌握师生健康状况；根据市、区教委相关要求和学校实际，组织落实疫情防控、停课不停学、试开学和全面复课等工作；根据综合防控和教育教学要求，组织学校各类人员线上培训、线下演练，确保各阶段重点任务平稳、有效、高质的完成。

9 月开学以后，根据疫情防控要求，除了做好自身的本职工作之外，各校区干部重点在人员易聚集的出入口、楼道、校园、食堂等区域进行轮值和管理，保证教育教学活动有序开展的同时，倾听师生需求，为师生服务。

“选—学—炼—引”干部队伍建设机制——党员干部首先应该成为教师的榜样模范，其次才是一名管理者。多年来，学校党组织不断完善“选—学—炼—引”干部队伍建设机制。

选：完善干部选拔程序，形成既符合海淀区委教育工委干部选拔条件，又满足集团化发展要求的干部选拔任用流程，严把干部入口关。

学：通过思想引领、党校学习、领导力培训、国培计划、不同校区干部师徒结对等方式，提升干部学习力和引领力。

炼：促进干部集团内交流轮岗，在不同校区、不同岗位中，面对不同教育生态环境和工作任务，实岗锻炼提升。目前，有 7 位干部在集团内校区间交流历练。

引：每位干部根据民主测评结果，进行认真反思和整改。同时，召开干部民

主生活会，通过“四三三”模式，进行自我反思和不断改进。

党务干部培训机制——加强党务干部培训，提高党务干部业务水平。推行党建工作一体化建设，实施“三个统一”，即：统一党建工作标准，统一党务工作规范和培训，统一开展学习教育。建立学校“党委—党总支—党支部”三级工作系统，进一步规范各级党组织的任务和委员的职责。健全党建工作制度，建立并实施《交大附中党支部规范化建设日常工作机制》《交大附中教育集团党支部工作手册》，逐步夯实学校党建工作。

（3）党员先锋岗机制。在党支部和党总支层面，针对各校区实际问题，以师生在校一日流程为线索，设立多种类型的党员先锋岗。

例如，初一年级党支部、行政党总支根据前期调查，了解到学生、教师对中午食堂就餐秩序的意见，设立“学生就餐服务岗”，缓解食堂就餐高峰期拥堵失序问题。

行政党总支针对师生提出的校园安全隐患和责任制问题，以校园各关键地点为主，设置“校园安全责任岗”，定期排查校园安全隐患，维护校园安全环境。

教育教学党支部针对学生家长反映的学生心理教育需求，依托学校心理教育中心，设置“心理健康教育岗”，疏导部分学生在学习生活中的心理问题；针对“社会满意度调查”中反映的学生家长对校园体育运动、提升学生身体素质的需求，设置“科学运动督导岗”，解决部分学生重学业成绩、缺乏体育锻炼问题等，发挥体育教师队伍中党员教师的模范带头作用，扎实推进实际问题的解决；根据防疫要求，增设“科学防疫服务岗”，培养师生健康的卫生习惯。

特殊时期党员“四带头”——疫情防控期间，我校全体党员做到特殊时期“四带头”。

一是带头保质、保量、保时完成学校要求。在疫情防控期间，带头完成各项疫情防控、学生管理等工作。自1月20日至9月28日，连续报告师生健康数据252天，涉及数据127000余项，数据准确率为100%。

二是带头传播正能量。党员带头在网络发挥正面引导、积极影响作用。积极响应号召，414人次党员捐款（不含已在社区捐款的党员），共计捐款55958元。

三是带头开展线上、线下教育教学。书记、校长带头开展线上升旗仪式教育、生命教育、开学第一课教育等，党员教师带头精心准备、开展和反思每一堂课，在年级组、教研组、备课组中真正发挥了骨干的力量。

四是带头做好社区志愿服务，彰显北方交大附中党员的担当精神和本色风采。

（4）“四三三”检视问题机制。在主题教育期间，我校各级党组织依托“四三三”模式，深入检视问题。所谓“四三三”模式，即党委召开民主生活会，各支部开展组织生活会，会上每位党员在检视问题时，40% 进行自我批评，30% 向他人提出意见和建议，30% 向所在党组织或者学校提出思考和建议。学校各级党组织梳理了诸如对教师教育教学工作的高位引领有待进一步加强、中心组理论学习的辐射力度需要进一步加大等 114 条问题，党委汇总集体讨论，认真剖析挖根源，为整改落实打好基础。

在实践过程中，学校党委进一步优化该模式，建立“四三三”工作机制，在学校各项工作中，形成“检视问题 + 建言献策”的文化氛围和自动化思维。

例如，在“两委会”中，除了商议“三重一大”重要事件之外，各校区负责人还根据工作实际，开展案例分享活动。比如，2020 年我校南校区高三毕业生高考成绩取得了突破性进展，南校区党总支书记葛玉红在案例分享时，并没有聚焦已有成绩，而是从问题出发，反思教育教学管理策略的调整和改进，以期取得工作的不断突破。

（5）“接诉即办”机制。为进一步改变工作作风，做到立行立改，打通服务师生的最后一环，我校党委结合《海淀区教育系统“接诉即办”工作方案》要求和学校实际，制定了《北京交通大学附属中学教育集团“接诉即办”工作方案》。建立起由书记、校长任组长，党委委员为副组长，各校区党务干部为主任，德育、教学、后勤、安全、工会等部门联动的工作小组。明确工作流程、工作要求和监督考核机制，以提高教师、学生和家长对学校教育教学及服务保障等相关诉求的办理质量和效率，为师生办实事、办好事，将幸福学校建设落到实处。

（6）集团内党建督巡视导机制。集团内党建督巡视导机制，是北京交大附中教育集团一直坚持的自查自检自督年度重点工作。实践中，我校党委进一步规范以下四个环节。

一是通过“一对一”干部谈话，帮助干部直面问题，剖析原因，指导整改，落实行动。

二是通过随机听课、巡视校园、师生访谈，对照问题清单，深入了解主题教

育开展以来各校区的整改落实情况。

三是通过项目培训，对于前期沟通了解的重点难点问题，组织集团专家团队，分项分类进行指导和培训。

四是通过问题整改研讨会，反馈校区整体问题的整改落实情况。督巡团队每人都要采取"1+1+1"模式（肯定1个亮点，指出1个不足，提出1条建设性意见），贡献内部思考、贡献外部视角、贡献集体智慧，敦促各校区、各分校整改工作进一步深入和落实，同时也促进各校区和各分校之间相互借鉴，互通有无，群策群力，进一步增强和提升集团党委的凝聚力和战斗力。

3. 如何让主题教育真正达到长久实效

（1）加强学分制管理，使学习培养机制落到实处。在不断完善学校已有的"党员六大课程"体系和教职工"三级五类"校本培训体系的基础上，要使教育培训落到实处，就要加强相关工作管理。比如：一方面制定年度培训计划，明确学习内容、参训人员范围、时间安排、教育形式等；另一方面建立学分制，每位教职工每学年参加的各类校本培训应不少于20学时，其中党员教职工每年参加的培训不少于40学时。每年评选校级"学习之星"，鼓励学习提升和学以致用。

（2）完善干部考评体系，提振精神，持续发力。完善干部考核评价体系，通过深度访谈、双测评、民意调查等途径，将培养锻炼、绩效考核、表扬激励、调整交流、批评提醒、处理惩戒等激励约束制度贯穿于干部日常管理中，作为优秀等次评定、选拔任用、职级晋升的重要参考，提振干部精气神，持续发力。

（3）强调"三个真正""四个先"，增强"党员先锋岗"实效。我校各党支部、各党总支依据工作需要，广泛设立了"党员先锋岗"，为使工作落到实处，需要加强动态管理。

比如：每月对党员先锋岗进行一次考核，考查其是否做到了"三个真正"——真正践行党员承诺；真正出色地完成所在先锋岗的任务；真正得到被服务师生的认可和好评。对考评优秀者给予表彰，对不符合党员先锋岗要求的帮助整改。激励党员以实际行动，凸显"我因党员而自信，组织因我而精彩"的风采。体现"四个先"——党员身份我先亮；急难险重我先扛；改革创新我先闯；荣誉面前我先让。

（4）内外、表里相结合，提高检视问题广度、深度、准度。在检视问题方面，进一步做实、做足、做好。一方面坚持内外相结合，即把"自查自纠"与"开门纳谏”结合起来，把“自己找”与“群众提”结合起来，把“四三三”检视问题机制与“聊吧”群众工作机制结合起来，全方位、经常性查摆问题。另一方面坚持表里相结合，即把表面现象与深层根源结合起来，把细小问题与系统化建构结合起来，把检视问题与整改落实结合起来，防止“大而空”和“小而碎”，使检视问题有广度，剖析根源有深度，解决问题有准度。

（5）升级“接诉即办”机制，增强群众获得感和幸福感。“接诉即办”机制的建立，最初是为了更好地倾听和解决师生、家长的诉求，有诉求，立即办。“诉”的是烦心事、操心事、揪心事，但也饱含着师生、家长对学校、对教育的新要求，反映了学校工作中需要解决的痛点和难点。在实施一段时间后，在渠道畅通的基础上，学校党委发现，学校的“接诉即办”机制需要有更深层次的“升级”。比如：工作中不能满足于解决群众投诉的具体问题、具体事，还要以点带面，将存在的同类问题隐患一并研究、机制建构一并优化；不能仅限于提出问题、解决问题，还要根据教育教学规律和经验进行预判，将可能发生的问题进行梳理、提前预防和解决，逐步实现“未诉先办”，多一些换位思考、多一点沟通理解，把事情办进群众的心坎上，增强师生群众的获得感和幸福感。

（6）加强日常巡查力度，注重党建工作的全程纪实。在党建巡视方面，要坚持日常考查与集中巡视相结合，以日常考查为主。可以采取“四不两直”的方式，针对不同情况，结合组织建设、党员队伍建设、基本活动建设、制度建设、基本保障建设、责任清单和重点工作清单落实等，对总支和支部进行随机抽查，注重痕迹化管理及全程纪实督查。

“不忘初心方能行稳致远，牢记使命才能开辟未来”。学校党委将继续检视自我、强健自身，面对新形势、新问题，勇于担当、不断前行。通过长效机制建设和实施，将初心立稳，把行动做细，发扬好传统，寻找新突破，“常”“长”落实，久久为功。

## 党建工作也要进行时间管理

根据海淀区委教育工委部署，北京交大附中被列为“党组织领导的校长负责制试点校”。这既是对我校党建工作的肯定，也是促进我校不断改进工作方法、

提高工作效率的动力。

## 一、常抓不懈："重要但不紧急"

党建工作是常抓不懈的根本性工作，时时刻刻不能放松要求，时时刻刻都要绷紧这根弦。

在日常工作中，学校党委会尽力把相对"紧急但不重要""不重要也不紧急"的事情，为大家分解、简化、合并、渗透，甚至把一些"不重要不紧急"的工作打包由党委指派专人做，给大家减压。把"重要而紧急"的工作转化为"重要但不紧急"的工作，最大程度上化解大家的工作压力和密度，使得我们党建工作更加沉稳、有序、实效，为大家更好地、更有针对性地围绕中心工作开展各自特色的党建工作而创造良好的条件。

虽说不紧急，但如果我们放松日常的管理和建设，随时随地都会变成"重要而且紧急"的事情，甚至变成"紧急而危险"的事、"紧急而恐怖"的事。我们总说事儿太多、压力太大，一个原因是把党建和教育教学工作当作不相干的两件独立的内容来做，另一个原因就是我们常常疏于日常的管理和建设，等要总结、交付和评价的时候，用加班加点突击补课，而且关键还没有成效。

那么，怎样才叫"做好日常的管理和建设"呢？

一是做好计划，尤其是常规工作的时间节点，到什么时间做什么事情，最理想的状态就是所谓的"无需提醒的自觉"。

二是做好分工，每个党支部和党总支都有相应的委员，理想状态是每一位党员都要调动起来负责某一项支部工作，支部党建工作绝不是支部书记一个人的事情。

党务工作培训会

三是做好对应，也就是梳理好党建工作与中心工作的对应关系，最理想的状态是把支部党建工作融入到所在年级部门的工作计划当中，把党建工作当作中心工作的助力而不是阻力去做。

四是做好模式，建立一套自己熟悉的、约定俗成的工作模式，形成习惯，形成惯性，最理想的状态是做到所谓“日用而不知”。

## 二、党务培训：“重要而且紧急”

要实现以上“四个做好”，最基础的要求，就是我们的党务干部、党支部书记和党总支书记，要对党支部、对党总支的常规工作内容谙熟于胸，基本概念条理清晰，工作要点一清二楚。要做到这一点，个人的学习和思考很重要，必要的培训也很重要，尤其是每一学年（学期）的开始，都要重新学习和梳理一下党建工作的思路和要点，尤其是每学年都会有新的党务工作者和党支部书记加入学校的党建工作队伍中来。那么新学年伊始的党务工作培训，就是属于“重要而且紧急”的事情。

参加培训的，有专家，也有新手。专家和新手最大的区别，就是专家心中已经有一套工作模式；而新手头脑里是关于这项工作的碎片化内容。

对新晋党务工作者和支部书记，重点就是合并和理顺原有的碎片化工作内容，使其初步学习、熟悉和建立起支部常规工作的认知体系，然后在后续的工作实践中，逐渐构思和建立自己的一套工作模式。对老党务工作者和支部书记，就是用已有的模式去吸收碎片化内容，查漏补缺，升级和优化自己的那套工作模式，进一步追求特色。

## 三、支部党建方法论

### （一）围绕中心工作抓党建

将党建工作与中心工作整合化、文融化、最终达到融合，比较科学的方法就是把中心工作计划与党建工作计划相融合、相对应。同部署、同落实、同检查、同总结。

### （二）倡导党支部工作生态多样化，避免同一化

党建工作需要统一也需要多样化。整齐划一、统一步调的工作由学校党委来组织、来推进，各党支部的工作是保质保量完成任务；党支部主题工作，追求一

支部一特色、一支部一亮点，根据党支部中心工作特点开展党建工作。

### （三）善于发挥党员的作用

支部党建的重点，归根到底一句话：发挥党员的先锋模范作用。如何发挥？第一步，也是最关键的一步，就是让每一位党员都能站出来。

例如，某企业在搞内部改革时，被形象地描述为：让每个人跳出战壕拼刺刀。人在战壕里面，就是在参加战斗。但是每个人的状态是固化的、求稳的、随大流的，都可以做到保量，但不一定能做到保质；都能做到在岗，但不一定都能出力。而一旦跳出战壕拼刺刀呢？你就得对自己的举止言行负责，对跟随自己的同伴负责，对战斗的成败负责，责任权利完全在你自己一个人身上。这个时候，个人的创造性就被激发出来了，这就是模范带头作用。

### （四）学会“聚焦”式开展工作

我们的工作和学习是不分家的，工作逻辑思路可参照学习方法。我们可将刘澜聚焦式学习的八条规则作为逻辑模板，开展“聚焦”式工作法。

规则1：聚焦不变。聚焦于那些久经考验的不变规律，而不是追逐流行一时的“新”概念。对于党建工作而言，不变就是“三会一课”、思想工作、党员教育、发挥党员先锋模范作用等党务常规。

规则2：聚焦实用。聚焦于那些现在就可以应用的知识，尤其是要结合工作来学习。具体到党建工作，就是要围绕中心工作开展党建，围绕你所在的年级、部门工作的重点、难点开展党建工作。

规则3：聚焦擅长。聚焦于自己擅长的内容，而不是追求所谓的全面发展。在党建工作中，要结合党支部（年级、部门）特点开展工作。

规则4：聚焦专题。聚焦于少数的专题，从一个专题开始，成为这个专题的专家。在党建工作中，要采取“主题教育活动＋微项目”模式，做好本支部有特色、有亮点的工作。

规则5：聚焦个体。比如，在阅读时，我们可以聚焦于作者，阅读其所有作品，掌握其思想的内在脉络。在党建工作中，聚焦个体就是关注人的发展，把“聊吧”理念进行拓展，注重与师生、家长的谈心谈话，倾听群众意见和建议。

规则6：聚焦范例。聚焦于少数样本，对其进行丰富的体验和阐释，从一朵花看见整个世界的美。在党建工作中，就是要树立典型，充分发挥优秀党员的榜样效应。

规则 7：聚焦一事。聚焦于一件事，一次做好一件事，专注地进行每一次学习活动。在党建工作中，就是要厘清本学年（本学期）的重点工作，各个击破，逐步落实。

规则 8：聚焦模式。聚焦于模式化学习。在党建工作中，就是要形成一套自己的支部工作模式。

# 第二章

## 培根铸魂：切实抓好德育和思想政治工作

# 第一节 重德育，增强“三全育人”实效

## 学校、家庭、社会三方携手，让德育工作“抓实、落实、走心”

在中学教育中，德育不仅是学校教育的首要内容，而且是一门严肃而又深广的社会科学，是需要社会、学校、家庭和各领域专家学者的共同努力的长期工程。陶行知先生认为，“学校生活的外部环境和学校生活的内部环境，都是影响人的巨大力量”。教育环境有狭义和广义之分，狭义的教育环境一般是指学校教育，而广义的教育环境除了包括学校教育之外，还包括家庭教育环境和社会教育环境，通常是指学生家庭情况、家长的文化素养和整个社会的风气、风尚和主流观念。

笔者认为，当前的中学德育工作面临着诸多挑战，要使学校德育工作更好地体现时代性、把握规律性、富于创造性、增强实效性，就必须用发展的眼光来研究德育，以创新的精神来推动德育。

### 一、学校德育的三个维度

#### （一）社会教育维度

随着我国改革开放的逐步深化和社会主义市场经济体系的初步建立，一些新情况、新问题、新矛盾也出现了。我们可以看到，人们与市场经济相适应的新的道德观念开始逐步确立，伴随着市场经济追求利益和价值的最大化的原则而产生的追求个人正当利益、重视个人价值、讲求效率、平等竞争、崇尚科学、尊重知识和人才等正面的、良性的价值观念、意识形态和思维方式正在形成；但我们与此同时也发现了诸多的负面因素和影响，一些西方腐朽的思想和生活方式易使人们产生迷茫、困惑和疑问，个人主义、享乐主义、拜金主义等思潮滋生蔓延，容易给人生观、价值观、世界观正在形成过程中的中学生带来负面影响。

面对这样新的社会形势和特点，学校德育工作必须及时适应和调整。比如以上所说的拜金主义思想，它对中学生的影响结果就是导致“一切向钱看”的消极现象。再比如当今大众传媒中不健康的内容，也是造成学生产生“三观”尤其是价值观错位的重要原因。因此，德育中的“社会纬度”需要全社会都来关心学生的成长与健康，树立社会正气，尽量减少社会环境不良因素对学生心理健康的负

面影响。

党和国家一直把少年儿童健康成长当作国家的根本大计，不断为少年儿童创造更好的成长条件和环境。党的十八大以来，以习近平同志为核心的党中央不断发出关爱少年儿童的强音。习近平总书记强调："全社会都要了解少年儿童、尊重少年儿童、关心少年儿童、服务少年儿童，为少年儿童提供良好社会环境"，因此，保障青少年在良好的社会大环境中健康成长是全社会共同的责任。

曾有一部《寻找成龙》的影片，内容是一名青少年寻找心目中偶像的经历。影片中，电影制作人充分利用明星效应，借助青少年崇拜偶像的心理特点，适时地进行正义观、民族观、人生观、青少年学习观等的渗透和导向，其教育效果出乎意料。我们可喜地看到，包括文艺、影视等社会机构与工作者已经开始向这方面努力，承担起关心下一代成长的责任和使命。

对于单独的一所学校而言，提倡和引导良好社会风气、社会正确价值观的力量的确有限，但在履行教育机构和教育者的神圣教育职责，坚定教育信念和理想，尽己所能向社会和公众发挥教育功能，发出教育者应有的呼声和倡导理念的前提下，寻求社会力量和家长的支持和帮助，积极营造一个良好的社区环境和文化，是可能实现的。

"社区是进行一定的社会活动并具有某种互动关系和共同文化传统的人类生活群体及其活动区域，无论是城镇社区还是农村社区，都不同程度地表现出人们生活方式、行为规范和风俗习惯具有一些相同性和相似性，它们对青少年产生先入性和综合性的影响。"社区是中学生接触最多的一个社会领域，这是中学生生活的一个重要环境，离开家庭、学校后，他们大部分的时间是在社区这个环境中度过的。因此，社区是家庭教育和学校教育的纽带，社区文化建设是中学生思想品德建设过程中的一个重要环节。

社区是中学生除学校之外的另一个学习、生活和接受社会教育的重要场所，与学校相比，社区具有随意性和开放性的特点，中学生可以自发或在学校的倡导与组织下参加社区的文化建设与实践活动，而这种实践活动的深度和广度是其他任何形式的中学生社会实践活动所不能比拟的。但是，现在有些中学却在学生社会实践活动的安排上，存在着舍近求远，为实践而实践的德育形式主义误区。

积极参与科学、文明、健康的社区文化活动和实践活动，有助于促进中学生个性、人格、心理、情感的发展与完善，使学生在活动中学会做人、学会做事、学会合作、学会爱人，这对中学生的思想道德观念的影响是长久而深远的。

### （二）家庭教育维度

家庭环境和家庭教育是学生出生以来所经历的第一个教育环境，是学生道德品质、情感、态度、价值观形成和身心健康成长的基础，也是学生能够全身心投入学习活动的关键因素。即便是学生进入了学校，它的重要地位也仍然没有改变，并时刻发挥着强大的作用。

面对当今社会贫困家庭、离异家庭、重组家庭，尤其是如今太多离异家庭的现实存在而对学生成长的影响，德育工作者必须加以关注。

学校在引导家长创建适合学生健康成长的家庭环境上，首先要使家长注意和子女建立和谐的家庭关系。家庭教育的基础就是团结、平等、和谐的家庭关系。营造和睦相处，互相关心，互相爱护、平等协商的家庭环境，有助于家长和子女的有效沟通和交流，而沟通和交流正是家长实施家庭教育的前提。其次就是尽力创造浓厚的家庭学习氛围，这要求家长一方面创设学生能在家中安心学习的物质环境；另一方面也要求家长以身作则，重视学习，崇尚知识，让家庭充满学习气氛。最后也是最重要的一点，就是家长的言传身教，身正为范。中学生正处于长身体、学知识、树理想、塑人格的重要时期，区别于成人的最大特点在于他们的人格还未定型，可塑性比较强，行为模仿性也比较强，尤其是他们的模仿能力不容忽视。家长经常以为学生并不十分关注自己的为人处事之道、待事接物之礼，实际上学生正是在日常生活中暗暗观察和模仿家长而接受一种不自觉的、潜意识状态下的潜移默化。所以家长要做好学生的楷模，在生活中引导孩子追求高尚的精神情操和高雅、健康、丰富的精神生活。

在这里，特别要提到的是单亲家庭的家庭教育问题。在社会文化趋向多元化的今天，因离异或丧偶导致的单亲家庭数量不断增多，是无法回避的一个社会事实。而正处于人生成长阶段的中学生，由于其特殊的生理与心理年龄特点，使得他们在面对自己的单亲家庭背景和父母离异等现状时，容易产生抵触、自卑、失望、憎恨、暴躁、自暴自弃等消极情绪，从而对他们的身心发育和教育产生严重的影响。所以，作为中学教育者，我们的任务是准确认识单亲家庭对中学生的教育和成长造成的不良影响，尝试通过学校的角度，利用各种辅助教育手段和途径，

协助并有可能指导家长把家庭因素对子女教育造成的不良影响降低到最低程度，使单亲家庭学生能摆脱家庭阴影健康地成长。当然，这是一项对学校、对教师、对家长、对社会都比较艰难的课题。

通过查阅资料、对资深德育教师和班主任的访谈以及学校的德育工作实践经验，我们认为在中学针对单亲家庭学生的教育实施途径可以有以下几种。

一是建立单亲家庭学生档案并实施动态管理，其中要注意信息的准确性，以便学校掌握真实的学生信息而做到有的放矢。

二是提高对单亲家庭学生教育的科学性、针对性和实效性，加强此项德育工作的理论研究、交流探讨和经验总结并及时付诸实践，以形成稳定、成熟的制度。如组织不同组成、不同范围、不同形式的研讨会议，对各年级（班级）单亲学生的近期情况进行汇总、交流，教师间相互帮助和启发，对个别特殊案例进行会诊等，及时解决学生问题而不遗隐忧。

三是充分发挥和依托班主任、德育教师、心理教师，特别是班主任的不可替代的独特作用，关注单亲家庭学生的思想波动，关心他们的心理状况和学习生活情况，激发他们的上进心，以积极向上的健康心态和情感，摆脱单亲家庭对他们心理、性格和行为等方面产生的不良影响。

四是根据著名教育家马卡连柯曾提出“学校应当领导家庭”的家庭教育思想，单亲家庭也需要学校发挥充分而科学的指导和支持作用。所以学校应当密切家校联系，畅通家校联系渠道，通过各种形式与途径帮助单亲家庭提高教育的科学性、针对性和有效性，使家庭的教育与学校教育相辅相成、互促共进，最终构建起学校与家庭的互动教育网络。如有针对性的家访，单亲家庭各种范围的家长会，单亲家庭教育主题的家长学校，建立家校社咨询室，充分利用高科技手段如“家校短信平台”等。

五是以心理教师为主，以班主任为辅，及时发现并对存在心理健康问题的单亲家庭学生给予专业上、技术上的辅导和矫正，使他们能尽快走出心理的阴影而回到身心健康成长的轨道。学校可充分发挥心理治疗机构、心理健康教育中心等专门心理健康咨询和辅导机构的功能，也可请资深而富有经验的班主任与学生进行深度的交流与辅导，还有学校定期出版相关的心理健康指导刊物，积极并隐性地帮助单亲家庭学生矫正不良心理的影响，这些都是行之有效的方法。

六是在班级内针对单亲家庭学生采取“一帮一”、结对子的方法，加强班集体学生与单亲家庭学生间的联系和沟通，以“同伴互助”“同伴辅导”“同伴影响”的方式帮助他们。

当然，可能还有很多途径和方法来改善单亲家庭学生的教育现况，这需要我们在长期的教育实践过程中不断反思、总结经验、积极探索。

### （三）学校教育维度

《中小学德育工作指南》强调：“发挥学校主导作用，引导家庭、社会增强育人责任意识，提高对学生道德发展、成长成人的重视程度和参与度，形成学校、家庭、社会协调一致的育人合力。”在这三个纬度中，学校起到主要引导与教育作用的一方。

教育是环境的一个组成部分，它是青少年学生生活于其中的一个特殊环境，学校把经过改造过的自然、人及人的关系、社会意识形态等环境方面的因素经过有目的的选择和提炼，以系统化的形式影响于学生。同时，它又是把环境的影响有效地转化为人的心理的一种特殊的活动。在学校中所进行的教育、教学活动，是具有明确目的性的活动，这种活动又是在成人的组织与指导下进行的，它可以通过有效的活动方式大大缩短反映的过程。青少年学生在学校中、在以学习为主的各种活动中，接受学校环境所施加的各种影响，迅速、有效地反映这种影响，从而发展了他们的知识、智力和各种个性品质。正是因为学校教育既是一种特殊的环境，又是一种特殊的实际活动，决定了它在青少年学生的身心发展中起着主导作用。

## 二、怎样构建“三位一体”德育网络

人的社会化的过程是受教育者与学校、家庭、社会各方面因素相互作用的过程。我们想要有效地实施德育策略、达到理想的德育目标、完成即定的德育内容，就必然需要校内与校外教育相结合，全面规划、统筹安排，加强学校和家庭的联系、学校和社区的联系，不但立足于学校，更要充分发挥家庭和社区的德育功能，积极构建“三位一体”德育网络。

### （一）从学校与家庭联系上来看，学校要注重与家长的交流与合作

《中小学德育工作指南》强调：“加强家庭教育指导。要建立健全家庭教育

工作机制，统筹家长委员会、家长学校、家长会、家访、家长开放日、家长接待日等各种家校沟通渠道，丰富学校指导服务内容，及时了解、沟通和反馈学生思想状况和行为表现，认真听取家长对学校的意见和建议，促进家长了解学校办学理念、教育教学改进措施，帮助家长提高家教水平。”这要求我们一方面要做好学校与家长间学生信息畅通工作，使教师和家长都能够及时而准确地了解和掌握学生的学习情况、生活情况、心理及情绪状态等；另一方面要加强学校对家长的教育指导作用和家长对学校建议与监督作用。除中学教育中常见常规性家校联系与交流方式之外，建立和完善家长委员会制度和建立家长学校，是学校和家长二者之间相互指导和监督的有效途径。建立家长学校是实现学校与家庭沟通与交流的良好渠道，通过家长学校，指导家长了解不同年龄阶段学生容易产生的身心问题、心理健康教育知识以及家庭教育的一般方法，提高家长家庭教育的认识和水平，还可以请有代表性的家长在家长学校交流经验、互通有无，使家庭教育和学校教育形成合力，从而取得更好的教育效果；而家长委员会则更是学校与家长共同提高、共同进步、相互监督的长效机制，家长通过家长委员会与学校交流、探讨共同关心的学生教育问题，参与学校的管理，有针对性地提出合理化建议和意见，有助于学校发现学生教育和学校管理中的漏洞和盲点，及时有效地调整教育

成立家校社咨询室

教学工作，从而提高学校整体办学水平和教育教学效果。

**（二）从学校与社会联系上来看，学校要充分整合并利用社会力量**

学校与社会（社区）的关系与相互依托可以从两个方面去理解：第一，学校即社区；第二，社区即学校。

学校即社区——这一观点和教育视角通常被教育者所忽略。具体地说，学校的校园环境、校园文化、学校课程、教育活动、教师、学生、行政人员、工作人员甚至与学校相联系的家长、社会资源与社会人员等元素，以及这些元素的相互联系，共同构成了学校这个社区，而学生则是这个社区的成员和主体。所以，我们一定要认识到学生是学校社区的一部分，相信学生的自我管理和自我建构能力，在德育过程中充分发挥学生的主体性作用。

社区即学校——此处所说的“社区”，则是通常意义下所定义和理解的社区概念。学校要加强与社区的联系、互通与交流，充分发挥社区在“三位一体”的德育网络中的重要作用。通常，学校通过充分利用、开发社区（社会）教育资源和学生社区服务两种途径，实现学校与社区的联合教育网络。

一方面，学校要充分利用社区（社会）展览馆、科技馆、青少年活动中心、部队、工厂、学农实践基础、军训基地、爱国主义教育基地、军事国防教育基地等丰富而广博的社会教育资源；挖掘和开发高等院校、科研部门、政府机关与企事业单位、社会专业教育机构等人力教育资源与教育实践素材。比如，北京交大附中通过多种渠道广泛利用和整合社会资源，其中一条渠道就是在与北京交通大学的天然历史渊源的基础上进一步加强沟通与联系，学校领导定期召开联席会议，寻求北京交通大学对学校的更多支持，努力实现社区内高等院校支持中学办学、共同营造中学生社区教育环境的良好局面。

另一方面，学校积极组织和指导学生参加社区服务和社区实践活动。学校应根据所在地区的实际情况和人文环境特点策划与设计社区服务范畴与内容，敬老院、孤儿院、公园、住宅小区、社区商店、社区内各组织机构、社会调查、勤工俭学基地等都是社区服务与社区实践的社区环境资源，同时，由学校联合社区和上级部门共同组织一些“我为希望工程献爱心”“学生志愿者活动”“手拉手活动”等社区主题实践活动，使学生在这些实践活动中得到充分的锻炼和切身的教育。

此外，我们还应注意到，在通常意义的“社区”概念范畴里，多所学校的联合教育团体也是一种有效而强有力的社区教育力量。

综上所述，中学德育只有在学校、家庭和社区三个维度“三位一体”、共同联动、共同作用下，形成完整而有机的德育网络，才能使中学德育真正发挥效力，才能为中学生的思想道德教育开辟一条理想途径，才能使我们其他的德育策略和途径得以顺利地实施和开展下去。

## 尊重学生主体地位，探索德育有效途径

《中小学德育工作指南》将中学德育实施途径概括为课程育人、文化育人、活动育人、实践育人、管理育人、协同育人六大类。这是对中学德育实施途径总体性的要求和较为全面的归纳，也是对德育实施方向的标准性指导。

在这个标准性指导下，针对当代学生特点和当前中学德育现状，我们在中学德育工作实践中，应该重点讨论和研究在实际操作层面上，具有普适性、实效性的德育实施策略和途径，以尝试有效改善目前的中学德育现状。

而探索和实践各种有效德育实施途径的首要前提，就是学生主体性德育策略的研究和贯彻。因为中学德育的主体就是学生本身，坚持和贯彻学生主体性是我们在中学所有德育实践活动中应该遵循的原则和教育规律，是属于教育观念层面的策略，并应一贯体现在所有德育实施途径与过程中。

### 一、中学德育中的学生主体性原则

“主体性德育”是根据青少年品德成长规律，激活学生德性发展潜能，促使学生自觉形成追求高尚目标的意识、愿望、习惯、思维、能力和行为，进而实现学生自觉地根据社会需要和自身需求，自我拟定发展目标、自我督促、自我节律、自我评估、自我反省、自我调控、自我激励，使德育过程真正成为“主体育德”的过程。

学校的所有教育活动，包括德育，它们的核心理念和最高宗旨归根结底是“一切为了每一位学生的发展”。学生是课程的主体，学习、教育和课堂的主人，是教师引导的对象和教学活动的根本。所以学校德育要回归学生的现实生活，认清

德育过程的学生主体性作用，增强学生的体验认同感与践行能力，提高德育内化力度与实效性。杜威认为："生活的世界是人的世界，是由人的活动所展开的世界，是人通过人自身的活动而生成的。人在生活中舒展着自己的生命，体验着自己的生存状态，享受着生命的快活和生活的乐趣。"

因此，学生主体性原则要求我们在学校的系列教育活动和实践中，充分发挥学生的主体性和主动性，避免"一言堂"、教师主体和"强压灌输"式教育。通常我们的教师擅长和喜欢采取班会、个别学生教育这种由教师主导下所实施的教育途径或方法，在各种教育活动和社会实践中也通常把内容、形式、组织方式以及主要流程掌控在自己手中，而没有注意到学生的感受，没有认识到这些都是以学生为主体的教育实践活动。笔者在某些文献和资料中发现，很多教育同行都对学校的教育活动和实践在学生中产生的教育作用，以及在活动中学生的真实感受做过问卷调查，结论无一例外是：学生喜欢自己组织的活动，不喜欢教师主导下的说教式的途径和方法，他们喜欢开放式的、活泼的教育，不喜欢封闭式的、死板的教育。这说明"我们的德育在不同程度上存在着内容脱离实际、方法简单的问题，反映出德育仍然是以教师为中心、严重忽视学生主体需要的问题。"简而言之，教育者与被教育者的关系还是教育与被教育的关系，学生仍然是被动接受教育，这样的德育学生怎能心悦诚服并欣然接受呢？

## 二、中学德育中的学生主体性策略

中学生处在青少年时期，他们因为年龄的增长和外界因素的影响，开始对人的内心世界发生兴趣，开始认识人的内心世界和行为动机，并处在萌发自我意识的时期。在这个特殊的成长时期，学生开始反感家长、教师、学校的硬性约束，会因为过多的强性限制而产生强烈的逆反心理，表现在心理上的特征就是希望成人能够尊重他们、理解他们，盼望与成人能够平起平坐，不愿意听别人的指责和说教，愿意自己思考、自己分析、自己实践等，这正是我们在教育活动中充分发挥学生主体能动性的心理基础。对教师来说，就是要在教育活动中合理、适当地引导学生完成自我认识、自我教育、自我约束、自我管理的主动发展过程。所以，要提倡学校德育要回归学生的现实生活，充分发挥学生在德育活动中的主体性，我们可以从以下三个方面入手。

### （一）提倡教师引导，学生自发、自主、自觉组织学校活动和社会实践活动

学生自发组织学校活动和社会实践活动，能够促使他们主动、内发地去重新审视自身的个人价值和社会价值，增强社会责任感和使命感，从而树立起正确的人生观和价值观。通过实际组织与参与，切身领悟和感受活动的德育意义；通过体育竞赛等活动，培养学生的集体主义精神，激发竞争意识；团队中学生之间健康的交往，有助于形成和谐的气氛，使学生体验到友好、关怀、同情和亲近的情绪，感受到集体的温暖和欢乐，认识到团结的意义，从而产生巨大的凝聚力，形成集体主义的高尚品质。

### （二）提倡在教师指导下，学生自发、自主、自觉组织各种群众性社团

学生在自发组织起来的学生性质团体（社团）中，通过活动的组织与参与，不断地交流思想，日积月累，自然会形成某种价值趋向，这种无形的约束力量和共同价值观一旦形成，就会持久地影响着团体中的每一名学生。这种力量是间接和潜在的，具有真正的自我“诱导性”。这种共同价值观在学生接受并受其影响和感召的过程里顺畅而愉悦，因为在学生团体（社团）运行并向共同目标或者说共同成就接近的过程中，教育者和受教育者处于完全平等的地位，学生既是团体（社团）共同价值观的接受者，又是共同价值观的创造者、倡导者，这种地位和角色的定位有助于他们对共同价值观的认同，在情感上产生共鸣，内化为个人的品质追求。学生由此而产生的教育效果是稳定的、持久的，由此获得的良好品格、态度、价值观、行为方式等，都有可能长期保持，甚至影响学生的一生。在这里，教师的职责只是做好“将学校德育目标和内容合理融入学生团体共同价值观和共同行为中去”的引导工作即可。

学生通过团代会和学代会参与学校管理

### （三）提倡以学生为主体，参与学校管理过程，促进学生自主管理

学生参与学校管理过程，尤其是参与学校规章制度和校规校纪制定的过程，对学生来说是一种民主的激励，这一点对以强调个性、重视自我意识的当代学生群体来说格外重要，它能够使学生强烈感到自己是一个被尊重的道德主体，从而主动地接受外部的即共同参与和规划而制定的规则的影响，而不带逆反性。这种民主激励，为教师与学生、学生与学生之间建立互相尊重、互相信任的互动关系提供了前提。只有在互相尊重、信任的基础上，让学生充分行使他们手中的权利，广泛参与学校规章制度甚至是一些重大问题的决策与管理，才能营造真正民主的氛围，让学生们感觉到他们是受尊重的个体，激励其积极参加学校的各种活动、尊重各种规则。这样一来，一方面消解了教师与学生在遵守校规校纪和日常行为规范要求中的对立现象，促进教师与学生间的沟通与理解；另一方面在一定程度上促进了学校教育与社会的接轨，加速了学生社会化的进程。在这种学校氛围和学生管理机制中，学生会被一种真诚、民主、积极向上的气氛所感染，从而养成将心比心、以诚待人、懂得尊重、体贴他人，遇事为他人着想的行为习惯。

当学生在参与学生管理和民主、自主制定与履行规章制度的过程中，受到主体感、责任感和成就感的驱动，尤其当教师和同学可能给予高度评价、赋予学生高尚的荣誉时，学生就会更加努力进取并约束自己的言行举止。“蓬生麻间，不扶自直”，讲的就是这个道理。在这种有意倡导和引导学生为主体、自主管理的风气导向下，有利于在学生群体中产生健康向上的集体舆论，这种健康的集体舆论体现了学生集体的意志，它比规章制度对学生不良行为习惯更具有公众约束力和惩罚力，促使学生从内心深处调整自己的思想和行为，不易产生冲突和对立情绪。在此基础上，为学生集体舆论所支持和赞扬的道德行为，学生会继续坚持和发扬，并稳固成为特定的道德行为方式。苏联教育家马卡连柯就准确地指出：“这种舆论的力量，是支配儿童行为使它纪律化的一种教育因素。”

## 利用信息网络平台，创新中学德育工作

当今时代，网络媒体以全球性、开放性、多互性、综合性、即时性等特点，

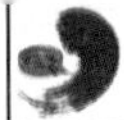

成为青少年学生接受信息和传播信息的重要渠道，也由此对青少年学生思想品德的形成产生了重要影响，给学校德育工作带来了诸多新挑战。因此，如何利用信息网络平台对青少年学生开展有效德育，成为摆在学校面前的重要课题。

## 一、合理利用信息网络平台对当前学校德育的必要性与重要性

根据中国互联网络信息中心（CNNIC）针对互联网全行业第45次调查报告所公布的数据，截至2020年3月，我国网民规模达9.04亿，其中手机网民规模达8.97亿，占比达99.3%。2020年一季度，互联网各行各业受到新冠肺炎疫情影响，与宅经济有关的消费市场迅速崛起。不同领域用户规模分别为：即时通信8.96亿人，手机支付7.65亿，在线教育4.23亿人，网络游戏5.32亿人，短视频7.73亿人，网络直播5.6亿人。当代中学生的学习和生活也不可避免地涉及这些领域。

根据这些数据，我们可以清楚地看到，网络和信息的使用，已经成为当代中学生学习与生活内容中必不可少、不容分离的组成部分。

网络的开放性、拓展性、平等性、交互性、即时性以及信息的海量性，的确给我们带来了“知识爆炸”与“知识共享”时代。从这一意义上来说，应用网络与信息技术对中学生来说是社会与时代对人才的必然要求；但网络本身所特有的虚拟性、共享性、跨文化性尤其是自由性，也给我们带来了困惑与忧虑，它使人们在现实世界里无法描述、无法表达也无法让人评论的内心感受，或者在实际生活中无法实现的需求，在这个虚拟世界里得到倾泻、回应、交流和满足。所以我们看到这样的现实：随着中小学生上网人数的不断增加，网络世界对中学生群体的人生观、价值观、政治观、道德观、心理及行为方式等产生越来越大的影响；与此同时，我们的教育尤其是中学教育对此反应缓慢、莫衷一是，甚至是茫然无措。所以，如何引导学生正确对待网络与信息技术，更重要的是如何顺应时代要求，拓展德育工作途径，合理利用网络与信息技术的平台，补充、辅助和创新中学德育的手段和方法，是我们需要持续探究的课题。

## 二、在中学德育中实施网络德育的有效途径

传统中学德育在内容方面从既有的规范出发，很少从社会现实情况、学生的需要出发，缺乏内容上的及时更新和调整，不能很好地适应当前中学德育实效性的需要。而在网络与信息技术时代，就更加要求德育工作者积极面对新问题，

科学有效地拓展和创新德育手段和途径，以应对网络环境下学校德育所面临的挑战。

### （一）在日常德育课程和德育活动中，大力贯彻和“灌输”中学生网络言行规范和网络道德教育

请注意，我在这里用了“灌输”这个词汇。在当今中学德育的工作方式与方法研究与实践中，“灌输”是被教育者们经常避讳和批判的教育观念和方法，但笔者认为，在改变与革新传统中学德育的进程中，不能持“绝对化”和“全盘否定”的态度，而应该是“取其精华去其糟粕”“取长补短”的思路。一些传统的教育手段如“灌输”方法，在中学生的行为规范教育、校规校纪教育、法规法制教育等方面就有着其不可替代的作用，对于网络言行规范和网络道德教育方面更是如此。

对于网络行为的底线道德或一般道德，应该明确地告知学生，使其明确什么是不能触碰的“红线”，避免因其“无知”而出现违背道德行为的情况。在我国中学网络德育中，应在德育课程和德育活动中大力贯彻《全国青少年网络文明公约》精神。比如，要善于网上学习，不浏览不良信息；要诚实友好交流，不侮辱欺诈他人；要增强自护意识，不随意约会网友；要维护网络安全，不破坏网络秩序；要有益身体健康，不沉溺虚拟时空等。

### （二）依托中学信息技术学科教学培养学生信息与网络素养、网络道德观念，指导学生网络行为

对于中学“信息技术”这一学科，教师应在教学设计与教学过程中使学生在学习到网络与信息基本技术的同时，加强和渗透信息与网络素养的教育。例如，网络语言文明；尊重知识产权；不恶意传播病毒，不参与黑客行为，自觉维护网络安全；提高诚信意识；不侵犯他人隐私；学会鉴别信息真伪，增强自我保护意识等。

### （三）依靠学校的德育实践活动培养和训练学生的网络道德判断能力、自我保护意识和网络道德责任感

一方面在学校以学生为主体开展网络主题的丰富多彩的德育活动，如以“中学生与网络”为主题的国旗下讲话、“我如何使用网络”或“网络对我的影响”

征文比赛、“上网有益还是有害”辩论赛、“与网络同行”的主题班会、网络知识讲座、网络知识竞赛等；另一方面加强学生对道德意志力的磨练，注重在活动实践中磨练毅力，以形成坚韧品质抵御不良诱惑，如学校组织的军训、学工学农或以学生为主体组织的义务劳动、勤工俭学等。让学生在实践活动中锻炼意志，磨练毅力，增长才干；同时也丰富了学生的课外生活，不至于因为课余生活无聊而沉迷于网络。

**（四）依靠学校、家庭、社会“三位一体”式德育网络，共同负担起网络教育的责任，尤其“家庭”的责任更为重要**

学校要积极寻求家长的配合与协助，共同关注、监控、引导学生的网络道德教育和网络行为规范。最重要的是，学校可以通过家长会、家长委员会、家长学校形式和途径，组织家长了解中学生的网络心理与网络行为，学习引导孩子正确使用网络的方法，提高他们的育子水平。另外，还要利用学校专业教育的优势和社会（社区）的资源和力量，提高家长的网络与信息技术了解程度和应用水平，如指导家长在家庭计算机中学会设置微机自动关闭、闹钟功能、安装网络安全系统、设置网络分级功能等技术手段。

**（五）充分利用网络与信息技术手段，建设和发挥中学网络德育平台的作用，这是实施网络教育的最重要而有效的途径**

在当今这个多元开放的信息与网络时代，学校德育方法的灵活性和德育实施途径的变革性，需要围绕网络与信息技术展开，在实际的操作中表现为建设与拓展中学网络德育平台，并在这个过程中注重凸显、开发学生的主体性地位，引导和促进学生在网络德育中进行网络道德的自我选择和自我建构。

1．建设、开发和拓展学校的网络德育平台

目前，绝大多数学校已经有了自己的网站，但在学校网站上开辟面向全体学生网络德育平台（空间）还不是很普遍。有些学校认为，德育网站就是把网下的德育内容搬上网络以供学生主动浏览和接受教育，这是极其理想化或者是不负责的观念与做法。真正有效的德育网站，是需要从学生思想道德形成规律和心理的需求出发，以丰富多样、生动活泼的形式，吸引学生真正参与到德育网站的各个栏目中来，一方面是实现网站的常规意义，即通过设置不同的栏目为学生提供丰富的德育资料以指导学生自主学习、发布学校德育活动的内容及安排等，比如建立“我们的实践活动”“网上队室”“共青团之家”“时事追踪”“自我测试”等栏目；另一方面也是依靠和开发网络德育平台最富吸引力、感召力和德育实效力的交互功能，即通过校园 BBS（校园论坛）和聊天室等网络技术功能，让学生通过德育网站平台直接参与学校的德育活动，在各个板块即主题栏目中，学生与教师之间、学生与学生之间，甚至是学生与家长、家长与教师之间，针对各板块主题或学校的德育工作、德育活动，在论坛里平等而自由地互相讨论内心感受和真实想法、畅谈内心困惑、寻求各方帮助（同伴、教师、家长等）。德育论坛中的匿名机制，在师生之间和生生之间创设了一个相对自由、平等、民主、毫无压力和交谈尴尬的空间和交流环境。在这种网络环境下，学生能够敞开思想讲真话，使得教师能够及时发现学生的思想动态、充分认识学生内心真实世界，从而及时纠正其认识和思想偏差，有效地解决学生真实的思想问题。

当然，也有学校认为网络德育平台的匿名机制缺乏控制性和安全性，难以把握正确的德育导向，而对学生采取真实姓名注册，由学校网络中心或德育部门审核通过，学生才能够登录网站。的确，根据学生的年龄与时代特点，或是“语不惊人不罢休”的心理表现，有时在学校论坛和聊天室里会出现学生发布一些偏激的话语或不健康的言论，而在学生之间产生不良的舆论影响，使得学校的网络德育平台适得其反。从这一点上分析，学校对学生采取真实姓名登录的管理方法也

微信扫码，电子阅读

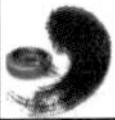

未尝不可。但很多学校在网络德育平台的运行过程中，会发现这样的现象：登录学校内部的网络德育平台的学生数量日益减少，平台各板块（主题）中逐渐变得应者寥寥，人迹“荒芜”。之所以出现这样的情况，一般是学校德育网络平台的板块设置，即论坛、聊天室等的各部分主题选择脱离学生生活与学习实际，与当代学生真正感兴趣或关心的话题脱节，过于注重“严肃教育性”和“教育规范性”，而缺乏对学生必要的吸引力和感召力。在这个问题的处理上，我们认为应该在平台的建设与开发、各板主题的设计与选择、各板块的管理过程中，充分发挥学生的主体性，让学生真正参与到网络德育平台的构建、开发、管理和拓展过程中来。

2. 班级主页的建设与开发

在学校网络德育平台成功、成熟运行的基础上，在平台中建立下一级网站空间，即班级主页的建设与开发。

此环节更加能够体现学生的主体性，并对学生发展自我建构、自主管理和团体合作能力有着积极的促进作用。在校园网站上建设、开发与管理学生自己动手建立的班级网站，集中集体的智慧，通过发挥集体协作的精神创立属于自己班集体的一片交流与学习天地的实践活动，正是体现了德育中增加班级凝聚力和培养学生集体意识的目标和内容。各班级可根据本班的实际情况和学生的思想特点，灵活地设置栏目，如班级成员展示、我们的成果、学习园地、我爱我班、团员之窗等，内容一定要在班主任的引导下充分发挥学生的主体性作用。

3. 建立学生个人网页

学校再接再励，提倡和鼓励学生在校园网络平台的第三级网站空间上建立具有学生个人独特风格的网页，让学生的主体性和自我学习与建构能力淋漓尽致地在网络德育平台上得到展现和提升。

在一个能够充分展示自己才华的舞台上，每个学生都会希望自己是完美的，都会把自己最满意、最“光辉”的优点和特长展现出来。在这个过程中，学生会不自觉地修饰自己的网络形象以弥补自己现实中的缺憾，也会不自觉地或者说潜意识地把自己虚拟中的完美与现实中的缺憾进行对比。从心理学角度上来说，学生会在学习与生活中参照自己建立的完美形象，不断修正自己的现实缺憾，而这个过程又会直接影响学生的现实行为。这正是学校德育工作所追求的学生自我认识、自我选择、自我建构与自我管理的目标和过程。另外，学生在个人网站制作与交流过程中，也会进行自我表现，表达心理需求。因此，我们应该让学生从正确的网络行为中获取成功的快乐，培养学生的自信心与自尊心，从而引导学生树立正确的网络行为规范与网络道德观念。

4. 发挥德育网络学生群体的作用

在德育网络空间中，我们可称之为“社区”。在这个社区里，学生之间的网络言行的相互模仿与影响效果往往大于学校、家庭的说教。一个健康、积极、向上的学生群体网络言行规范和一个良好的集体道德品质氛围，不仅能促使大部分学生形成良好的网络品德，同时还能改造部分有着品德缺陷的学生。所以，充分发挥“同伴互助”与“团体引导”的德育方法，会对网络德育的实效性产生事半功倍的效果。

除上述网络德育的具体实施途径之外，学校还要积极寻求社会资源与社会德育力量，以辅助学校的网络德育工作。目前，国内网络界成功开发和运行了一些关心儿童、青少年教育的专业网站，如“学习强国”“中国德育网”“中小学德育网”“北京市中小学数字德育网”“中国少年雏鹰网”“中青网”“中国学生网”“中国基础教育网”“海淀空中课堂”等，这些网络德育平台和资源库，为中学网络德育平台的开发、拓展和使用，提供了坚实的理论与社会基础。

总之，网络德育是学校德育的一片新天地。而针对网络的德育工作必须持之以恒，坚持“德育生活化、科学化、常规化”，使得网络德育与中学其他德育手段和途径，形成一个相互依托、相互补充、相互融合、相辅相成的德育渠道与途径系统，共同构成一个“虚拟与现实、无形与有形、相互交融的立体中学德育体系”。

## 抓实毕业班级德育，护航学生健康成长

对中学而言，初三、高三年级是相对比较特殊的阶段，学生压力大、节奏快、时间紧，学生、家长，包括教师对学科成绩的关注度都比较强烈，对教学方面的工作也比较关心。在这种情况下，德育工作很容易被忽视或者存在着这样的误区：初三、高三年级要以学科知识学习为主，少组织德育活动，德育要为学科教学让路；初三、高三年级学习时间紧，德育没有空间。

把学科教学工作和德育工作完全分开，这在理念上是错误的。我们认为，教学成绩的增长点，恰恰是在德育工作的到位上；而德育工作到位，教学成绩的提升自然是水到渠成。在这个思路引导下，交大附中近年来把“构建阳光生态校园，创设和谐育人环境”作为办学宗旨和办学理念，本着“以人为本、统筹兼顾、和谐发展”的原则，致力于营造“自主提升，追求幸福”的教师职业素养、创设“饮水思源 爱国荣校”的学校育人取向文化，在初三、高三年级德育实践中探索，在探索中寻求突破和提升。

经过多年实践，我校毕业年级的德育工作模式可以概括为：两个理念，引领工作思路；四项探索，寻求管理突破；四种方法，规划德育活动。

## 一、两个理念，引领工作思路

第一个理念，就是要在德育工作中坚持、延续学校的文化精神。准确地说，就是要坚持师生共同的价值观，这是唯一能让学生带走享用终生、唯一体现学校特色的教育，绝不能是头两年风风火火，最后一年烟消云散。所以在毕业年级，我们继续贯穿和延续“饮水思源、爱国荣校”校训中所体现的感恩、重责、奋斗的价值观教育，致力于教师在“成功”中体验幸福，学生在“成长”中追求幸福，让学生逐渐懂得只有学会感恩和能够体验成长和成功喜悦的人才是幸福快乐的人，让学生学会在艰苦的学习过程中体验幸福。

第二个理念，就是德育与教学的一体观。我校有一个最基本的原则，就是如果我们安排了一项德育工作，它在一定程度上干扰、影响了正常教学活动效果，那么这项德育工作就是失败的，反之亦然。德育工作和教学工作千万不能独立起来，应该是相辅相成、互为支撑、互为增长，最终融为一体。这两个理念，要真正贯彻到毕业年级的各项德育工作中。

## 二、四项探索，寻求管理突破

我校主要从四个方面进行探索，寻求德育管理上的突破。这四个方面分别是：心育常规化，关注学生身心健康；管理数据化，实行班级量化会诊制；班会实效化，推行微型班会；活动一体化，让德育活动成为教学加油站。

### （一）心育常规化，关注学生身心健康

尽管初三、高三年级时间相对紧张，我们依然统筹安排，克服困难，保证每

名学生每天不低于1个小时的体育锻炼。

在此基础上，重点关注毕业班学生的心理健康，强化心理健康教育工作。2020年海淀区在学生学习心理品质调查中发现，相对于其他年级，我校初三、高三年级的学生心理压力最大，抑郁、焦虑情绪甚至极端事件倾向均高于其他年级。

所以，我校把学生的心理健康教育当作一项非常重要的工作，常抓不懈。

一是定期安排心理减压活动，通过心理游戏、运动减压、专家示范、冥想活动等方式，让学生学会排解压力的基本方法，学会掌控自己的不良情绪。

二是发挥同伴辅导的作用，每个月由心理咨询社组织的学校心理宣传周活动，每次活动分为四天在中午进行，每天有不同的主题。像这个月的宣传周主题定为：心理音乐减压日、心理趣味测验日、心理宣泄日以及沙盘游戏日。通过这种同伴辅助，不仅提高了学生的心理健康活动热情与积极性，也增强了学生的心理互助意识，更为重要的是通过学生同伴心理教育，引领了学生的心理自助行为。

三是成立“亮心计划训练营”。这是我校依托专家开发的一项心理训练课程，该课程以班级为单位，全体学生集中封闭训练三天的时间，教师和家长共同参与。专家在训练过程中，抛出一个个与学生切身相关的主题，如亲情对我们的意义、

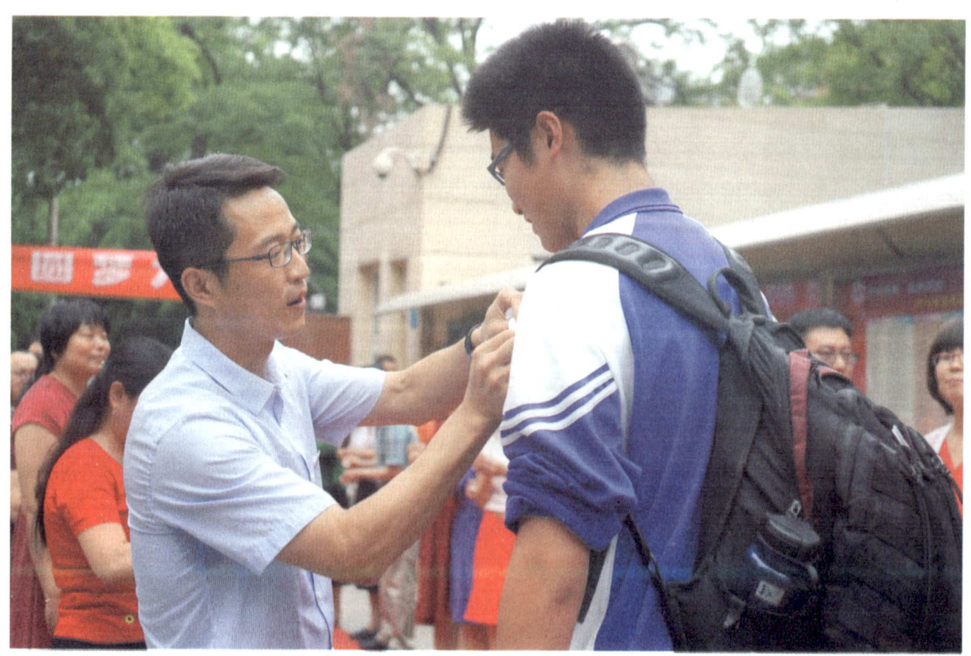

给高三毕业生佩戴红对勾

生命的意义、人生的价值、理想的确立、压力对我的意义等，让学生在心理游戏、内心表白、拓展体验、情绪宣泄等一系列环环相扣的心理训练中，重新审视自己的内心世界，感受亲情、友情和责任，感悟人生和理想，学会在艰苦的学习过程中体验幸福。每次活动结束回到课堂上，教师们都会明显地感觉到学生在精神面貌、学习心态和班级气氛上的变化。

四是每周一中午进行“阳光心语”心理广播。

五是引入音乐等艺术手段加以辅助。在定期开展集体式的音乐减压活动之外，引导我们的班主任开始尝试在班级教育中引入艺术手段。如组织学生开展“课前一支歌”的活动；再如有几个班级把一种乐器“葫芦丝”引入班级的课余文化生活中，为学生提供一个很好的舒缓学习压力的方法。

六是让心理教师与班主任紧密配合，在班会中引入心理健康理念和心理参与模式。

七是专为初三和高三年级学生建立专用心理咨询室，派专职心理教师负责针对学生个案和小群体的心理问题辅导。

八是在德育常规工作中，注重把握毕业年级学生的心理特点。

**（二）管理数据化，实行班级量化会诊制**

会诊的前提是班级量化分数的分析。成绩数据的分析是教学管理很重要的一个手段，德育工作者手里也有数据，那就是班级量化分数。我们一般使用以周为单位的班级量化数据表，用简单的等级来评判某个班级的常规管理怎么样，高的表扬、低的批评。与此同时，我们巧妙利用同一个班的每周分数统计表，利用相关数据，对这个班级进行过程性的评价。比如高三（3）班六周的量化数据，可以通过对图2-1-1的观察和分析，基本掌握这个班级在某个特定阶段的发展状态和发展趋势。

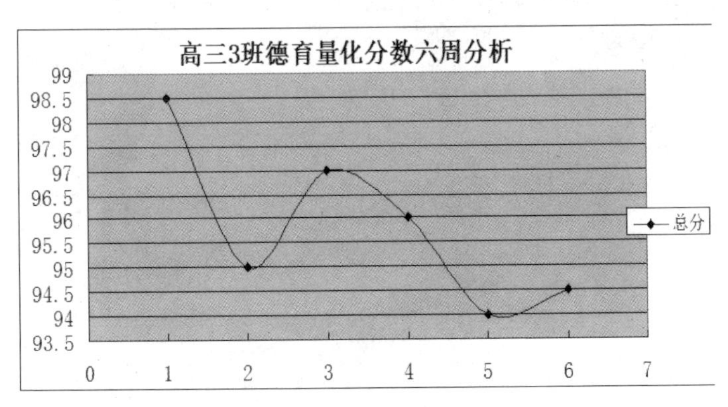


图 2-1-1　高三（3）班德育量化分数六周分析

同时，通过大量的分析和对比研究，我们发现一个规律：一个班级量化数据的分析结果、过程变化的趋势，和这个班级一段时间以后，整体学习成绩数据的分析结果，通常是很吻合的。这就说明，班级德育情况和发展状态，最终是一定会反映在学习成绩上的，更能说明的是，德育工作是具有前瞻性和预见性的，这就要求我们要防患于未然，对于发展态势好的，及时总结、交流、鼓励和表彰，对于发展态势不好的，就要马上开始着手解决问题。

当然，我们还可以对班级量化中的各个量化分项进行具体地分析，就像学习成绩中的学科成绩，更要准确地找到班级的问题所在。

**（三）班会实效化，推行微型班会**

针对初三、高三特点，我们要求每个班级每学期开一次精品主题班会，并在此基本要求的基础上，大力推行微型班会。微型班会特点是短小精炼，时间自如，实效性强；灵活机动，问题触发，针对性强。在微型班会主题的选择上需要注意：第一，就班级当下具体问题或现象拟定；第二，注意主题的时效性，建议出现问题第一时间召开；第三，议题一定要单一，不宜过多。

针对这个要求，我们设计和建立了微型班会“主题自选超市”，在总结往届初、高三班主任实践经验的基础上，组织各方德育力量，通过研讨、归纳、筛选，

给学生写祝福语

将各种微型班会主题和设计方案归纳为九个系列 128 个主题，形成《主题自选超市》手册，班主任人手一本。班主任可以根据自己班级每个阶段不同的具体情况，每周从中选择几个主题，根据手册中提供的主题实施方案，马上就能着手召开一个极具针对性和实效性的微型班会。

微型班会《主题自选超市》手册九大可选主题系列，分别是“饮水思源”系列、“我爱我家”系列、“奋斗激励”系列、“心理品质”系列、“学而不厌”系列、“行为规范”系列、“健康生活”系列、“表彰惩戒”系列、“特殊问题”系列。每个系列中有若干个微型班会可选主题，比如“饮水思源”系列中有“三年知我师”“我读父母心”“爱我家、爱我校”“公物的命运”“礼仪勿忘我”“我是否懂得尊重”等 12 个可选主题，每个可选主题都附有可选参考资料。然后针对每一个系列，提供可选组织形式，比如论理式、演讲式、交流式、文艺式、实践式、参与式等。针对每一种组织形式，提供对应的操作流程。

对班主任来说，手册的使用方法很简单，根据班级内的具体情况和需要，先确定班会所属系列，再根据适用情境选择班会主题和参考资料，随后就可以在本系列中选择适用的组织形式，根据提供的操作流程召开微型班会。

另外，我们的微型班会“主题自选超市”还具有传承性和开放性两个特点：开放性就是各系列的主题并不是约定俗成的，每一位班主任都可以在相应的系列中填加、补充自己实践并认为取得成效的微型班会主题，每一学年德育处将手册收上来三天，将班主任补充的主题方案归纳到手册中，再发放给下一届毕业班的班主任，完成教育智慧传承的目的。

**（四）活动设计一体化，让德育活动成为教学加油站**

要求德育活动与教学活动相辅相成，形成一个整体系统的规划。比如，我校在中、高考之前举行的誓师会系列，让学生用自己的方式和口号来激励自己，激发他们奋斗、拼搏的决心和自信心，培养他们的竞争意识；然后马上配合以心理减压活动，目的在于让学生将竞争的意识和自信的意气留给自己，将考试的压力和不良的情绪释放出去；大考之后，立即组织以年级为单位的“自查与交流”活动，在班内总结自查的基础上，重点组织班与班之间的交流，让优秀的学习经验和学习方法在年级内共享。

## 三、四种方法，规划德育活动

当然，毕业年级的德育工作还有很多，大体分为常规系列和活动系列，但并不是杂乱无章、随意安排，而是要遵循中国传统道德教育本身所固有的规律，这个规律在《礼记》当中被概括为“四法”：“大学之法，禁于未发之谓豫，当其可之谓时，不陵节而施之谓孙，相观而善之谓摩。此四者，教之所由兴也。”详细说来就是以下方面。

### （一）第一法——“豫”，禁于未发

防范于未然，德育要有预见性。不要等待德育工作出现问题，并引发系列连锁反应，比如学习成绩的下滑、学校风气的变化等情况变成现实，再去想办法改变现状，为时已晚。

### （二）第二法——“时”，当其可

德育内容的安排要有时效性，要善于抓住时机，尤其与教学目标的配合。

### （三）第三法——“孙”，不陵节而施

教育要遵循学生身心发展规律，对于毕业年级学生的教育，更多地需要平等对话而非生硬约束、重思想交流而非强制规则、重内心情感而非外在形式。

### （四）第四法——“摩”，相观而善

互相学习，取长补短，共同提高，在这个过程中一定要发挥模范效应，强调学生榜样的作用。

总之，按照以上四种方法去规划毕业年级的德育工作，才能使我们的德育不会失去针对性和实效性而落于空洞和空泛。

# 以心育德，以德育心——中学德育与心理教育整合的探究实践

随着多元文化、多样价值的客观存在和社会经济结构、教育结构的不断发展和变革，传统的道德教育方法在艰难而又复杂的德育内容和要求面前，已经无法适应甚至苍白无力，学校尤其是中学德育将面临着艰巨的任务和新的挑战。这就要求我们不断创新教育形式、方法、途径和手段，把学校思想道德教育工作作为重大的课题和任务，认清现行中学德育现状和问题，积极探索和实践有效、科学、

可持续的德育工作模式和途径。

在笔者看来，当前的中学德育缺乏实效性，缺乏真正由外在教育活动而促进学生的内化效果，其主要原因是忽视德育工作的一个重要前提，即我们需要认真分析和了解学生思想品德形成的心理过程，更需要了解和掌握学生的心理健康状况。如果在中学德育工作中一味强调外因的说教式德育、强压性德育，而不重视学生心理因素在思想道德形成中的重要作用，德育的实效性势必会大打折扣。

苏霍姆林斯基说过：教育首先是关心备至地、深思熟虑地、小心翼翼地去触及年轻的心灵。所以，我们的学校德育，必须从“关注学生的心灵，培养学生健康良好的心态”开始，把心理健康教育当作德育的一种有效途径，其形式不仅局限于心理咨询，还要进行多方面的探索，用一种大资源观开展工作，构建心理健康教育与德育有机结合的科学模式。

马斯洛需求层次理论把人们的需求分成生理需求、安全需求、社交需求、尊重需求和自我实现需求五类，依次由较低层次到较高层次排列。这个著名的理论指出了人的需要是由低级向高级不断发展的，这一趋势基本上符合需要发展规律的。这在一定程度上反映了人类行为和心理活动的共同规律。

同理，中学生的心理健康教育也要把中学生的心理健康水平不断地由较低层次推向较高层次。根据这种思想，我们可以把心理健康教育的基本功能划分为三个不同的层次，即初级功能、中级功能和高级功能。初级功能主要指通过心理卫生心理健康知识的学习，消除心理障碍和预防心理疾病的产生；中级功能主要指通过心理健康教育，指导受教育者形成正确的自我意识，了解自己、他人和社会，正确对待自己、他人和社会，掌握自我心理调节的方法，提高应付挫折的心理承受能力，增强社会适应性；高级功能主要指通过心理健康教育要促进个体的发展和完善，即马斯洛认为的自我实现层面。

## 一、“三层面推进”工作模式

在上述理论模式的指导下，学校在推进和落实心理健康教育工作、探索和实践心理健康教育与德育教育整合的过程中，需要做到以下三个层面。

### （一）第一层面

认真贯彻《中小学心理健康教育指导纲要》精神，建立健全学校心理机构设置，完善心理健康教育机制，开足开好心理健康教育课程，充分明确心理健康教育在学校开展、推进和落实的指导思想、基本原则、目标、任务、主要内容、途径、方法及组织实施，从思想认识和制度建设上保证学校心理健康教育工作向健康、科学的方向发展。在落实和推进过程中，学校一定要避免和杜绝心理教育形式化的趋向，因为现在仍有相当数量的学校和教育者固执地认为升学率的高低才是衡量学校教育教学水平的唯一标准。在这种错误观念的指导下，有些学校名义上开设心理咨询与辅导室，开展心理健康教育的实验与研究，甚至也建立了学生心理档案，但其目的实际上是高举心理健康教育"流行"大旗以应付检查、评比、达标和宣传，并没有从思想观念上有所转变和认同。这种形式化的倾向，导致学校心理健康教育工作不可能切实开展下去。

### （二）第二层面

在理念先进、机构完整、机制健全、制度保障的基础上，一方面，将学校的心理健康教育全面渗透到学校教育的全过程，实施全方位和全员参与的模式。这里说的全员参与指的是学校心理健康教育不只是学校心理专职教师的职责，而应该是全体教师共同参与的教育；不只是学校的任务，更应该是学校、家庭、社会的共同任务，我们要充分利用和发挥家长、社会机构、心理专家等力量，形成心理教育的合力。另一方面，要在校内外大力开展心理健康教育的研究和创新实践。以学校教师为主体，依托社会专业机构和心理专家力量，探索诸如学科渗透心理健康教育、网络心理健康教育、教师心理健康教育对学生心理健康的影响等，能够增强心理教育效果、加大心理教育力度的研究与实践。

### （三）第三层面

真正将心理健康教育与德育紧密结合起来，以达到共同的育人目标，从而达到"促进个体的发展和完善"的层次。在上文中我们已经讨论过德育与心理健康教育相结合的必要性和重要性，只有德育与心理健康教育双向互动结合，才是德育与心理健康教育能够达到"双赢"的有效途径。

这种互动结合的最终效果是针对学生的德育抑或心理问题，学校的德育手段和心理健康教育双管齐下，追求最优方案解决学生问题，真正达到教育的目的。比如德育中要贯彻的"三观"和"三主义"教育，心理键康教育则可以同时配合

与补充，以学生日常生活、学习、工作中遇到的或即将遇到的问题为主要内容，有针对性地把教育内容与现实生活紧密结合，使学生产生了解和学习的心理需求，促使学生在学习时更具有主动性。

当然，在心理健康教育与德育相结合与相辅相成中，要注意避免两种不利倾向：一是心理健康教育德育化，即把心理健康教育视为学校德育工作的一部分而将二者变成从属关系；二是把德育心理教育化，即心理问题与思想道德问题混淆不清，在日常德育工作中把本是学生思想品德问题当作学生的心理问题来处理，这都会影响两种教育手段的功能和效果。作为教育者，我们一定要认清心理健康教育与德育非常重要的联系和结合点，但二者作为两种教育领域又具有明显的差别而万不能混为一谈，这从二者的理论基础、任务、内容和实施方法的差别上即可得知端倪，这里就不再详述。

## 二、“三层面推进”工作模式实践案例

下面以北京交大附中的心理健康教育探索与实践为案例，探讨如何从这三个层面实现有效的心理健康教育与德育整合。

### （一）多层面构建心理健康教育的专业教师队伍

学校的心理健康教育队伍不仅仅是4名专职心理教师，还包括心理专家、德

心理体验活动

育处教师和班主任。专家组包括北京市青少年法律与心理咨询服务中心名誉理事长、全国著名心理专家宗春山，北京交通大学心理素质教育中心副主任张驰、北京大学医学部教授洪炜、北京教育学院教授张红等。

**（二）深入打造“自主提升，追求幸福”的教师队伍**

通过体验式培训，加强教师的心理学素养。在专家的引领下，学校定期为教师组织丰富多彩的体验式心理活动，在校内形成“关注心灵成长，关注心理健康”的良好氛围。

通过校本培训，促进教师的专业化成长。为了帮助教师更好地管理压力，寻找自己的幸福感，学校非常注重校本培训，旨在加强教师的心理学素养。在邀请专家讲座的基础上，由专业心理教师定期给全体教师或者班主任进行主题培训。

通过科学研究，获得职业幸福的能力。树立“教师即研究者”的专业发展理念，注重引领教师在专业化成长的道路上走在前列，能够发现教育教学过程的问题，注重研究学生的特点，用科研的方式解决实际问题，从而促进能力发展。

**（三）多角度探索心理健康教育的有效途径**

以心理健康教学课堂为主阵地，让学生“快乐成长”——注重探索体验式的教学特色，情景模拟的体验式学习，以角色扮演和游戏两种形式为主。

以拓展训练为辅助手段，全面打造学生的“阳光心态”——不定期地开展体验式的户外拓展活动，在挑战自我的同时，培养合作精神，同时带给同学们更多心灵的感动。尤其是引进“亮心计划”心理训练项目，通过一系列简单轻松的封闭式心理游戏活动，激发学生们思考友谊、创伤、责任、目标、亲情，生命以及死亡等主题，唤醒学生对自己的期望，明确个人的梦想，强化学生的人生尊严，激励学生追求幸福。

以班会和家长会为切入点，架起“亲子沟通”的桥梁——班主任教师在自身发展的基础上，对学生心理健康的关注越来越到位。如采用主题班会的形式、利用家长会的契机，不失时机地用体验式的教育模式和孩子们共同感受心灵的幸福成长；家长学校定期或不定期普及心理健康知识，改进家长的家庭教育方法，尤其在个案研究、亲子关系的辅导等方面，有新的突破。

以“同伴教育”为切入点，营造良好的心理互助氛围——依托学生自发成立

的学生心理协会和协会下属的心理咨询部，每个星期定时为学生做同伴心理咨询工作。“同伴心理辅导”是指经过学校专业心理培训的学生组成一个社团——心理协会和心理情景剧社，在心理专家和教师的指导下，面向全体学生进行心理知识的宣传，组织心理体验活动的教育形式。学生“同伴心理辅导”是结合学生实际开展的一项校本辅导形式，是一种具体的心理健康教育方式。

以大型活动为依托，全面促进学生心理健康教育工作——以市、区级“德育论坛”和“心理健康月”，以及北京交大附中特有的“学生节”等大型活动为契机，以“关注心灵成长”“幸福从心开始”“快乐学习，健康工作”等为主题进行研讨和交流，以期寻求更有实效的心理健康教育途径并与德育紧密结合。

## **依附学科知识脉络，有效实施德育渗透**——以语文、数学、英语学科为例

德育工作不仅是学校的首要任务，也是学科教学的一项重要任务。如何在学科教学中渗透德育，是我们关注的一个重要课题。

在中学学科教学中进行思想道德教育的途径一般是“渗透”和“升华”方式，即在学科教学中渗透德育，不能靠空洞的说教和像贴标签一样的方式进行，必须依附本学科知识脉络，在改善学生认知结构、促进学生积极进行知识建构的同时，善于激发和把握学生在学习过程中产生的各种思想情感，及时地引导学生进行提炼、感悟、积累、转化、升华，让学生在精神上不断充实自己、意志上不断激励自己、人格上不断完善自己，实现思想品德的提高和优化；教师在日常教学过程中应根据本学科的特点，结合本学科教材的内容和学生的生活实际以及他们的年龄特征、生理和个性特点，采用学生易于或乐于接受的方式，推进德育渗透工作。不同的学科（如文科、理科的学科思想差异）有不同的知识结构与知识属性特点，相应地，我们就要采取不同的学科教学渗透德育策略。

### 一、中学语文教学中的德育渗透

《义务教育语文课程标准（2018 年版）》前言中提出：“九年义务教育语文课程，应以马克思主义、毛泽东思想、邓小平理论、三个代表思想和科学发展

观为指导。”相应地，《普通高中语文课程标准（2017年版）》中更是提出：“（语文课程）发挥思辨能力，提升思维品质，培育社会主义核心价值观，培养高尚的审美情趣，积累丰厚的文化底蕴，理解文化多样性。”

不仅在中国，世界各国都将中学语文教学作为本国国家意识、民族精神与文化、道德观念与规范、正确价值观的渗透和培养，作为重要的德育渠道之一。比如：美国加里弗尼亚州英语课程标准明确指出，语言学习能丰富人的心灵，培养负责的公民，形成国家是一个集体的观念，并主张语文教育要保存西方文明的基本传统与价值观；英国新课程改革方案的国家课程目的，第一项就要求促进学生精神、道德、社会、文化的发展；法国法语课程标准的宗旨之一是使每个学生成为自学、自治、负责的公民，强调要将法语学习与培养公民意识结合起来；韩国的课程标准要求，国语课培养有韩国特色的国语使用能力和态度，培养未来的民族意识和良好的国民情绪；日本的课程改革以培养学生生存能力为中心，提出国语科是一门以培养性情和人品为目标的学科，国语教育是通过语言来造就人……

在语文教学中体现德育功能，最基本的方法是依据课文的学习过程合理设计教育环节，并在各环节中逐步引导学生自主产生共鸣和情感体验，在学生的学习

语文课堂教学

和体验过程中渗透民族文化和正确的人生观、价值观等德育目标。

根据中学语文教学的内容和特点，教师可以充分发挥语文学科“文以载道”的学科优势，在语文教学中贯彻和渗透民族文化、道德观念、价值观念等德育内容。

比如，高中课文《帽子》的课堂教学设计和课堂“非预设环节”的处理。

案例背景：某班有两个男生赵某、李某，平时纪律散漫、个性较强，在班里影响很大。有时在课堂上，如有同学答错问题，二人就会出声讥笑并相互配合；这两个男生平时很注重自己发型，如果哪个同学头发剪得特别短，他们就会嘲笑一番。这两个男生在课堂上的表现，教师曾多次批评教育无果。

案例过程：教师在设计学习《帽子》一课的教案时，事先查阅有关恶性肿瘤、化疗等医学知识，准备给学生介绍，让学生充分体会主人公汪霞在二年级时，不幸得了恶性肿瘤，不得不住院接受化疗，以至于一头乌黑的头发掉光了的那种特殊心情。

当教师在课堂上讲到“汪霞头发掉光”的情节时，赵某和李某抿着嘴，偷偷互视而笑，赵某还嘀咕一句“秃子”，引得周围学生也跟着哄笑。课堂氛围被破坏，教学效果可能大打折扣，此时教师没有急躁，沉默了几十秒钟，其目的是让那两个男生自悟片刻。等他们安静下来以后，教师开始向学生们介绍有关恶性肿瘤、化疗方面的知识，学生们听得很认真，并不时发出感叹声，体会到了课文中病人的可怜和痛苦，表情也由刚才的满不在乎变成了眉头紧锁。

这时，教师适时设置问题，让学生们换位思考：“如果你是那个可怜的汪霞，你要来学校上学，你有什么想法？”学生们低下头，教室里很安静，有的学生说出了自己的想法：“我很难过”“不想上学”“怕同学们嘲笑我”等。这时，赵某和李某不再笑了，教师观察到两人这种态度的变化，于是提问赵某：“我相信你能把课文里主人公的话有感情地读出来，你来试试吧！”赵某虽不情愿但受到了同学们的感染，或是些许体会了汪霞的心情，朗读得尚可。

读完课文后，教师设置了一个课堂学习环节，让学生表演课本剧。教师故意让学生们推选赵某扮演课文中的主人公汪霞，让李某扮演课文中的老师。从两个男生的表演过程中，教师发现了他们因为情景体验而逐渐产生了同情心和善待他人的意愿。

不久，该班的一位女生刘某，由于头上动了小手术，不得不把头发全都剃光，只好戴着帽子来上学。在刘某回校上课之前，班上的学生们都知道了她的情况，并且联想到了《帽子》这篇课文。刘某回校上课的那天，戴着帽子的她走进校园时，其他班的学生都对她投来了异样的眼神；但当刘某走进教室时，却发现全班同学和她一样都戴着帽子，而且目光中都充满了友爱和支持。更难得的是在课下，赵某和李某还提醒别班的学生“不能嘲笑别人”。（本案例由交大附中副校长韩少国提供）

在这个案例中，我们可以从以下三个角度得到启示。

从学生的心理角度：赵某和李某这两个男生，以前爱嘲笑别人，在他们的心里，别人身上总有好笑之处。在这篇课文的学习过程中，经过教师的引导和设计，这两个男生学会了体会别人的感受，激发出了对他人的同情心，懂得了不应该嘲笑有困难的人，要学会善待他人。

从教师的教育角度：教师在传授知识的同时，坚持渗透德育。在潜移默化中，让学生确立正确的世界观、人生观，培养学生的真挚情感，使之成为积极向上的动力。在教学过程中让学生换位思考，通过角色体验对学生进行情感教育，激发和培养学生爱生活、爱他人的真挚情感。学生在学习中，不仅是学到了语文知识，而且还受到了思想品德的熏陶。

从社会学的角度：在学科教学中渗透德育，有利于学生将来步入社会时，遇到各种事情能够独立进行分析思考，为人际交往打下基础，善于理解他人，和睦相处。

总之，语文课堂需要人文性，需要人文精神。新课改下的中学语文教学必须与德育有机地结合在一起，充分挖掘语言文字中丰富的思想内容，在教学中自然渗透德育内涵，寓德育于语文教学之中。在传授知识的同时渗透思想教育，才能使学生在获取知识的同时，受到德育的情感熏陶；让学生在语文学习与感悟过程中，真正寻找到自身的精神家园。

## 二、中学数学教学中的德育渗透

《中小学德育工作指南》中要求：“充分发挥课堂教学的主渠道作用，将中小学德育内容细化落实到各学科课程的教学目标之中，融入渗透到教育教学全过

程。”党的十八大首次把“立德树人”写入党的全国代表大会报告，明确为新时期教育的根本任务。“立德树人”要贯穿于教育教学全过程中，就要将德育有机地融入学科教学中。

与各学科类似，在数学学科教学中进行德育是由中学教育目的决定的，也是数学课程标准的明确要求。《普通高中数学课程标准（2017 年版）》明确指出，“数学教育承载着落实立德树人根本任务、发展素质教育的功能。数学教育帮助学生掌握现代生活和进一步学习所必需的数学知识、技能、思想和方法；提升学生的数学素养，引导学生会用数学眼光观察世界，会用数学思维思考世界，会用数学语言表达世界；促进学生思维能力、实践能力和创新意识的发展，探寻事物变化规律，增强社会责任感；在学生形成正确人生观、价值观、世界观等方面发挥独特作用。”数学发展历程、数学知识和技能中都蕴含着大量的德育元素。在数学教学中进行德育渗透要坚持贴近实际、贴近生活、贴近未成年人的原则。自中学推行新课程改革以来，数学学科更加强调学科知识教学的德育意义，数学教育者也在不断探索在数学问题中如何体现和贯彻德育思想。近几年在数学试题中也体现了这一思想，蕴含着丰富的爱国主义教育、国情教育、环境保护教育、勤俭节约教育、挫折教育等素材，这些材料真实、翔实，富有很强的感染力。比如：

考题一：为保卫祖国的海疆，我人民解放军海军在相距 20 海里的 A、B 两地设立观测站（海岸线是过 A、B 的直线），按国际惯例，海岸线以外 12 海里范围内均为我国领海。外国船只除特许外，不得私自进入我国领海。某日，观测员发现一外国船只行驶至 P 处，在 A 观测站测得角 BAP = 63 度，同时在 B 观测站测得角 ABP = 34 度，问此时是否需要向此未经特许的船只发出警告，命令其退出我国领海？

数学课堂教学中

数学究其学科知识本身就有其内在的丰富德育

元素，而并非学校和教师等外力强加附会的，因为数学学科内容中蕴含着极为丰富的辩证唯物主义思想和美学思想。例如：正数与负数、常量与变量、数与形都表现对立统一的辩证形式，函数的概念、函数的极值等体现了数学中运动和变化的观点，数的扩充遵循了事物不断地从低级阶段向高级阶段发展的过程，几何图形的对称，运算定律、方程等号两边的巧妙平衡，数学概念的概括和简约，数学推理的严谨和简洁，数学解题方法的巧妙，都能让学生体验到数学知识简明、和谐、整齐、统一的美，激发和引导学生欣赏美、创造美的热情和能力；我国数学史充满了爱国主义教育的教育案例可供教师拓展教育。例如，中国最先引进了正负数、发现了数学方程的解法、勾股定理、圆周率等；近些年在数论、方程、拓扑、微分几何等的研究已进入世界先进行列，在国际中学生数学竞赛方面取得了优异的成果等，增强学生对祖国的自豪感，同时使学生明确国家富强、民族复兴赋予自己的历史使命；数学家的人格和高贵品质是学生学习的典范。例如，我国古代数学家祖冲之在计算工具极其简单的条件下对圆周率进行了繁复的运算，得到了令人惊叹的结果；我国著名数学家陈景润顽强拼搏，在攀登“哥德巴赫猜想”的征途上遥遥领先；德国著名数学家希伯索斯发现了无理数，为坚持这一发现而被抛尸大海等，这些使学生感受并接受数学家的这种科学精神、献身精神和刻苦精神的教育。

但是，我们强调在数学学科教学中进行德育渗透，不仅是指如上所述的数学学科知识和技能本身所蕴含的德育元素，也不仅是在数学试题中体现，或是结合教材内容讲述趣味数学故事，数学理论的发明者及发明过程等以培养学生刻苦钻研、不畏艰难的奋斗精神。更重要的是在数学教师的教学过程中，充分发掘潜在德育因素和可以进行德育的契机，采取灵活多样的教学方法、教学活动，在课上、课下延伸教学内容和德育教育内容。这就需要教师认真钻研和挖掘教材，研究渗透的可行性和反复性，使德育有机融于教学过程中，并注意德育实施的策略性，从而提高渗透与升华的实效性。

## 三、中学英语教学中的德育渗透

在中学英语教学中，教师通常专注于英语的听、说、读、写能力技巧的培养，注重于纯语言能力的训练，而忽视在英语教学中的德育渗透。英语学科有其区别

于其他学科的特殊性，即教材内容、课外读物以西方欧美国家文化背景、意识形态为学习材料的主要来源。因此，教师在教学过程中如果不时刻关注、把握中华民族文化和中华传统美德的渗透，不注重在教学的相应环节贯穿德育理念和德育意识，那么西方的价值观念、思维表达、行为方式等，将会对中学生正确价值观、人生观、世界观的形成产生潜移默化的影响。

所以，《普通高中英语课程标准（2017年版，2020年修订）》明确提出："普通高中英语课程是高中阶段全面贯彻党的教育方针、落实立德树人根本任务、发展英语学科核心素养、培养社会主义建设者和接班人的基础文化课程。"强调教学内容要渗透思想道德因素，要使思想教育贯穿于语言教学中。这就要求英语教师认真备课、深度挖掘，正确而准确地领会教学内容中的德育内涵，确立明确的德育目标，以知识结构为载体，从思想教育、道德教育、心理素质教育、文化意识培养等德育内容与方向入手，选择恰当的教学方式和教学组织手段，根据课程设置进度与梯度，层层展开教育过程。

其中，思想教育包括政治思想教育、爱国主义教育、社会主义教育、艰苦朴素教育、劳动教育等；道德教育主要指道德行为规范教育、价值观教育、荣辱观教育、环境道德教育等；心理素质教育是指引导学生善于思考、思维活跃，学会用辩证方法看待问题，着重培养学生坚韧、自信、豁达、开朗、乐观、宽容的性格；文化意识培养是着眼于利用英语学科的特点，借助具有丰富文化内涵的语言工具，在教学过程中进行英语国家文化环境虚拟与感受，让学生接触和了解英语国家文化，帮助学生开拓文化视野、培养世界意识，在教师精心设置的教学进程中，有意识地对中外文化进行比较和鉴别，从而加深对本国文化的理解和认识，同时也能够提高学生学习的兴趣度。

每种语言都带有其丰富的文化内涵，了解英语国家文化有利于对语言本身的理解，更可以使学生在对比学习中加深对本国文化的理解和认识。因此在教学中，应让学生了解不同文化的异同，拓宽视野，提高跨文化交流的能力。

例如，高二英语课"Festivals"中，介绍西方节日 Christmas, Mardi Gras 和 Easter，让学生比较中国几个传统节日与西方节日的异同，从而让学生在体会中西风俗节日的异同过程中切身体会我国民族文化。

再如，高三英语课 Unit15 "Popular Youth Culture"的教学设计与实施。本课主要介绍国际志愿者日，以及青年志愿者事业在中国的发展。主课文以三个青年学生为主线，介绍了他们所从事的不同类别的志愿者活动，以及在给予别人关爱时自己的收获。教学中，教师按照教学进度与教学设计在课堂上完成基本的阅读部分后，引入问题“What would you like to do if you can be a Volunteer? and Why?（如果你可以成为一名志愿者，你会从事哪个方面的服务，并阐明原因）”。随后引导学生将其想法写成一篇文章。在这个单元的学习中，学生不仅可以了解到国际志愿者服务发展的一些基本信息，更能通过引入问题的形式，让学生意识到每个人都可以成为志愿者，都可以用自己不同的方式来服务社会、服务他人。

以上案例是在英语教学中进行德育渗透的常用手段和途径。但在实际的教学设计中，往往教师对于教材的德育渗透元素挖掘的甚少，甚至忽略。所以，教师应认真备课，在语言训练的同时，加强德育渗透的内容，使德育渗透在英语教学过程中“随风潜入夜，润物细无声”。

英语课堂教学

# 第二节 强思政，擦亮学生幸福人生底色

## 面对挑战，请选择正确的应对方式

在距离高考还有整整一百天的时候，我们举行了这样一个誓师仪式。

进入高三以后，学校组织的几次仪式，都与“开始”有关。

去年9月1日，学校组织开学典礼，意味着同学们开始进入高三备考阶段了；年底的成人仪式，意味着同学们开始进入成人行列，进入真正对自己的未来和选择负责的年龄了；周一我们学校组织学期开学典礼，意味着同学们开始进入高中阶段最后一个学期了；而今天这个仪式，则是意味着同学们开始进入高考前的百天倒计时了。

每个仪式上，学校都在通过不同的方式，不断提醒同学们，高考将至，努力奋斗。在今天的这个仪式上，我们终于可以大大方方地直奔主题了，我把这叫作“图穷匕见，高考倒计时一百天”。

昨天，我在北校区遇见一位高三同学，跟他聊了几句。他对我说，自己现在的心理压力已经很大了，本来就很紧张，就别提距离高考还剩多少天的事了。

看来，这位高三同学真的很紧张。我想知道的是，现在在场有多少同学是这种心态？我想一定不少。

我想提醒同学们的是，面对高考，要是自己真的有这种回避心态、逃避心态，才是最危险、最可怕的；才是最需要通过高考百日誓师这样的仪式，让自己直面压力、直面困难、直面挑战。

为梦想加油

以笑容面对

高考是智力的竞赛，也是心理的竞赛。高考临近，调整心态和保持健康的心理尤为重要。调整好了心态，高考就等于成功了一半。

面对挑战，同学们该如何选择正确的方式，让自己的内心世界安静下来呢？

喜欢体育的同学一定知道，有些球星，在比赛之前，或者面临踢点球之类的极端压力考验的时候，喜欢先做一套固定的、特殊的动作。其实这种动作并不起作用，起作用的是做这套动作时给自己带来的仪式感。

有一本书叫《强力瞬间》，在美国大学生当中很受欢迎。该书中，作者强调，当我们面对压力、面对挑战的时候，需要一种特定的仪式感，帮助我们顺利进入一种自信和专注的状态。

所以，今天的这个活动说到底，就是学校为即将参加高考的同学们特别设计的一个仪式，赋予每个同学一种特定的仪式感，让同学们缓解压力、树立信心、迎接挑战。后面安排的戴加油手环、绕场展示倒计时卡、励志歌曲几个环节，都是为了这个目的。

需要提醒同学们的是，今天的活动，只是完成誓师仪式的一半；接下来的一半，就需要每一个同学自已去完成，用自己的方式，赋予自己一个完整的仪式感。其中包括确定学习目标，不只是最后的目标，还包括高考前这一百天里每一天的目标，然后心无旁骛、自信专注地去完成这些目标。

不要小看制定目标这件事，也不要因为它是老生常谈就去轻视它。心理学家对建立目标这种行为有一个明确的结论：如果一个人建立一个目标并且真心实意地去认同它、重视它、践行它的时候，那这个目标就已经不仅仅是目标了，它已经成为这个人的自我身份认同。心理学家是这样描述的：明确目标、重视目标，并且按照这个目标展开计划的人，他每时每刻都知道自己该干什么，他可以忽略一切与这个目标无关的东西，外界再怎么动荡都与他无关，他每天都会充满激情、充满自信、充满力量，进入一种心灵的体验。

所以，我希望大家在这一百天里，每天都能进入这样的状态。

这个春节期间，有一部电影很火，相信很多同学都看过，这就是《流浪地球》，这是中国科幻电影真正走向世界的第一部。这部电影里面，有一些台词能给我们带来一些有益的启示。现在我就用《流浪地球》里令我印象深刻的两句话，作为给同学们的补充建议，也作为我这次发言的结束语。

第一句话，是影片里韩朵朵广播的那句话："希望是我们这个时代像钻石一样珍贵的东西。"其实无论在哪一个时代，无论在哪一个人生阶段，希望都是我们珍贵的东西。尤其对即将面临人生第一次考验的各位同学来说，更是如此。但请同学们注意，不要只是希望，要把希望变成明确的目标和计划，并且执行它。

第二句话，是影片里空间站上的那个人工智能 MOSS 被烧毁前说的最后一句话："让人类永远保持理智，确实是一种奢求。"没错，保持理智正是我们人类具有的优势。除了理性，我们还有情感，我们还有激情，我们还有信念；我们懂得什么叫坚持，懂得什么叫信任，懂得什么叫奋斗；我们能把可能变成事实，也能把不可能变成可能。

最后，希望同学们充满信心地利用好这一百天，在老师的帮助下，通过奋斗，实现自己心中的目标。

（2019 年 2 月 28 日，在高三百日誓师仪式上演讲）

## 我命由我不由天

今天，我们一起迎来了新的学年，正式开启了交大附中 2020 届初高三学子为梦想而奋斗的毕业征程。

近年来，北京交大附中一直被誉为京城教育增值能力最强的学校。今年高考，我们学校在以往成绩的基础上，又一次取得了突破性进步。

今天，同学们将要在这里蓄势待发，载誉启航，用坚毅、信心和奋斗，为一年后的出发做好充分的准备，打好坚实的基础。

今年是新中国成立 70 周年华诞。同学们在这样一个特殊的年份展开自己的梦想冲刺之旅，更是具有一种特殊的意义。

新中国的 70 年，是谱写感天动地、奋斗史诗的 70 年；是砥砺前行、创造奇迹的 70 年；是中华民族以崭新姿态屹立于世界东方的 70 年；是中国人民艰苦奋斗和不懈努力的 70 年。可以说，"努力"和"奋斗"这两个主题词，贯穿了这 70 年的历程。而我们学校历年优异成绩的取得，也正是来自学校全体师生的共

学生书写梦想卡

同努力和艰苦奋斗，尤其是老师们辛勤的付出和无私的奉献。所以，借开学典礼之际，我代表学校，向在初高三辛勤工作过的老师们表达感谢！向 2020 届已经开始毕业年级工作的老师们致以敬意！在接下来的这一年，我们将一起陪伴和见证学生们的成长和进步。

同学们，走进初高三，奋斗也将是你们唯一的主题词。希望每位同学都能以前辈的奋斗精神激励自己，志存高远，从每一节课、每一次作业，每一道题做起，积跬步以成千里，实现自己的理想目标！

当然，在这一年的奋斗过程中，同学们不会是一个人在战斗。这两天，全国各地的学校都在举行开学典礼，我发现一个特别有意思的现象，就是许多学校的开学致辞里都引用了一部现象级电影里的一句话。对，就是火爆暑期档的国产动画片《哪吒》里的那句“我命由我不由天”。所以，昨天我还特别认真地看了一遍这部电影。

看完电影之后，我确实觉得这句话真的是激动人心，充满力量。可是我不想在这里简单地把这句话作为寄语送给同学们，因为看完电影后我发现，如果没有父母三年无私无畏的呵护和训导，没有师父三年使命般的传授和引导，没有朋友关键时刻珍贵的友情和帮助，哪吒再有万丈豪情，再有万般神勇，也不会有机会和底气喊出“我命由我不由天”这句点燃无数人激情的呐喊。

所以，我想借《哪吒》这部电影告诉大家，就是刚才那句话：这一年，你不会是一个人在战斗，你们的父母、老师、同学都会是你强有力的支撑、保障、助手和动力。我要请你们学会珍惜你身边的这些人，尊重父母的付出，听从老师的教导，付出同学的友情。我们大家一起携起手来，才能共同实现各自的理想、共同创造未来的辉煌。

（2019 年 9 月 1 日，在高三开学典礼上演讲）

## 奋斗者的“三根支柱”

无论如何，在全社会的共同关注下，我们今天终于如期开学了，真不容易。今天的开学不同以往，它既是开学，也是重新线下复课。我们都明白今天开学的来之不易，为了今天顺利开学，党和国家为我们提供了强有力的保障；为了今天顺利开学，学校在各方的支持和帮助下，做了大量的准备和预案；为了今天顺利开学，我们每一位师生也在用“坚守和自律”的方式，为之付出自己应尽的责任和卓越的努力。

今天的开学对各位高三的同学还有一点特殊，就是我们从北校区转战到了南

2020 年高三开学典礼

校区。这也就意味着我们正式开启了每一个人为梦想而奋斗的毕业征程。回顾以往，我们历届交大附中学子，都是从这里出发，带着老师和父母的嘱托及期望，走向中高考的考场，凭借自己三年苦读、厚积薄发的知识和能力，取得了一次次辉煌骄人的成绩，为自己赢得选择，为父母送去欣慰，为老师和学校带来骄傲，为社会和国家带去动力和希望。

按照惯例，我要向新一届的高三同学，通报一下学校的高考成绩，给大家一点激励，也是给大家一点压力。今年高考是新高考的第一年，我们学校首战告捷，准确说应该是首战大捷。这是我们全体师生努力的结果，尤其要感谢老师们辛勤的付出和无私的奉献。所以接下来的一年，请各位同学坚定信心，相信自己、相信老师，回头看看你们的老师，有他们的指引和陪伴，你们一定会再攀高峰、再创佳绩，在他们眼里，你们每一个人都是潜力无限。

那么，潜力怎么激发？一靠老师，二靠自己。归根到底，靠自己的奋斗。走进高三，奋斗就将是你们这一年唯一的主题词。

大家都知道，茅以升精神是我们学校的精神图腾。“饮水思源，爱国荣校”的校训就是来自对茅以升精神和品质的最好解读。茅以升先生有一句名言，每年高三开学典礼我都会跟同学们分享重温一次，今天也不例外。他说：“人生一征途耳，其长百年，回首前尘，历历在目，崎岖多于平坦，忽深谷，忽洪涛，幸赖桥梁以渡。桥为何名？曰奋斗！”

交大附中人共同的追求就是幸福，而幸福就是靠奋斗来的。奋斗是一个“高大上”的词吗？当然不是。就像加缪说的：“一切伟大的行动和思想，都有一个微不足道的开始。”对我们每一位同学来说，奋斗就是从当下的每一节课、每一次作业，每一道题、每一个问题的解决开始。积小胜以为大胜，积跬步以成千里，持之以恒方能实现我们每一个人的理想目标！

当然，在这一年的奋斗过程中，你们不会是一个人在战斗。

作为高三的奋斗者，同学们有赖以支撑三根支柱：

第一根支柱是你的基础和存量。只要跟着老师的节奏，按部就班，不打折扣，足够努力，足够奋斗，不断获得增量，你的知识结构和学业基础就没有问题。

第二根支柱是我们的盟友，也就是我们的老师、父母、亲友。这一年里，你不会是一个人在战斗。你们的父母、老师、同学，都会是你们强有力的支撑、保

障、助手和动力。请大家学会珍惜自己身边的这些人，尊重父母的付出，听从老师的教导，付出同学的友情。只要我们大家一起携起手来，这根支柱没有问题。

那么，最后一根支柱，就是你的自信心了。自信心看不见摸不着，但它却可能是同学们能否实现自己理想目标的决定性因素。自信心能让一个人实现多高的理想目标我不知道，但我知道一个人要是没有自信心会怎样。

世界上最有效的咒语，叫作“这件事情我做不到”，这句咒语灵验到只要你说完就可以马上应验，因为这样说了就意味着你根本不用做任何事情，只要待着什么也不做就行。所以，远离这条咒语，就是远离失败。

这就是我给同学们的建议，请大家抱紧这三根支柱，用奋斗去实现自己的梦想。

（2020 年 8 月 29 日，在南校区高三开学典礼上演讲）

## 精神加方法，潜力变实力

在新冠肺炎疫情的阴影还在笼罩和肆虐着世界各国的时候，我们如期开学了。用教育部发言人的话来说就是：“我们从今天开始，全面恢复正常教育教学秩序。”这话听起来有些骄傲，的确就是骄傲。我们理应为此感到骄傲和自豪：为我们坚强有力、人民至上的党和国家骄傲，为我们众志成城、共克时艰的中华民族骄傲，为我们临危披甲、守护生命的逆行勇士骄傲，为我们自己骄傲。

借这个机会，我首先要向我们的老师致以衷心的感谢和崇高的敬意！疫情防控特殊时期，你们是学生们的一道光，在他们恐惧时给他们力量，在他们焦虑时给他们安慰，在他们担忧学业时给他们指引。接下来的一年，你们将继续是学生们前进和成长的依托。

其次，我要向初三的同学们表达由衷的赞叹和新学期的祝福。疫情防控期间，你们经受住了考验，经受住了挑战，自律自强，不懈努力，用实际行动诠释了少年的责任担当。接下来的一年，你们将凭借这种精神和力量去迎接新的挑战。

人生这么多次的开学典礼，真正能够称得上是有人生重要节点意义的开学典礼，为数并不多。今天的开学典礼，就是一次。

因为从今天开始，各位初三的同学就要开启你们的毕业征程，就要开始直面你们人生中的第一次大考。因为直面，所以你们也会从此理解和学会，什么叫作为自己的选择而奋斗，为自己的选择而负责。

前天，我参加北校区的新初一迎新大会，我对新初一的同学们说："你们要慎始如终，因为三年的初中生活看起来很长，其实转瞬即逝。当你们站在南校区那块土地上的时候，我就该跟你们说慎终如始了，你们就会感叹时光的飞逝和宝贵。"

今天，各位同学就站在这里。无论你们现在有没有这样的感叹，都要意识到时间的宝贵。还好，初中时光的尾巴还抓在我们手里。未来的一年，我希望你们能够珍惜每一分每一秒，努力拼搏。

今年的中高考，你们的学哥学姐们，就为你们做出了非凡的示范和榜样。虽然受疫情的影响，他们经历了线上线下多次的学习方式转换，但依然在中高考中交出了一份历年最好的答卷。

相信你们，期待你们，后生可畏，后浪可期，你们历届的学哥学姐们也在为你们加油。相信自己，相信老师，有老师们的指引和陪伴，你们一定会再创佳绩，

初三开学典礼

再攀高峰。在老师眼里，你们每一个人都是潜力无限。

关键是，我们怎样把潜力变成实力？我认为，一靠精神，二靠方法。

精神，就是奋斗精神。大家都知道，茅以升精神是我们学校文化的精神图腾，而奋斗就是茅以升精神最重要的内核之一。

茅以升先生有一句名言，他说："人生一征途耳，其长百年，回首前尘，历历在目，崎岖多于平坦，忽深谷，忽洪涛，幸赖桥梁以渡。桥为何名？曰奋斗！"

建议同学们把这句话作为座右铭，不断激励自己、指引自己。

当我们面对当下遇到的每一个场景，遇到的每一个问题，遇到的每一次困难，我们都可以首先去想，如果茅以升先生面对和我们一样的场景，他会站在哪里，然后我们走过去，和他站在一起，跨越时空去感受他的精神，让茅以升精神真正进入我们的体内，成为我们人生信仰的一部分，成为我们奋斗的精神源泉。

方法，就是奋斗的方法。有人说，奋斗的方法就是喊口号，拼命学。

这句话对吗？

喊口号？要是喊口号管用，那在开学典礼上直接喊口号就行了。

拼命学？拼搏是必须的，拼命不至于。身体是革命的本钱，没有好身体，哪来好成绩？

关于方法，我们要相信科学。那什么是科学的方法？我先说一个心理学实验：

美国心理学家吉姆柯林斯设计了一个大型实验，挑选了三组志愿者，徒步行走 3000 英里的路程。这段路程地貌复杂，天气多变。

第一组人开始激情无限，拼命走，每天能走多快就走多快，到了中后期体力不支，速度不得不慢了下来，最终用了 7 个月走完。

第二组人看起来比较智慧，看天气走路，天气好时一口气会走 40 甚至 50 英里，天气不好时就躲在帐篷里养精蓄锐，一路走走停停，走完用了 10 个月。

第三组人先定了自己的目标，无论天气优劣，不管心情好坏，每天只走 20 英里，走到就停下来休息，5 个月到达终点。

这就是著名的"二十英里法则"，又叫作"自律法则"。

这给我们什么启示？定好理想目标，根据时间倒推，制订合理规划，然后坚定不移地执行。不管遇到什么艰难阻碍，都要严格按照自己每月每周每日的规划，不冒进，也不打折，按部就班，坚持行动，坚决落实，持之以恒。

从精神到方法，这就是我给同学们的建议。我希望明年的这个时候，站在这里跟你们的学弟学妹们，继续说那句话：我们上一届学子，在今年中高考当中交出了一份历年最好的答卷。

（2020年9月1日，在南校区初三开学典礼上演讲）

## 初三同学：离开校园时请带走三个问题

今天，同学们就要结束初中三年的生活和学习了。我想请各位同学在离开校园的时候，带走三个问题。这三个问题，是你们需要想清楚，并且要在内心回答自己的。

**第一个问题：你怎样看待理想和现实**

不要觉得这个问题大。无论承认与否，人人都需要有一个可以倚靠的支柱，这个支柱就是理想，当然你也要面对现实。所以面对这个问题，你要思考：你的理想是什么？你的理想与国家、社会、父母、师友是什么样的关系？你面临的现实是怎样的？你的理想和现实的距离有多大？你准备采取什么样的规划去缩短这

为初三学生送行

两者之间的距离？在履行这个规划的过程中，你应该持怎样的态度？是躁动、摇摆、逃避、脱离现实，还是冷静、平和、沉稳、理性判断？比如马上就要面临的中考。

**第二个问题：你如何看待选择**

在这个充满无限可能的时代，今天你们的问题，不是没有选择，而是选择太多了。在这种情况下，你要思考：你现在面临的选择是什么？进入高中以后，根据你的人生规划，你要面临的选择是什么？高考以后，你的选择是什么？大学毕业之后，你的选择是什么？

不要觉得这些选择离你很远，这些选择决定了你人生未来的走向和成就，越早思考这个问题，你就会越早超越他人。一句话，你们要做的，就是尽快找到自己未来的发展大方向，消灭选择。

**第三个问题：你怎样看待感恩**

尽管今天这个时刻、这个场合很喧嚣热闹，但还是请大家静下心来想想，那些所有帮助你们走到今天的人，那些你们无法报答的人。父母、朋友、老师、同学，无论是谁，想想他们，你当然需要说一声谢谢。因为没有一件伟大的礼物可以被偿还，比如养育之恩，比如受教育的机会。只不过我想让大家思考的是：作为在一所以“饮水思源、爱国荣校”为校训的学校里生活学习了三年的学生，你是怎样看待感恩这一特殊的品质？你将怎样把感恩的品质转化为真正懂得感恩的行动？你的感恩行动和过去、现在、将来有什么样的关系？

最后，祝初三学子们带着感恩的心态，按照自己的选择，向着自己的理想，更进一步！

（2016 年 6 月 22 日，为初三学生送行会上讲话）

## 创造和创新的真相

无论是小学、中学阶段，还是大学阶段、社会工作，我们学习的最终目的，都是为了让自己具备终身发展的能力。2016 年教育部颁发的《中国学生发展核心素养》方案中，对这些品格和能力作了具体的描述。其中，创新能力的培养被放在了重中之重。

大家都知道，当今时代，从中国到世界、从国家到社会、从课内到课外，无论什么领域，都在呼唤和鼓励创新。因为创新是人类社会发展的动力和源泉。李克强总理提倡大众创业、万众创新；习近平总书记对教师特别提出了“要做学生创新思维的引路人”。

我向同学们推荐的这本书，就是有关创新的话题。在现在众多的关于创新的书籍里面，我个人认为这本书是比较出色和深刻的一本著作。

这本书名叫《创造》，当然这是它的中文版译名，英文版原名为《HOW TO FLY A HORSE》，作者是被誉为世界物联网之父的凯文·阿什顿。他通过深度解析人类创新和发明历史的真实过程，结合自己创造物联网经历中的领悟，潜心酝酿 20 余年，完成了这部被他称为“只献给勤奋者的创新书”。

作为这本书的阅读者和推荐人，我在这里只想用三个观点来描述它。至于读后感受，可以留待同学们去完成，相信每个同学读完这本书的收获和启发都是不一样的。这也正是这本书通篇散发出来的思维张力。

**首先，这是一本非常通俗易读的故事书**

书里没有同类型书籍当中常有的晦涩难懂的词汇和概念，也没有故作高深、套话连篇的理论推敲和说教，而是用一个一个真实精彩的故事串联起来，中间穿插作者的认识、点评和研究结论，读起来行云流水，毫无滞涩呆板之感。在阅读过程中，读者常常会在不经意间产生强烈的共鸣、震撼亦或是警醒。这些发生在真实世界的故事，从解决香草授粉难题、血管再生理念的创建、苹果手机的诞生过程，到幽门螺杆菌的发现；从可口可乐的诞生，到 DNA 的发现；从电影大师伍迪·艾伦的创作过程，到莱特兄弟发明飞机等。再加上一系列小故事、小典故点缀其中，让读者在轻松愉快的阅读体验里感悟哲理。

**其次，这是一本解构天才理论的哲学书**

这本书开篇就从“音乐神童”莫扎特被伪造的一封信谈起。这封信传达给我们的信息，是莫扎特所有伟大的作品，都是他独自一人心情很好时完整地进入他脑海中的，他不需要任何努力和准备，他所要做的就是从脑海里把它们写下来而

享受阅读时光

已。而且这封信在历史上，多次被用来解释天才们的创作灵感，多次被用来感叹天才们的创造力神话。阿什顿通过理性、客观、真实的调查结论，断然告诉我们，这封信是伪造的！不但这封信，自古以来那些诱人的有关天才的“顿悟”和“奇迹”都是错的！

这本书以此为开端，把它的丰富内容和深刻哲理徐徐展开，让我们随着作者的实践、思考和观察，逐渐发现具有挑战性的创新活动并没有所谓的魔法时刻，而是创造者们几乎花尽他们所有的时间来进行创造，尽管遇到怀疑、失败、嘲笑和拒绝，他们也一直坚持，直到成功。没有窍门、捷径或者是快速获得的方案，虽然结果很不平凡，但创造的过程却很平凡。

在这本书的结论中，至少有两点，让我深有触动。

第一点：无论是诺贝尔奖得主还是一个孩子，人们思考的过程都是相同的。创新的根源从人类诞生那一刻起就是完全相同的，那就是：看着某样东西，同时在思考“我怎么可以把它做得更好”。头脑不会飞跃，解决问题并引导我们创新的是观察、评价和重复，是站在前人肩膀上的循序渐进，而不是感知上的突然变化。

第二点：有想法并不等同于创新，创新是执行，而不是灵感。很多人都有想法，但很少有人为了制造出信念中的东西而采取步骤。这也就是很少有人能真正作出创新的真实原因。

## 最后，这是一本重新定义创新的格言书

翻开这本书的扉页，映入眼帘的就是音乐家塞隆尼斯·蒙克的一句格言："天才就是最像自己的人。"作者借用这句书眼式的名言，开始展开他的观点论述和思想世界。自此开始，全书充满了阿什顿风格的睿智格言，每一句格言都能让我们醍醐灌顶，深受启发；而每一句格言，都能够引出一系列的历史真相和案例实证。

在这里我摘录几句个人感觉较为精彩的文字，以当慧语撷珍：

创造不是魔法，而是工作。创造是出自寻常人寻常的工作。创造者要做的最重要的事是工作，最不能做的事是放弃。

创新没有捷径。路途是由许多步子组成的，它的形状既不是直的也不是曲的，而是迷宫那样的。

创新是一系列重复的失败，每一次失败都比上一次更好一点。最伟大的创造者是他们自己最大的批评者。

创造就是注意力。"技艺的真正秘决是要永远当一个初学者。"

当你感到有把握时，应该警惕。你正在受到确定感的侵扰；确定感就是懦弱，即逃避掉弄错的可能性；将确定视为仇敌，与怀疑交上朋友。

每一个创造领域都是一个广阔且相连的社区。没有哪位创造者能够配得上太大的荣誉，因为每位创造者都欠着别人许多的恩惠。

智力上有安全感的人不需要向任何人展示他们有多聪明，他们都以观察或实验为依据，而且都追求真理。智力上缺乏安全感的人需要向每个人展示他们有多聪明，并以自我为中心。比起动脑更擅长动手的人们，通常都拥有智力上的安全感。

书中像这样格言式的文字比比皆是，无法一一列出，留待读者阅读体悟。

我对《创造》一书的介绍就到这里。书中丰富的思想、案例、智慧以及有关创造和创新的真相，有待同学们亲自去发现，并享受阅读和思考的乐趣。

（2016年12月16日，在团委学生会读书会荐书演讲）

## 成败不会出现在青春的词典里

“十年磨一剑，一朝试锋芒。”今天各位同学即将离开母校，迎接人生中第一次意义重大的挑战。老师们与大家相伴三年甚至六年，依依不舍，但天下没有不散的筵席。现在这个时刻，是我们心怀憧憬和期待，目送同学们踏上征程的时刻。

此时此刻，我想代表学校，最后再送给同学们一个真心祝愿、一个诚心期望一个正心要求、三个用心建议。

一个真心祝愿：真心祝愿各位同学，在即将到来的高考中，取得令自己满意的成绩。

一个诚心期望：诚心期望各位同学，以跨出母校之门为新的起点，以青春的激情和热血为能量，去迎接更多的挑战，去创造更多的价值，去谱写人生更美丽的华章。

一个正心要求：正心要求作为交大附中的毕业生，希望同学们无论是在大学，还是将来踏入社会，都会永远抱有一颗感恩之心看待万事万物，怀有一颗爱国之心回报国家社会。

三个用心建议：这是我代表学校和老师，给同学们的经验之谈。

**一是平常心**

平常心就像这三个字，是“平常有的心”，是“平常的心情”，让你的心总保持在平静的状态，才能以不变应万变。平常心是考场正常发挥的最好保障。比如：你平常都吃定量的早餐，晚上都睡七个小时；考试的时候，也像平常一样睡七小时，早餐没有变化，就是有平常心。没有平常心的人，可能碰上考试只睡五个小时，早上为了增加体力，多吃了一些自认为增加体力和精力的东西，因为生理心理不习惯，反而可能在考场出问题。

**二是机警心**

毕竟高考是不平常的事情，心态上保持平常心的同时，我们还要对这件不平常的事“心生机警”。在进入考场的前一两天，要针对自己平时的考试经历和经验，想一想，自已有哪些曾经的行为习惯会影响考试，比如时间管理不当、拖延习惯等；想一想，进入考场时需要带一些什么物品，比如规定规格的文具、规定

我们毕业啦

携带的证件等，如有必要，个人必需的药品也应考虑在内；想一想，考试当天，自己准备采用什么交通工具到考场，主要路线和备用路线是什么；甚至想一想，当天要穿什么衣服和鞋子，有没有必要提前试穿一遍，等等。所有这些，都需要心生机警，提前准备，万无一失。

**三是自信心**

相信自己绝不是一句空话。你们的老师了解你们、相信你们，你们的父母更了解你们、相信你们。请记着他们的谆谆话语和信任目光，他们不会欺骗你们，请相信自己。

我知道面对高考，同学们容易产生各种担心或者恐惧。其实从以往毕业生的经验来看，很多时候，都是我们自己吓唬自己。只要合理设定自己的目标和期望值，拿出平常的自信和从容，在考场上正常地发挥，同学们都能够达到预先的期望，甚至实现超越。要知道，考取哪一所大学不是人生的关键，未来如何掌握自己的成长之路、如何成为优秀的人才、如何取得有意义的事业成就，才是人生的关键。

各位同学，请你相信自己的实力，一定会在这次挑战中实现自我。

以上就是我想与大家交流的建议：保持平常心，不忘警惕心，坚定自信心。

不想说再见，再见只是换一种方式陪伴；不想说成败，成败不会出现在青春的词典里。

只想说两个字：加油！

加油，交大附中的学子们！加油，胸怀鸿志的勇者们！加油，心想事成的斗士们！

（2018 年 6 月，在高三学生送行会上讲话）

## 请做好你自己的人生选择题

今天是一个值得我们记住的日子，因为今天是交大附中 2018 级新高一这个大家庭的全体成员——学生、家长、教师，第一次共聚一堂，为着共同的目标规划和憧憬未来的时刻。

我为今天的发言起了一个标题——“请做好你自己的人生选择题”。很巧合的是，前些天央视主持人崔永元在一次演讲中，也说到类似的观点，他说：“人生就像睡在一张试卷上，这张卷子都是选择题。”对此，我深有同感。

不是吗？大家在结束了初中美好的学习生活、经历了中考的历练之后，刚刚做了一次重要的人生选择，选择进入交大附中展开你们的高中生涯，选择了这里的同学和老师作为你们三年高中生活的同路人。所以，首先祝贺你们，成为交大附中新的希望和动力；其次要感谢你们，选择交大附中作为你们搏击人生理想的起点。是的，以此时此地为起点，你们将面临更重要的选择。那就是，你将选择和规划一个独属于你自己的高中生涯和成长道路。

特别是我们这一届新同学，是北京市第一届经历新中考的毕业生，又是未来北京市新高考的第二届考生。那么，学业和人生的规划和选择，对我们在座的每一位同学来说，更是非常重要。

而同学们所选择的这所学校——北京交大附中，则会为你们的选择和规划，倾其所能，不遗余力地搭建好支持你们自我成长、自我实现、自我超越的优质教育平台。这也是一所优秀学校的神圣职责和使命。在座的很多同学，都是本校初中的毕业生，你们对这所学校已经非常了解。交大附中的优秀，不仅仅体现在北京市示范高中校的品牌，以及以教育增值能力而著称的口碑，也不仅仅体现在它雄厚专业的师资，优异的高考成绩，以及学生们频频斩获的各项竞赛成绩。北京交大附中的优秀，更体现在它的教育目标、教育理念和历史积淀的校园文化。

建一所富有生命动力的幸福学校，是全体交大附中人一直以来不懈的追求。因为有这样的追求，所以我们信奉“学生在成长中体验快乐，教师在成功中体验幸福”的教育理念。我们经常自豪地说：交大附中有三宝：一为校训；二为课程；三为校友。

校训“饮水思源，爱国荣校”所代表的是，交大附中人代代传承的修身、立德、感恩、奋斗的立志明道精神，它是我们宝贵的精神财富与本源所在。

课程所代表的是，学校为学生们提供的育德、育心、育智、育美的幸福课程体系，以及以“感恩重责、阳光包容、博学笃行、健康雅趣”为目标的综合素质培养体系。

校友所代表的，就是交大附中人，也就是过去的、在职的、未来的教师们和毕业的、在校的、将来的学生们。这才是交大附中真正的主体和力量所在。

在座的各位同学，作为北京交大附中新一届的高中生，你们将选择成为一位什么样的校友呢？

新高一年级的王信老师，专门为高一新生写了一篇文章。在文章里，他是这样说的：“进入高中，意味着你将从少年走向青年、走向成人，将成为由感性思维转向理性思维的人，将成为一个德智体美劳趋于全面发展的人。柏拉图曾提出著名的人生三问：我是谁，我从哪里来，我要到哪里去。这三个问题对于现在的你们来说略显深邃，有些人究其一生也不得其果，但从当下开始，我希望各位同学能开始思考这三问，做好你的人生选择，赋予你的人生意义。”王信老师说出了很多老师想对同学们说的话。

万事万物都有其共性存在，无论我们选择什么样的答案，对于这三个问题，都会指向一种共性，那就是要追求一种意义，追求一种独属于自己的幸福意义。

在高中阶段，追寻什么样的幸福意义，就是我们面前最重要的一道选择题。但请记住，不管你选择何种目标，选择之后，必是奋斗，必是向着这个目标努力拼搏、孜孜以求、坚持不懈。熟悉交大附中的同学都知道，茅以升精神是我们学校师生共同的精神图腾，他代表着爱国、奉献、感恩、责任，尤其是代表着奋斗精神。茅以升先生有一句名言，流传甚广，他说：“人生一征途耳，其长百年，回首前尘，历历在目，崎岖多于平坦，忽深谷，忽洪涛，幸赖桥梁以渡。桥为何

名？曰奋斗！”

对各位同学来说，高中阶段，奋斗的主题就是八个字——“锤炼品格，刻苦学习”，这也是习近平总书记每次在对青年学生讲话时，经常挂在嘴边的叮嘱。出色完成自己的学业、完成自己的基础知识建构，这是你们无论如何也推辞不掉的责任和担当，也是你们的父母、老师、学校、社会对你们最起码的要求和期盼，更是迎接未来一次次人生竞争、考验的最低资本和筹码。为此，请你们一定要做好准备和决心，为之付出努力、心血、拼搏和艰辛。

在未来三年的时光里，我们希望每一位同学，都会创造独属于自己的奋斗故事，都会让你的奋斗故事不断地孕育、发生、展开、收获，你的老师和你的同学们会和你一起肩并肩，打磨和享受这个过程。

此外，我代表学校，与在座的各位家长交流一点想法。

在我看来，经营人生就像是一次不能失败的创业。学生们的成长过程，就是一次创业的过程。在这个创业过程里，有三个合伙人，一是学生，二是家长，三是学校。只有我们三个合伙人同心同德，携手共进，才能让这场创业精彩绝伦。

惠特曼有一首著名的诗，叫《有一个孩子向前走去》。诗中说：“有一个孩子每天向前走去，他看见最初的东西，他就变成那个东西，那个东西就变成了他的一部分；或者几年，或者连绵很多年，所有的这一切，都成了这个孩子的一部分。”这首诗相信很多人都读过。孩子在成长路上所遇到的一切，都可能成为他

迎着朝阳出发

们成长的一部分。这里面就包括老师、同学、朋友，当然更包括他们的父母。所以，我请求各位家长承担好父母的责任，面对你们的孩子、我们的学生，我们共同携起手来，相互理解、相互支持、相互配合，共同做好他们的合伙人。因为他们，才是这场创业的创始人兼 CEO。

俗话说：人之初识，言有未尽，义有未达。高中三年时间很长，有些话，我们可以慢慢交流，慢慢体会，慢慢践行；但不要忘了，三年时间又很短，转瞬即逝，我们要趁早立志，同学们，从今天起，请做好每一道你自己的人生选择题，选择和规划一条属于你自己的道路，下决心付出别人无法企及的努力。请相信我：将来的你，一定会感谢现在努力拼搏、勇往直前的自己！

（2018 年 8 月 17 日，高一迎新演讲）

## “规则”是什么？

今天，我们年级会的主题就是两个字：规则。

遵守规则是一个社会中的个体必须具备的生存条件，其实它对我们任何一个人来说都是常识。而恰恰是这种常识，决定了人与人之间文化素养、人生成就的高低上下之分。

我们都应该反思：我们有没有在日常生活中一直漠视规则？有没有在学习和工作中觉得规则让人得不到所谓的自由？有没有想过如果没有规则，我们生存的这个文明世界会变成什么样子？

著名作家梁晓声曾经用很经典的四句话来表达什么叫文化：植根于内心的修养；无需提醒的自觉；为别人着想的善良；以约束为前提的自由。我认为最重要的就是第四句话——约束就是遵守和尊重规则。在规则面前低头，是人类崇高精神的最佳体现，规则看守的世界，才是真正自由和美好的世界。

但确实会有一些人不懂得尊重规则、遵守规则的意义，甚至会故意违反或者破坏规则。短时间看来，这些行为好像没有给他们造成影响。不过，如果我们细心观察和长期跟踪的话，你就会发现，这些不尊重规则的人，在他的成长道路上，常常会不自知地，受到不同程度的损失、惩罚和教训，甚至蒙受巨大的损失。

学生提问

在我看来，规则可以分成三类：第一类是社会规则，就是作为一个公民在社会、公众环境、公共场所需要遵守的规则，我们上面讨论的案例基本上属于这一类。第二类是组织规则，就是我们所在的组织、环境里，大家需要共同遵守的规则，宏观的比如国纪国法、公民义务，微观的比如中学生守则、校规等。其实父母对你们的要求，也就是家规，也是一种规则。第三类是个人规则，就是我们每一个人对自己提出的要求，比如良好的生活习惯、高效的学习习惯、个人的作息时间、对自己的目标规划等。

对于同学们来说，我认为可以从身边的小事做起，养成遵守规则的习惯。比如在遵守社会规则方面，可以从遵守交通规则、遵守公共场所文明礼仪开始；在遵守组织规则方面，可以从遵守校规、遵守班级规则做起；在个人规则方面，可以从严格履行自己的作息时间和生活习惯做起。有了这些最基本的规则意识和行为，再由小及大、由近及远。

另外，既然这是关于规则的一个讨论，我想问大家一个问题：人工智能机器人和我们人类，谁最能更好地遵守规则？答案一定是人工智能机器人。因为这是算法决定的。但机器人只会知道该怎样，也就是只会知道遵守规则，但它永远不会知道“是什么”和“为什么”的问题，也就是规则到底是什么和为什么遵守规则。这也是算法决定的。只有我们人类，才会把“该怎样”“是什么”

和“为什么”综合在一起去思考。所以，我在这里提个建议：遵守规则是常识，讨论常识，其实是在说道理，我们可以少说一点道理，多讨论“规则是什么”和“为什么要遵守规则”的问题。相信大家充分讨论之后，对规则的意义和作用，会有更深刻的理解。

（2018 年 9 月 20 日，在初一全体学生会上讲话）

## 请用奋斗去选择你的人生意义

今天是一个值得我们记住的日子，因为今天是交大附中 2019 级新高一这个大家庭的全体成员——学生、家长、教师，第一次共聚一堂，为着共同的目标规划和憧憬未来的时刻。

我要感谢和祝贺各位同学，在经历中考的历练之后，作出了一次重要而又正确的人生选择，选择进入交大附中这所幸福学校，开始你们的高中生涯。选择这里的同学和老师，作为你们高中三年生活的同路人，成为交大附中新的希望和动力。交大附中也将一如继往，不负所望，本着“建一所富有生命动力幸福学校”的不懈追求，以“学生在成长中体验快乐，教师在成功中体验幸福”的教育理念、以“感恩重责、阳光包容、博学笃行、健康雅趣”的培养目标、以“育德、育心、育智、育美”的课程体系，为你们倾其所能，不遗余力，搭建好支持你们自我成长、自我实现、自我超越的优质教育平台。交大附中，将成为你们搏击人生理想的崭新起点。

今天，是同学们迈入高中生涯的第一天。未来三年，我和校长，我和我的同事们，会在各种场合，与同学们交流很多有关人生、有关成长、有关未来、有关理想、有关幸福的话题。但今天这第一次，我只有一个主题，那就是：请用奋斗去选择你的人生意义。

用奋斗去选择你的人生意义，首先是选择：懂得选择，学会选择，善于选择。

各位同学在中考之前，已经在选考科目的选择上小试牛刀了，不知道大家感觉如何？有没有体会到一点点自我负责结果、自我掌控命运的小意味？如果有，恭喜你，你已经隐隐体会到了选择的含义和重要性，不过我也要提醒你，人生试

卷的选择题，这才刚刚开始；如果没有，那一定是你的父母全面接管了你的选择权？可能表达不准确，应该说，一定是你把你的选择权利和责任，推给了你的父母。那我更要提醒你，人生的道路上，父母不可能永远替你作选择，你必须要慢慢学会选择并为自己的选择负责。

往远处看，高考时你选择什么样的大学，大学毕业后你选择就业还是继续求学，就业时你选择什么行业……

往近处看，就说眼前，同学们进入高中以后，面对新课改，面对新高考，你们马上就将面临一个重要的选择，严格地说是一系列重要的选择，选择课程、选择导师、选择考试科目、选择考试次数。一句话，每个同学都要根据自己的兴趣特长和志向，选择和规划一个独属于自己的高中学业生涯。而刚才说的远处的那些选择，倒推回来，将是你们当前选择的重要参考。这就叫“终局思维”。越早思考这个问题，你们就会越早确定自己的发展方向和成长路径。

有压力吗？不必担心，学校、老师，包括你们的父母，都会在这个过程里做好你们的引导员和辅导员。

关于选择的重要性，现在比较流行的说法是荣格的那句话——“选择决定你的人生”。同学们是否同意这个观点？我的答案是，这句话只对了一半。选择是人生的第一推动力，而要保持匀速和加速运动状态，则需要一个恒定持久的动力来维持，用以抵抗各种摩擦与阻力，这是物理规律所决定的。对同学们而言，这个恒定持久的动力，就是奋斗。

面对人生诸多选项，作出正确的选择很重要，能不能用奋斗和拼搏去实现你的选择、证明你的选择，更加重要。

所以，请回望我们的主题：请用奋斗去选择你的人生意义。

前一阵，有一位中学生的演讲在朋友圈里刷屏，演讲者是衡水中学的张锡锋同学，题目就叫《青春与梦想》。我想先与大家分享他演讲的一个片段：

“你的理想是诗，理想是梦，理想是远方的田野，理想是穿越世界的旅行。但现在你能做的所有，只是把手握紧，厚积薄发，你只有付出，付出你的时间，赌上你的尊严，拿出你的全部，你的 Everything。当别人打游戏时，你在学习；当别人睡懒觉时，你在学习；你含着泪在深夜里舞蹈，在回忆里奔跑，没有人在年少时想成为一个普通人。尽管生活会剥夺你的所爱，践踏你的尊严，把你踩在脚下，遍体鳞伤，但你，怎能倒下！你的身后，是挚爱的人。我告诉自己，总有一天，我会站在金色的舞台上，聚光灯打向我，摄像机对准我，所有的目光注视着我，我能站在台上侃侃而谈，此刻世界只有我一人，我要让平日里轻蔑我的对手知道，我要让他们亲口说出那三个字：你赢了。”

怎么样，很励志吧？很受鼓舞吧？相信大家看过之后，心中都会或多或少地有一种心潮澎湃、热血沸腾的感觉。不过我想问大家的是，除了这些，你静下心来，细细琢磨一番，各位还会感受到什么？体会到什么？还会人云亦云地讥讽那些所谓高考工厂的学生什么高分低能吗？还会感觉良好地认为远方的同龄人与我们毫无关系吗？

我想说的是，请各位记住，在未来三年的高中学习生活中，当你认为自己已经很努力、很刻苦，对自己、对父母、对老师说“我已经尽力了”的时候，请回想一下今天你看到的、听到的，提醒一下自己，还有无数你的同龄人，正在拿出比你决绝得多的毅力和决心，正在拿出比你多一倍甚至几倍的精力和努力，等待着未来与你同台竞争。

面对竞争，一般有两条路摆在面前，一条是把注意力放在对手身上，打击对手的弱点；另一条是把注意力放在自己的身上，放大自己的优势。对我们来说，对不起，只有第二条路，对自己下手，用奋斗来放大自己的优势。

在这里，我也想给大家提一点建议。最近我看了一篇文章，题目叫《人生就像捏柿子》，写得很有意思也很富有哲理。这篇文章提出一个方法论，非常值得我们借鉴和参考。把这个方法论换成我们的场景来说，那就是：要想实现你的人生选择和目标，需要秉持三个观点：第一在战略上，要选硬柿子捏，也就是我们上面说的，选择最硬核的、最有价值、最有意义的人生目标；第二在战术上，要挑软柿子捏，也就是找到自己擅长的、最感兴趣的、最有把握的学科领域，持续发力；第三在现实中，要敢捏扁自己，也就是对自己“心狠手辣”一些，用奋斗和拼搏激发自己最深处的能量。这是年轻人的资本，也是年轻人的使命。

不知道大家注意到没有，这个“捏柿子论”，强调战术方法，强调现实奋斗，但它首先强调人生目标和意义。

有人统计过美国常青藤名校在面试考生的时候，出现频率最高的15个提问。除了3个与学习成就和能力相关的问题之外，其他都是类似于这样的问题：你拥

学生运动会

有的什么东西对你来说意义最大？如果可以快速回放你的人生，哪两三个时刻让你历历在目？这个世界上什么最能打动你？你认为这个世界需要你做些什么？你是否经历过道德两难的局面？你是怎样解决的？等等。

你发现什么了吗？对，这些问题都直接指向你对人生意义和价值的看法。因为大家都知道，一个人对自己人生意义的看法和选择，决定了这个人的高度，决定了这个人能走多远。

关于人生意义这样一个宏大课题，自人类拥有自我意识以来，就一直被无数哲人不断思辨和拷问，至今也没有统一的答案。如果你去寻找关于人生意义的名人名言的话，我敢说，你会彻底晕掉的，因为一个人一个说法，一个人一种表达，千差万别。但即便如此，我可以肯定地告诉大家，依然有两个底层观点是古今中外所基本公认的，值得我们铭记。

第一，无论你选择和确立什么样的人生意义和价值，如果不是融入社会、民族、国家甚至人类的价值意义体系当中，你的任何选择都不会走得太远。

第二，人生的意义真的不是想出来的，而是活出来的、是行动出来的、是奋斗出来的，正如幸福是奋斗出来的一样。只有通过这条道路，我们才会真正懂得和实现人生的意义和价值，领悟人生的真谛。

好，请再次回望我们的主题：请用奋斗去选择你的人生意义。

交大附中之所以坚守“建一所幸福学校”的办学目标，就是因为，我们不仅仅认为，学校生活本身就应该是幸福而有意义的，更是因为，我们始终坚信，一所学校的使命，就是为学生寻找和发现自己的人生意义、实现幸福而有意义的一生，去培养他们良好的人格、意志、品质与能力基础。

海明威说：“人生最大的遗憾，是一个人无法同时拥有青春和对青春的感受。”我认为，能不能打破这个魔咒，完全在于我们自己。我们能不能在拥有青春的同时，去感受青春，去感受青春带给我们的无限可能，然后用青春的力量、青春的时光、青春的奋斗，去实现那些无限的可能，去实现那些属于自己的人生的意义和价值呢？同学们，我相信你们能，你的父母相信你们能，你的老师相信你们能！关键是你自己要相信，我能！

（2019年8月15日，在高一迎新大会上的演讲）

## 在军训中交出自己满意的答卷

今天，我们在此举行交大附中2019级高一新生军训闭营式。

两天前，我们来基地看望大家的时候，就看到同学们在烈日炎炎中，不叫苦不喊累，认真训练、一丝不苟的英姿，听到你们铿锵有力、气势磅礴的口号，那时我们就深信，你们一定会为这次军训交上自己满意的答卷！

刚才的汇报表演，就是最完美、最有力的证明。坚毅的面容、整齐的步伐、震撼的口号，你们用自己的意气风发和昂扬斗志，充分展示了本次军训的优秀成果，展现了北京交大附中学子朝气蓬勃、奋发向上的精神风貌，也充分证明自己圆满通过了这次意志品质的考验和纪律作风的锤炼。相信在场所有人都在由衷地为大家点赞。

从迎新会到今天，相隔虽然只有短短的一周时间，但我们欣慰地看到，步入军营后的你们，快速地成熟、成长。想家时的失落，伤病时的疼痛，训练时的疲劳，都成为同学们快速蜕变的催化剂。七天的军营生活，我看到了你们的集体主义精神不断升华，尊重与服从的意识不断强化，不断超越自我的优秀品格正在形

成。你们用自己的行动，奏响了高中生活乐章的第一个音符。

“翱翔号”是我们这个年级的代号，可以说，七天的军训，是“翱翔号”战舰的首航，祝贺你们首航成功！

这次军训，得到了军训基地领导的高度重视和大力支持，你们安排周密，保障有力，确保了军训的顺利进行。全体教官雷厉风行，尽职尽责，你们用坚定的政治素养引领学生，用过硬的军事素质带动学生，用优良的作风影响学生，用严格的训练、无私的关爱，树立了优秀的军人形象。请允许我代表全体师生说一声：教官们，您辛苦了！

过去的一周，我们的老师也一直陪伴着同学们。军训以来，各位老师牺牲了宝贵的假期休息时间，始终和同学们在一起。班级建设、批改军训日记，照顾生病的学生，很多老师克服了家庭和自身的各种困难，用积极的心态、高度的事业心与责任感，保证了军训工作的顺利进行！所以，也请允许我代表全体干部教师，也代表全体高一同学说一声：老师们，您辛苦了！

同学们，今年恰逢新中国成立70周年华诞，在这个特殊的年份，你们来到这里体验军训生活，相信你们更能切身体会军人的钢铁意志和神圣担当，更能深刻体会到今天国泰民安、美好生活的来之不易，希望你们能由此重新感悟爱国、担当、奋斗的深刻意义。这七天留给你们的昂扬斗志、如火激情、严明自律，都

学生军训

将是你们此生难得的收获和财富，我希望它们能够成为你们高中学习生活的不竭动力，成为你们未来三年幸福学习生活的品格基石！

（2019 年 8 月 21 日，在高一军训闭营式上讲话）

## 树立远大理想，做新时代有为青年

首先我要代表学校向各位家长们表达敬佩，敬佩你们能够与孩子们站在一起，共同参加学校特殊时期的升旗仪式，这是一次多么富有意义的亲子活动。

其次我要向各位老师表达敬意，尤其是各位班主任，感谢你们辛苦准备和组织同学，如期举行我们的每一次主题教育活动。

我还要向各位同学道一声“久违”，非常高兴，也非常难得，我们能一起用这种特别的方式，在这样一个特殊时期，共同向我们的国旗致敬、致心、致言。

**停课：我们成长不停**

同学们居家学习已经百日有余，这期间，有老师的倾心引导，有父母的悉心陪伴，有自我的静心磨炼。我相信，每一位同学都对这场疫情、对自然和生命、对国家和社会、对亲情和友情、对现在和未来，尤其是对新时代我们每一个人身上的义务和责任，都有了一个全新而深刻的认识和领悟。在党和国家的坚强领导下，在家庭、学校、社会的共同努力下，疫情没有阻碍我们的成长，反而让我们更加成熟和深刻；疫情没有消磨我们的意志，反而让我们更加信心坚定、斗志昂扬；疫情没有破坏我们的初心，反而让我们更加感恩爱国、懂得珍惜。

国际劳动节和五四青年节就要到来。我想和大家一起，带着对疫情时期的所有感悟和思考，在国旗下重新认识这两个纪念日，尤其是五四青年节所带给我们的精神力量和意义指引。

**爱国：我们精神相通**

百年前，在中华民族危难之际，以爱国、进步、民主、科学为核心精神的五四运动蓬勃而起。回首百年，这场声势浩大的革命运动，最鲜明的精神内核就是“爱国”，最响亮的行动口号就是“担当”，最坚强的核心力量就是“青年”。

我们总说传承五四精神，传承什么？就在这三个关键词里：爱国、担当、青年。虽然在中华民族伟大复兴的征程中，随着时代不同，我们每一代人所面对的使命和责任也不同，但是“爱国、担当、青年”这三个关键词所蕴含的意义和精神，却始终没有变，也永远不会变。

时代变迁，精神相通。百年前的中国热血青年，以刻骨铭心的爱国主义精神，响应国家危难、救亡图存的召唤，担当起民族振兴和报效国家的历史使命；今天的我们，更应该响应时代的呼唤、响应党和国家的召唤，以自己的青春理想、青春活力、青春奋斗，担当起中华民族伟大复兴的时代责任。

这段时间，中央坚定有力，国家政治安全、社会稳定有序对于我们的重要性，我相信对各位同学来说，不再是书本上的道理，而是已经转化为大家成长过程中的切身体验。疫情中一线医护人员的逆行坚守，各条战线上工作人员的无私奉献，都让我们知晓和铭记什么叫“中国脊梁”、什么叫“使命担当”、什么叫“时代责任”。有的同学在感悟中写道：“当国家有难时，无论你在哪儿，无论你是谁，你都有一个名字叫‘中国人’，心中始终沸腾着四个字：中国加油！”还有的同学感叹：“哪有什么岁月静好，都是有人在替你负重前行。我们一直都在被保护。”

这让我想起新闻节目里一位奋斗在抗疫一线的90后社工说的话：“2003年非典时期，全中国守护着90后；2020年，90后当然要守护着全中国。”没错，我们伟大的中华民族之所以能够自强不息、风雨不畏，国家之所以繁荣昌盛、傲立东方，就是因为我们一代一代人，尤其是青年力量，守望相助，精神相承，薪火相传。未来的中国，你们，才是中国梦想、中国精神的实力与活力所在。

**担当：我们立足当下**

展望未来，起点当下；理想高远，立足眼下。居家学习，给了同学们许多可以思考人生、反思自省的时间，也给了同学们重新理解每一个人当下责任和使命的机会。作为未来中国的希望所在、力量所在，同学们该如何才能担当好未来的这份责任和使命？问题很宏大，答案很简单：着眼当前，着手当下。

同学们可以问自己几个问题：

在疫情防控期间，我们有没有保持独立思考的习惯、锻炼思辨是非的能力？

在居家自主学习期间，我们有没有承担好自己的家庭成员角色，与父母、亲友一起相互理解、相互支持、共渡难关？

在停课不停学期间，我们有没有建立足够的自律和自觉，在老师的指导下自主完成学业？

在举国抗疫期间，我们有没有通过英雄的事迹汲取精神意志的滋养，有没有通过阅读和实践提升人文的修养和科学的素养？

我曾经在高三百日誓师会上送给考生们一句话："理想是当下的动力，目标是当下的方向，规划是当下的路标。"但若没有当下切实的行动、当下努力的奋斗，无论是理想、目标还是规划，也就都失去了存在的意义。

"修身、齐家、治国、平天下"是中国传统的道德追求和理想抱负。我也相信，每位同学心中都有一个"治国平天下"的士子理想，但别忘了，这个理想的实现逻辑，是从"修身"开始。

明天就是国际劳动节，我们赞颂劳动；国家和社会对你们成长的期待是德、智、体、美、劳全面发展，同样在强调劳动。新时代的劳动，含义丰富广延，在它的传统本义之外，更包括"知行合一、实践实干"。对我们新时代的学子来说，那就是着眼当前，着手当前，发奋努力，切实行动。

**青年：我们就是未来**

五四运动前夕，1918 年 11 月 4 日，梁济老先生问他的儿子梁漱溟："这个世界会好吗？"梁漱溟略微迟疑后，说："我相信世界是一天一天会往好里去的。"一百多年后的今天，中华民族已经走在实现民族伟大复兴中国梦的道路上，完美印证了梁漱溟先生的回答。回到当下，新冠肺炎疫情正肆虐于世界各国，中国在人类命运共同体中，正在努力展现出大国的实力与担当。但面对世界政治环境的复杂多变，经济全球化进程的空前挑战，难免又有人会问："这个世界会好吗？"

作为新时代的莘莘学子、热血青年、蓬勃少年，作为五四精神的继承者、发扬者，作为未来中国社会主义建设者和接班人，我相信，你们的回答一定毫不迟疑："当然会！"

（2020 年 4 月 30 日，在纪念国际劳动节暨五四青年节国旗下讲话）

## 团代会和学代会要发挥自治与引领作用

今天，北京交大附中第15次团代会和第20届学代会召开。在此，我代表学校，感谢和肯定上一届团委、学代会。过去的这一年，他们在校园活动、学生事务、学生管理、学习秩序和学校发展中，尤其是在新冠肺炎疫情防控期间，发挥了重要的组织、管理、沟通和引领作用。感谢你们，你们的努力和成就、你们的责任与担当，为学校的发展作出了卓越的贡献，为未来的团委学生会的同学们作出了优秀的表率和示范。所以我也有理由相信，新一届的团委学生会，一定会在以往工作的基础上，取得新的成绩，打开新的局面。

在大会前期，各位学生代表征集了各个年级和班级的意见，提出了一系列未来校园生活改进和提升的提案，对学校各方面工作提出了很多有价值的建设性意见和设想。我想，这些提案和建议，代表着全校同学普遍的需求和期待，这些建议、需求的解决和满足，首先就应该是新一届团委、学生会开展工作的出发点和基本依据。当然，学校的各个部门也会高度重视，会竭尽全力、竭尽所能，支持、满足和配合团委和学生会，一起把我们的校园建设得越来越好、越来越完善。

新一届的团委、学代会成立之后，学校各相关部门也希望能尽快和大家坐在一起，充分沟通、充分交流，共同去研究问题、解决问题。所以借这个机会，我也代表校长、代表学校，向各位同学表个态，学校一定会高度重视，积极改进。同时我也希望，各位代表和各位学生干部也去思考一下，在这些提案里面，有哪些意见和建议、有哪些不令人满意的现实想法。理想之所以能够变成现实，是因为有连接理想和现实的行动。

同样的道理，我们希望让自己生活和学习的校园越来越美好，这是我们共同的目标，连接这个目标和现实的，就是我们每个人切切实实的行动。就像一位作家所说的："这个世界上的大部分传奇，都不过是普普通通的人们，将心意化作了行动而已。"

所以，各位代表们，新一届的团委、学代会的同学们，只要拿出你们真诚、切实的行动来，我们的学校必然会越来越好。

今天的大会，各位候选人还要进行竞选演讲。在演讲当中，你们还会提出很多未来的工作设想和计划。所以，我也要对这些同学说一句，如果你们如愿竞选成功，请一定不要忘记你们的承诺和设想。最关键的是马上付诸行动，展现出你们的执行力和行动力。爱因斯坦有一句话说得好："看一个人的价值，不是看他取得了什么，而是看他用行动贡献了什么。"这句话，我与大家共勉。

（2020 年 11 月 19 日，在团代会、学代会上讲话）

## 爱国守法，做新时代公民

首先，祝贺各位同学。今天的成人礼，对你们的人生来说，是一个标志性的时刻，因为从今天开始，你们就要从传统意义上的少年时代过渡到青年时代，更重要的是从法律意义上正式步入成年人行列。成年人，这是一个多么美好而又沉甸甸的词汇。

每年在这个特殊的时刻，我都要代表学校，把这部《中华人民共和国宪法》，交到各位同学手上。而且历年的成人仪式，不管它的环节和内容如何创新、变化，但授予《宪法》这个环节，雷打不动。为什么？不是为了让你们去逐条阅读学习，就算你立志未来要从事法律或政治事业，现在开始研读也早了些。我们这个授予仪式，是把它作为一种象征、一种标志、一种宣言，更是一种庄严的契约，交到大家手上。

为什么这样说？

法国著名思想家卢梭在他的那部成名作《社会契约论》里，有一句著名的话："我们都是在成为公民之后，才真正开始变成社会人的。"也就是说，成为国家公民，才是真正的现代人、社会人的标志。

套用卢梭的这句话，我可以对同学们说："你们都是在成为年满 18 岁的公民之后，才真正拥有了《宪法》所赋予的一名公民的全部权利，包括选举权和被选举权。"

不过，我更想强调的是权利的另一面：义务和责任。马克思说："没有无权利的义务，也没有无义务的权利。"因此请同学们记住，在你们享有《宪法》赋予权利的同时，还要承担起《宪法》所规定的义务和责任，尤其是对国家、对社会的义务和责任。

平时我们总说爱国，爱国首先就要从理解《宪法》、敬畏《宪法》、遵守《宪法》开始。再过 6 天，也就是 12 月 4 日，就是我们国家的“国家宪法日”了，建议同学们关注一下媒体，看看我们党和国家是用怎样的庄重仪式，去庆祝这个纪念日，共同去感受这部代表国家意志、代表国家根本大法的国家宪法，它的至高权威和至上地位。

所以，当同学们今天接过这部《宪法》的时候，不仅仅是接过了你们的父母、老师、学校对你们的期望和嘱托，更是接过了国家和社会对你们的殷切期待和厚望。

从这个意义上来说，我认为，这本《宪法》应该是你们今天得到的最有标志性、最有意义的一件成人礼物了。

更重要的是，当接过这部《宪法》，你们自己就一定要领悟以下三个意味。

一是意味着责任。意味着从这一刻开始，你们要担当起更多的责任，包括对国家、对社会的责任，包括对父母的责任，更包括对你自己人生的责任。

二是意味着义务。意味着从这一刻开始，你们要承担起更多的义务，学会尊重和遵守更多的规则，学会帮助更多的他人，学会如何成为一个社会共同体紧密连接的一部分。

三是意味着权利。意味着从这一刻开始，你们真正拥有了追求个人最大幸福

在成人仪式上向学生赠送《宪法》

的权利，但请记住，它一定是在尊重和捍卫他人的幸福和权利的前提之下的。

三个意味，三句嘱托。请同学们记住这个时刻，敬畏这个时刻。

同学们，今天你们接过《宪法》，标志成人。我还希望未来有一天，你们当中有更多的人，能够手抚《宪法》，对它宣誓。那时，你们不仅是父母的骄傲，更是交大附中的骄傲。

“凡是过往，皆为序章。”如果我前面讲的都是序章，那都是为了最后要送给同学们的下面这句话。成人了，这意味着什么？意味着从今天开始，你们就要真正为自己的一切行为、为自己的一切未来负责到底了。

同学们，只要你真正理解了这句话，你转过头来再去看待现在的学习，看待即将到来的高考，你将会拥有另一种心态，看到另一番风景。

（2020 年 11 月 27 日，在高三学生成人仪式上的讲话）

# 第三章

## 凝心聚力：有效激发广大教师立德树人的根本动力

# 第一节　抓好师德师风建设

## 教师是学校的精神与文化宝藏

在座的各位老教师，对所有在职的交大附中教职工来说，都是前辈。

2015 年，我们各个校区、各项工作都无一例外地继续创造着优异的成绩，继续书写着北京交大附中向前发展的历史。特别是中高考，我们各校区、各分校都取得了不同的突破和优异成绩。以南北校区为例，高分段人数再次取得突破，并且在连续三年高考成绩优异的基础上，我校被社会各界誉为“北京市加工增值能力最强”的学校。

所有这些成绩和荣誉的取得，不是我们这些后辈一朝一夕取得的，而是我们在所有前辈取得成绩的基础上，传承与发展而来的，如果没有各位老教师为学校打下坚实的基础，我们现在的工作就一定会是空中楼阁，因为基础不牢、地动山摇，学校现在取得的成绩，是我们共同的荣誉。

学校文化，从某种角度上来说，就是大家共同的记忆。各位老教师头脑中的共同记忆，就是北京交大附中的传统文化。我们所有在职的北京交大附中员工，

离退休党员重温誓词

也正在用自己的方式，继承并发扬着这些优秀的文化、精神和经验；然后在继承的基础上，不断对自己提出新的要求，创造新的成绩。其实这也是我们在继承前辈们的工作精神。

老子说，吾有三宝，一曰慈，二曰俭，三曰不敢为天下先。前两宝其实也是各位前辈传承给我们的品质，但传给我们的第三宝，可不是不敢为天下先，而是"敢为天下先，舍我其谁"的进取精神。

我对学生们常说，北京交大附中有三宝，一曰校训，二曰课程，三曰教师。这里的教师，包括北京交大附中过去的教师、现在的教师和未来的教师，尤其是过去的教师，是我们的精神与文化宝藏。

（2015 年 12 月 26 日，在老教师新年大会上致辞）

## 致平凡中的伟大

有人说，教师节这一天，我们应该做的是三件事：纪念、庆祝和展望。

纪念的是从孔子杏坛授徒开始，到现在，世世代代为人师者，改变世界、普及众生的贡献和功绩。

庆祝的是我们作为教师这个社会角色的荣光和荣耀，庆祝我们作为教师以来的感悟和收获。

展望的是我们对未来教师生涯的自我发展和幸福期待。

所以我想借教师节这个机会，理直气壮地歌颂我们自己平凡中的伟大。

教师的工作和理想看起来很平凡、很平常，借用孔子的一句话，就是"老者安之、朋友信之、少者怀之"。老者安之，就是我们的前辈们对我们安心，愿意把他们的事业托付给我们；朋友信之，就是朋友、同事对我们的信任，愿意和我们一起合作、一起共事、一起创造；少者怀之，就是学生们离开我们之后，对和我们在一起的岁月念念不忘，并从中受益。

"老者安之，朋友信之，少者怀之。"说起来容易、平凡，但真的做到了这一点，又是何其伟大！

我们都知道爱因斯坦那句名言："如果人们忘掉了他们在学校里所学到的每

教职工运动会

一样东西，那么留下来的就是教育。”留下的是什么？就是我们教师以身传教，留给学生的发现真理、追求美德、创造幸福的勇气和能力，帮助他们成为成人、成为公民，帮助他们心智、感觉和创造力的萌发。请问，在这一点上，哪一种职业会比我们教师的职业更伟大、更美好？

我们都知道苹果公司创始人乔布斯的故事，但未必知道乔布斯和他的老师希尔的故事。乔布斯生前在很多有关教育话题的场合，都会强调一句话：“当你年轻的时候，一点儿小小的修正，会让你受益终身。”他的这个感悟，就来自于他的小学班主任希尔夫人给予他的重要影响。

上小学的前三年，乔布斯因为各种奇思怪想，成为令全校老师头疼的“捣蛋分子”，没有老师知道该如何教育他。

在乔布斯人生中的关键时刻，希尔夫人接纳他、走近他、了解他、分析他，对他发出任务的挑战，点燃他对学习的热情，同时提供工具和平台支持他参与各种制造和创新活动，将他引向了人生的正确方向。如果不是他在学生时代遇到希尔夫人这样的好老师，不是这位好老师发现并且激励这个所谓的差生，点燃了他对电子设备和机械制造的学习热情，现在世界上也不会出现第三只苹果的故事和

传奇。

我们教师每天就是在做这样的工作，就是在行使这样的光荣而又神圣的使命。所以，当我们被称为学生导师的时候，我们应该心安理得地接受。当然，我们更要不懈地为这个光荣而又神圣的使命努力着、奋斗着。

我们就是这样一群平凡而又伟大的人。

（2016年9月10日，在第32个教师节庆祝活动上致辞）

## 致理性的智慧

面对如今这个变化万千的世界、社会、环境，如果没有理性思考的智慧，一不小心我们就会随波逐流，困惑迷茫，甚至浑浑噩噩，不知所终。尤其是教育领域，更是面临着翻天覆地的变化，这些变化对教师这个职业、角色和功能都是一种考验，这一点相信教师们都深有体会。我曾经开玩笑地说，现在关于中小学教育改革的措施和政策，已经不能用“次”来计算，而是得用“波”来描述，后浪推前浪，一波接一波，似乎没有停止的迹象。现在社会流行的词是“消费降级”，我们教育界流行的词是“改革升级”。

第34个教师节庆祝活动

现在一系列的新课程改革，是一种倒推式的改革。确定下来的，是中高考的考试方式；不确定的，是由考查方式倒退回来的教育组织方式。大家都知道面临这样的中高考方式，需要选课、走班、人生规划、导师制，而具体怎样合理走班、怎样引导学生合理规划、导师工作怎样有效开展，各个学校的方式方法五花八门，各有各的应对、各有各的特色，都在摸着石头过河，都在一边探索、一边实践、一边研究、一边调整。这个过程中，每一位教师的智慧都是至关重要的。

有人说现在是工程师的时代，我觉得有道理。我们当教师的，就是这样的工程师。课改要成功，学校要发展，学生要受益，真正依靠的不是理论家、设计家，而是我们教师。我们教师群策群力，通过实践和思考得出理性智慧。

当然，作为一名教师，我们拥有的理性智慧可不止于此，它还体现在方方面面。

比如，不管课程改革如何变化，教学管理方式如何复杂，我们的理性智慧都会告诉我们，教学的本质是不变的，课堂的规律是不变的，师生教学相长的目标是不变的，我们会以不变的坚守应对万变的形式。

再比如，我们一直强调团队的重要性，强调团队中教师与教师之间的沟通、合作，甚至是同事友情的重要性。最近我与很多老师探讨过这个问题，很受启发。因为只要我们有足够的理性智慧，就会发现团队成员关系是否融洽，有时是取决于每位成员对他人的态度。对人态度有三种，一是虚伪，二是真实，三是真诚。我们当然不会虚伪，但却容易局限在真实，不愿向真诚迈进。而真诚，才是人与人相处和谐的关键所在。分辨和选择真实或真诚，需要我们的理性智慧。

德国著名哲学家叔本华有一句话：“能者达人所不达，智者达人所未见。”一份耕耘一份收获，奋斗和收益的比率曲线，大家都是相同的；而正是那些看不见的、说不清的、不确定的，但又往往决定高低上下、决定是否能与同行拉开差距的地方，才真正考验我们。

所以，今年的教师节，我没有谈精神，因为大家本就在自己的岗位上辛苦坚守；没有谈奉献，因为我们本就在为这个社会奉献；没有谈专业，因为不专业的话，我们也站不住这三尺讲台；不谈伟大，因为我们已经选择了教师这个伟大职业。今天，我们只歌颂智慧，理性的智慧，独属于教师的理性智慧。

愿每一位教师，都成为令人尊敬和信服的智者。

（2018年9月10日，在第34个教师节庆祝活动上致辞）

致精神的富足

从今天早上一进校门，我们的校园就充盈着节日的欢愉，相信今天我们每一位老师也都被各种祝福包围着，有来自亲友的，有来自学生的，有来自同事的，有来自家长的，更有来自可能你都记不起来的毕业生的。当他人的祝福还在持续当中，我们也要为自己庆祝一下，自豪一下。我们有理由，也完全有资格自豪一下。

在第三十六个教师节到来之际，习近平总书记指出，面对突如其来的新冠肺炎疫情，全国广大教师迎难而上，奋战在抗击疫情和“停课不停学、不停教”的两条战线上，守护亿万学生身心健康，支撑起世界上最大规模的在线教育，为抗击疫情作出了重要贡献。

教师在任何时候都是伟大而崇高的职业，在任何时候都在推动教育事业的进步，在任何时候都在守护亿万学生的身心成长，在任何时候都应该被尊重、被歌颂、被表彰。北京交大附中一直引以为傲的教育增值能力从哪里来？那个增值的部分，就是来自我们北京交大附中教师付出的心血、智慧和努力。

最近这段时间，我们学校接触到的各行各业的人相对比较多一些，尤其是周边单位，一方面是因为开学的多部门检查，另一方面也是为新的学年寻求多方合作，以丰富我们的教育资源和支持我们的教育教学活动。既然是寻求合作和共进，

第 36 个教师节庆祝活动

那么在和他们交流的时候，我们就得让他们深切地感受到、认识到，教师就是他们的战友，支援教师就是支援战友。所以，与政府部门比如街道的人交流，我就对他们说，这世上有两种职业最能维护良好的社会秩序，一是公务员，二是教师。你们负责让社会成年人各归其位，有序活动；我们负责让社会未成年人各归其位，有序成长。与卫生部门的人交流，我就对他们说，这世上有两种职业最是仁心仁德，一个是医生，一个是教师，你们医治人的身体，我们塑造人的灵魂。与公安系统的人交流，我就对他们说，这世上有两种职业最能教育人，一个是警察，一个是教师。你们是后发制人，制止错误的行为；我们是先发育人，引导正确的行为。与军人交流，我就对他们说，这世上两种职业最保家卫国，一个是军人，一个是教师，你们保卫国家的安全，我们保卫国家的未来。与企业家交流，我就对他们说，这世上有两种职业最讲究创新，一个是企业家，一个是教师，你们不创新就做不到基业长青，我们不革新就做不到教育新人。与农业部门的人交流，我就对他们说，这世上有两种职业最决定人的饥饱，一个是农业工作者，一个是教师，你们负责让人的肚子吃饱吃好，我们负责让人的精神吃饱吃好。因为我们教师，本身就是精神富足的人。

我一直认为，教师是世界上精神最富足的一群人。因为精神的富足，是建立在意义的丰满上。

北大教授汪丁丁讲过一个挺有意思的理论。他说：一个人花五分钟就能想清楚自己生活的意义，就是问自己五个问题，并诚实作答：第一，你是谁？这个问题都能马上回答；第二，你能干啥？大部分人也都能立刻回答；第三，你为谁干的？很多人这个时候就需要考虑一会儿了；第四，别人需要你为他干吗？他说，能回答这个问题的人，就很少了；第五，你做的事情干了，这些需要的人因此而被改善了吗？整个社会因此变得更好了吗？他说，就算很多事业有成的人，仍然被第五个问题难住了。

你看，我们精神富足的教师，就永远不会被这五个“意义问题”问倒：你是谁？我是教师。你能干啥？教书育人。你为谁干？为学生，为祖国未来的建设者和接班人。别人需要你为他们干吗？太需要了，要不你试试？这些需要的人因此而被改善了吗？整个社会因此变得更好了吗？当然！去看看北京交大附中的增值能力，去看看北京交大附中的毕业生，要不我再跟你说说北京交大附中今年的高

考成绩？

古希腊哲学家爱比克泰德有句名言：“我们生活中的大多数困扰，都不是来自事物的本身，而是被关于他们的意义所困扰。”在我看来，我们教师永远不会被意义的问题困扰，因为我们有富足的精神世界，所以我们才能有底气去谈追求幸福，建设幸福学校。

（2020 年 9 月 10 日，为庆祝第 36 个教师节致辞）

## 以道为源，师德自生——师德，是教育者永恒的话题

这个概念有时会被人们窄化。比如有些学校根据上级文件精神，制定各种版本的师德标准，这些标准以具体条目化的方式呈现和要求教师。但根据哥德尔不完备性定理的推演逻辑，像师德这样的文化概念，如果我们过于细化、具体化地制定规定条目，无论列出多少条，也是永远没有办法完全覆盖它的，总有一些具体行为，是条目里没有但又从属于师德范畴的。换句话说，这种窄化处理，会导致我们在师德建设工程中，对高尚师德的主动追求转向对底线师德的被动接受。关于此点，浙江师范大学的吕狂飚博士在他的论文当中就有过精辟的论述，并发出“警惕从崇高师德简单转向底线师德”的呼吁。

相对的，师德概念有时又会被我们习惯性泛化，这种现象比比皆是。例如近些年层出不穷的有关教师言行失范的热点新闻，如果我们冷静深入地调查分析，会发现其中部分问题事件的发生，其实涉及方方面面的因素，包括地方、学校制度运行的问题、家校长期矛盾激化而集中爆发在某个个体身上的原因、教师个体实发性心理疾病或精神问题等，但社会舆论往往不去反思如何深化教育制度改革、严格把握教师准入机制、教师培训与考核体系优化等系统问题，而是陷入“基本归因谬误”认知，把这些现象简单粗暴地一概都归类于教师的师德问题。

所以，我们推动和强化师德师风建设的过程中，首先就需要科学系统地认识师德概念，并深刻剖析师德生发和培育的根源性动力。

通常情况下，大多数人谈起师德问题时，经常会不自觉地把关注点投放在教师的外在道德行为表现上，继而去探讨具体化、条目化的道德规范与要求。但这

种做法往往忽视了师德本质上是一种由内生而外显的道德行为，它有其生发滋养的文化与精神的动力本源。这个动力本源，就是师道。我们在高调讨论教师师德操守问题的同时，绝不能忽视师道循守的基础性作用和本源性动力，也就是本文所探讨的“以道为源，师德自生”的内在规律。

## 一、本源之道，德之所生

谈师德，必先谈师道；师德操守源于师道循守。这一内在规律植根于“道”与“德”的辩证逻辑关系。

“道”和“德”的本初涵义，经常会因为“道”与“德”二字的连用，而被人们混为一谈，在不清晰的常识和概念的基础上展开讨论和评论，其效果是可想而知的。所以，我们需要分别对两者的本初涵义，作一个简要的辨析和说明。

从甲骨文演化而成的金文字形上来看，“道”大体是表达“走在大道上，远远就能看到对面来人的面容”的意思。而“道”作为一个哲学范畴的用字，其抽象喻理用法被公认为始于老子。老子借助“道”来表述天地运行的法则和自然规律，把“道”抽象为一个统摄万物的本体概念。所谓“道生一，一生二，二生三，三生万物”，“道”作为一种运行法则和客观规律，与“万物”之间有一种循序渐进的逻辑关系，贯穿于宇宙中的一切事物，自然亦贯穿人类社会的发展进程。《诗经》《左传》《国语》等早期儒家典籍，亦以“道”喻理，将当时的社会规则、人伦法则、自然规律逐渐向“道”融合，渗入好恶、正直、法则、理义等含义。

再看“德”。从甲骨文“德”的字形上我们可以直观地看出它的表意：“走在带有岔路的大道上，眼睛直盯着前方，一心一意往前走”，即“德”字表达的是“目视于途”“择路而行”的涵义。而字形中的“途”和“路”，在众多历史学家和哲学史家的观点上来看，就是从属于“规则”“法则”“理义”等含义的“道”。换句话说，顺“道”而行即为“德”。甲骨文中的“德”字最初没有心部，在金文中才出现。所以陈来先生认为：德字“从心以后，则多与个人的意识、动机、心意有关；基本含义有二，一是指一般意义上的行为、心意，二是指具有道德意义的行为、心意。由此衍生出的德行、德性，分别指道德行为和道德品格”。

从“道”与“德”的衍生过程我们可以看出，“德”的基本涵义最初是由择“途”、循“道”一路演化抽象而来，继而由强调德之“外在行为”，逐步进化

为强调德之“内在品格”。陈默和刘昆福两位学者在此基础上进一步认为，“道”是体现在各种实在的伦理关系之中的规律与法则，“德”是不断获得与体现伦理之“道”的动态过程，最终转化为自身的德性。基于二者本义和关系的讨论，我们基本可以得出以下观点：人们遵循“道”的运行法则和客观规律，深刻理解和践行天地之道、自然之道、社会之道、人伦之道、理义之道，“德”之内化与外显必也随“循道”过程逐渐孕育生发。简言之，“德”即是内化并外显的“道”，“道”即是“德”的生发之源。我们所熟知的王守仁“心即理也”，其论证似乎也遵循类似的推导逻辑。

同时，老子在《道德经》里，又对“道”与“德”的先后关系作出了深刻的哲学阐述：“道生之，德畜之，物形之，势成之。是以万物莫不尊道而贵德。道之尊，德之贵，夫莫之命而常自然。故道生之，德畜之；长之育之。亭之毒之。养之覆之。”可见，“尊道”才能“贵德”，道在德先，谈德，必先论道。继而，在此论述的基础上，老子提出了道德的最高境界——玄德：“生而不有，为而不恃，长而不宰。是谓玄德。”我们通常认为，玄德是圣人之德，平常人难以达到。但圣人之德，自古以来一直是中国传统文化中人们孜孜以求的最高境界。其中的代表人物便是被后人尊称为“孔圣人”的孔子。而孔子之所以被世人盛赞为“德配天地，道贯古今”的“万世师表”，就是因为他率先主张并身体力行“学而不厌”“诲人不倦”“有教无类”的师道精神。

我们现在说师道，一般是指社会对教师职业的应然规定性，主要包括教师的职业要求、责任、义务、规范以及评价等。它强调的是由外向内的强制性规定，是要求教师“应当如何”的外部价值导向。从社会学、政治学等角度上来说，这对一种社会性职业的科学规范是非常必要的。但正如《中庸》开篇所说：“天命之谓性，率性之谓道，修道之谓教”，从历史、文化、伦理角度上来说，我们更需要关注师道文化和精神的历史传承与丰富延展，如此才能保证由师道内化而生发的师德，彰显出它应有的高尚风范。

当然，对此二者的关系和界定，学者观点不尽相同，颇有争议。在此略举一二：比如张东娇教授在《教师职业道德教育指南》一书中的界定，把师道与教师职业道德规范近乎等同使用，基本认为“师道”与“师德”两个概念是对教师的同一种要求。再如教育学家陈桂生先生认为，师道是深层次上的师德，是教师的为师之道、为学之道、为人之道；师德是表层次上的师道，是教师必须遵循的专业道德行为规范；但另一方面，他又认为，“师道”和“师德”，不是“内化”说那么简单，二者是对教师的两种不同要求，师道主要牵涉为什么要当教师的问题，而师德则属于怎么当合格教师的问题。

作为中学教育一线的实践者，我认为上述两种观点值得商榷。二者等同论会导致“师道”和“师德”的概念界定不清与内容要求混同，使得我们在正确理解师道文化和实践师德的要求上，进入模糊混沌的认识状态。而二者分属不同要求的说法，存在着一定的局限性：中国师道文化涵盖教育理想、价值、思想、状态、风范、行为等方方面面的精神要素和内涵意义，这个庞大的文化精神体系不应该、也无法被限定在指导、解答因何从事教师职业的范畴；而师德师风建设也不仅仅只是从属于教师合格与否的底线规范层面，在遵从师道文化、发扬师道精神的前提下，我们所倡导的师德风尚远远高于“底线师德”。这也是为什么教育领域一直把“师德高尚、行为世范”作为教师职业目标和风尚，而非单纯强调师德底线类所谓合格标准的原因。

无论如何，我们不能将师道和师德的内容、内涵单维度简化，尤其是不能忽视师道对于师德的奠基性价值和源发性作用。只有秉持这样的思考方式，才不会出现“以道德的方式来教道德为何这样难”的社会之问。

如上所述，既然师道是师德生发的本源，那么作为新时代的教育者，所应循守和修炼的为师之“道”究竟包括哪些，笔者认为可以大体概括为两个方面：传统之道和时代之道。二者相辅相成、有机统一；传统之道在于继承发扬，时代之道在于与时俱进。

## 二、传统之道，德之所基

中华文化中的师道传统由来已久，源远流长。它是由各个历史时期学者大家共同对为师之道的总结与提炼，它所倡导的为师理想、价值、风范、状态和行为，为历代师者所共同追求、一心向往。不可否认，有些观点和主张早已不适合当代教师的思想道德要求，需要我们取其精华而去其糟粕，传统师道去粗存精后的精神内涵与优秀理念原则，对现代师德的生发和建设，具有强大的基础性继承价值。

按照现在大多数学者所达成的共识，真正明确开启对于传统师道精神的讨论

和实践，是从开儒学之先、立道统之始的孔子开始的。继孔子之后，经由孟子、墨子、荀子、董仲舒、韩愈、朱熹、王守仁等各历史阶段代表人物，一直到近代的蔡元培、张伯苓、陶行知、徐特立等教育家的不断继承和发扬，为当代师德的生发与彰显，提供了丰厚的文化根基和动力源泉。现从中撷取二三，略作明证。

### （一）关于“志教”

荀子说：“天地者，生之本也；先祖者，类之本也；君师者，治之本也。”并认为：“礼者，所以正身也，师者，所以正礼也。”历代教育家们就是从这样的高度来看待教师之业，继而热爱教育，立志为教育事业鞠躬尽瘁，死而后已。张载对这种志向作了高度的概括：“为天地立命，为生民立言，为往圣继绝学，为万世开太平。”

历代教育者把热爱教育、献身教育作为师道的首要，认为只有首先具备此种志向和精神，才能有资质和底色去谈为师之道，才会义不容辞地履行其他教师的职责义务。孔子有句名言：“学而不厌，诲人不倦”，这是他热爱教育、躬行践履、毕身于教育事业的真实写照。陶行知先生为中国的教育事业，“捧着一颗心来，不带半根草去”，辛勤耕耘，甘于奉献。这些立志于教育的教育家们，是我们学习的楷模；这种“志教”的师道精神，是我们师道传承的基础和前提。

### （二）关于“仁爱”

韩愈在《原道》中阐明：“博爱之谓仁，行而宜之之谓义，由是而之焉之谓道，足乎己而无待于外之谓德。”为师者，只有从博爱出发，具备仁爱之心，才会有理解学生、热爱学生的师德之外显言行。换句话说，教师只有达到仁义的方法与原则，才会产生不依靠外力而自觉产生的师德。

孔子终身倡导“有教无类”和“因材施教”的原则和方法，认为“自行束脩以上，吾未尝无诲焉”，坚持不论学生出生贵贱，一律施教，使之“成德达材”；荀子一生重视并维护师道尊严，但也同样强调“上之于下，如保赤子”“下之亲上，欢如父母”等师生仁爱关系；朱熹发扬孔子“诲人不倦”的精神，即使在病重卧榻之时，依然不忘为师仁爱授业之本，每遇学生来问辩，即使深夜，也会马上从病床上爬起来，为学生谆谆讲解。因此弟子们也以爱戴尊崇之心对师。在朱熹去世时，虽然官方严厉监视，不准送葬，但他的各方弟子前来者仍及千人之多；

同样，人民教育家陶行知更是提倡教师要热爱学生、关心学生，主动与学生接近、了解学生，达到与学生“共学、共事、共修养”的境界。

历代教育家对仁爱之道的身体力行，成为后世师者们学习遵循的典范，仁爱之心也成为贯穿中华传统师道一脉传承的内核精神。

**（三）关于“博学”**

有学者认为，传道、授业、解惑概括了教师工作的全部内容，也是教育行为的宗旨和教师道德要求的核心。而教师要想完成这三类教育工作的基本职责要求，则必须是建立在真才实学、博学专业的基础之上。

诸多先辈教育家们对这一认识和阐述非常透彻。朱熹在《白鹿洞书院教条》中，提出了“博学、审问、慎思、明辨、笃行”的师生为学规范，其中“博学”被列为师者为学之首；清初思想家王夫之提出“德以好学为极”“欲明人者必须先自明”，强调教师要勤奋好学，掌握渊博的知识，不好学，便不能养好德；继孔子践行的“学而不厌，诲人不倦”之后，陶行知也在《我们的信条》，一再强调“教师必须学而不厌，才能诲人不倦”“学高为师”的教师为学之道。

华东师范大学袁振国教授说：“谈师德，不能抽象地讲爱，最重要的是教师要有专业水平。拥有了较高的专业化水平，才能够担当起教师的师德。”袁教授所表述的教师专业化水平，正是传统师道中所强调的博学、勤学、好学的要求，这是传统师道传承的根基本分。

**（四）关于“行范”**

我认为，迄今为止对于传统师道的表述和定位最为精辟简洁的两句话，一是陶行知先生所强调的“学高为师，身正为范”，二是北京师范大学的校训“学为人师，行为世范”。两句经典哲言，皆在师者为学的基础上，强调师者之“身教”“行范”。

“行范”传统中最具代表性的人物当属孔子。孔子对待弟子，重言传，更重身教。他深知“其身正，不令而行；其身不正，虽令不从”，时刻不忘以身作则，用自己的行动举止作出榜样，以达到教育上潜移默化的效果。历代教育家也都在深厚学术思想和高尚品德修养的基础上，笃行为人师表、言行一致、以身示范的师道精神。墨子一生践履“言必信，行必果”“言行之合犹合符节”；孟子始终

强调“躬行实践，言行一致”；董仲舒提倡“善为师者，既美其道，有慎其行”；范晔以史学家视角解读“以身教者从，以言教者讼”；陶行知先生更是身体力行的表率，向教育者示范“身正为范”的具体要求，即“要学生做的事，教职员躬亲共做；要学生学的知识，教职员躬亲共学；要学生守的规则，教职员躬亲共守”。

可以说，师道中以师者“行范”行不言之教的传统，指引着教育者以自身躬行和德行示范，不断陶冶和影响学生，使学生在耳濡目染中收潜移默化之功，由此逐渐成为中国传统师道中育人育才的关键方法与途径，为广大教师所继承发扬，对我们现今的师德文化建设，具有提供强大本源动力、生发根基的重要意义。

## 三、时代之道，德之所进

大学教材《思想道德修养与法律基础(2013 年修订版)》一书中，对道德发展过程有比较严谨的表述：“我们所强调的道德概念，产生于人类的历史发展和人们的社会实践中，道德发展是一个曲折上升的历史过程，其发展的基本规律是与社会生产方式的发展进程完全一致。”师德发展亦是如此。

但正如“本源之道，德之所生”中所论证，个体是从遵循蕴涵在事物中的“道”之本源，获得、转化为一种个体的“德行”，从而形成一个内化并外显的实践过程。所以在师德的发展进化过程中，我们需要对其发展背后的本源力量有一个理性深刻的认识——正是由于随着历史发展和社会实践，各种事物蕴涵的“道”在不断丰富、延展，才推动和激发着道德发展呈现一个动态的曲折发展过程。师道和师德联动式的同步发展过程，自然也遵循着这个朴素规律。

时代的发展进步，毫无疑问，也在不断拓展并且赋予中华民族一脉相承的师道传统精神更深刻、更丰富的含义。而随着内涵意义和精神要素的不断拓展丰富，作为师德师风生发之源的师道，更会从根源上推动着新时代师德风范的发展和进化。

美国著名教育家杜威认为，教育者的责任仔细地分析起来，关键有三个要素：一是教师对于知识应负的责任；二是教师对于学生应负的责任；三是教师在教育活动过程中对于社会应负的责任。

我们在传统师道传承中强调“师者，所以传道、授业、解惑也”，所谓“传道”，就是教师应负的社会责任。究其“所传之道”，主要是指代相应时代、相应历史阶段的国家和社会的核心价值观念。那么，对于我们新时代的教育者来说，这个核心价值观的内容体系，毋庸置疑就是指社会主义核心价值观。

面对中国特色社会主义新时代、新使命、新征程的要求，作为承担新教育改革重任的主体力量，广大教师如何传承和发扬中国传统师道文化，如何通过“传道、授业、解惑”落实立德树人的根本任务，培育和践行社会主义核心价值观，为党和国家培养社会主义建设者和接班人，成为当代师道内涵发展和丰富的重要内容。同时，这个新时代师道文化发展建构的进程，将会直接影响到新时代师德师风建设的成效。所以，习近平总书记2014年在北京师范大学讲话时，特别引用了荀子的名言“国将兴，必贵师而重傅，贵师而重傅，则法度存”，来论述师道与兴国的关系。

事实上，新时代师道文化内涵对教师的要求，习近平总书记的系列重要讲话中已有论述。在2014年庆祝第30个教师节活动中，他向广大人民教师提出“四有教师”的明确要求，即要做“有理想信念、有道德情操、有扎实知识、有仁爱之心”的好老师；2016年教师节前夕到北京市八一学校考察时要求教师做“四个引路人”，即“做学生锤炼品格的引路人，做学生学习知识的引路人，做学生创新思维的引路人，做学生奉献祖国的引路人”；2016年12月在全国高校思想政治工作会议上提出“四个相统一”：“坚持教书和育人相统一，坚持言传和身教相统一，坚持潜心问道和关注社会相统一，坚持学术自由和学术规范相统一”；在2018年的全国教育大会上指出，培养什么人，是教育的首要问题，教育的根本任务，就是培养社会主义建设者和接班人。教师是人类灵魂的工程师，是人类文明的传承者，承载着传播知识、传播思想、传播真理，塑造灵魂、塑造生命、塑造新人的时代重任。

我们要坚持在中国优秀传统师道文化精神承继的基础上，持续展开新时代师道文化内涵的发展性重构与实践，新时代教师的师德师风建设和进步，自是水到渠成的生发呈现过程。

本文所探讨的“以道为源，师德自生”的观点，更多的是基于教师个体素养修炼而言，绝不是否认面向教师群体的外在社会规范和外在环境建设的必要性。对此笔者将针对教师群体性师德规范化建设专题，另文探讨并尝试提出一个理想的师德建设学校环境模型。另外，我们在探索“以道为源，师德自生”的思考与

实践途径时，还应该关注“尊尚师道，德之所存”和“幸福之道，德之所得”的问题。虽然限于中心论点，本文没有涉及这两个主题，但我们必须深刻认识到：以道为源、师德自生的前提是尊师重教。宋人叶时有言：“师道不立则天下无善人”，师是道的传承者，重道必先尊师，只有继承与弘扬中华民族尊师重教的优良传统，才会有师道尊严的存在，才会有师道传承发扬的可行。

（原文刊载于2019年第04期《中国教师》大家关注版，有改动）

## 以道为源，做配享幸福的教育者

师德，是所有教育工作者永远绕不开的一个话题，经常被我们挂在嘴上。尤其是现在，至上而下，从中央到地方，从政府到社会，从教育部门到教育基层，都在讨论师德师风建设这个话题，我们各个基层的学校，更是把师德建设放在一切工作的首位。平时也经常听到一些学校的校长书记或者教师，展示和宣讲自己学校教师队伍的风采、素养和美德时，我都会由衷地为他们点赞，油然而生敬佩之情。当然，我同时也会下意识地想到：“我们北京交大附中的教师也是这样优秀，师德师风也是这样高尚。”这听起来好像是攀比附会，但这是我内心的真实反应，就像托尔斯泰那句话，“幸福的家庭都是相似的”，优秀的学校、优秀的教师也都是相似的。

我首先谈一谈对师德的认识和理解。

### 一、常讲师德，不如让师德落回人间

为什么先谈对师德的认识和理解？因为在我看来，现在很多人，包括我们教师自己，都对师德的讨论和看法存在一些认识误区。

首先，师德这个概念有时会被人们窄化。比如有些教育单位根据上级文件精神，制定各种版本的师德标准，比如前一阵子在网上炒得沸沸扬扬的“三个办法一个清单、史上最严师德考核”。这些标准以具体条目化的方式呈现和要求教师。但制定者一定没听说过逻辑数学里著名的哥德尔不完备性定理，按照这个定理的推演逻辑，像师德这样的文化概念，如果我们过于细化、具体化地制定规定

条目，无论列出多少条，也是永远没有办法完全覆盖它的，总有一些具体行为，是条目里没有包括但又从属于师德范畴的。就拿这个考核标准作例子，条目里说："上课迟到、早退"是违反师德没错，那占用早自习讲课算不算？严重拖堂算不算？没说。条目里说："不经常与家长沟通，不适时走访家庭"算违反师德没错，那事无巨细都给家长打电话痛诉算不算？为完成家访规定次数而完成家访、多一次也不去算不算？条目里说："体罚学生变相体罚学生"是违反师德没错，那学生上课不听讲睡觉就由他去放手不管算不算？上完课就走学生答疑找不到人算不算？如此等等，要列多少条目才能说得全呢？

换句话说，这种窄化处理，会导致我们在对师德的认识和建设中，把对高尚师德的主动追求，直接导向对底线师德的被动接受。所以才会有学者呼吁："我们要警惕从追求崇高师德，简单滑落到追求底线师德就好的境地。"

相对的，师德概念有时又会被我们习惯性泛化，这种现象比比皆是。例如近些年层出不穷的有关教师言行失范的热点新闻，如果我们冷静深入地调查分析，会发现其中部分问题事件的发生，其实涉及方方面面的因素，包括地方、学校制度运行的问题、家校长期矛盾激化而集中爆发在某个个体身上的原因、教师个体实发性心理疾病或精神问题等。但社会舆论往往不去反思如何深化教育制度改革、是否严格把握教师准入机制、教师培训与考核体系是否完善等的系统问题，而是有一种"基本归因谬误"的心理导向，把这些现象简单粗暴地一概都归类于教师师德问题。还真是把师德当成一个"大筐"，什么都要往里面装。

这两种倾向和理解方式，都应该是我们在师德建设过程中，要引起思考的。

其实还有一种对师德的不恰当认知，我把它叫作"脸谱化认知"，这种现象更加普遍，更应该引起我们的注意。它往往是很多教师反感大谈特谈师德的原因。

我想先介绍一位我们学校的语文教师——邢国英老师。

他在北京交大附中是一位令人尊敬的长者，已经拥有37年教龄，平日恬淡儒雅、待人温和，在同事当中拥有很高的口碑和声望，同事们有什么工作中、生活中的困惑，都会主动请教他，甚至碰到同事间的纠纷争执，都会请他来调和劝解，大家也愿意听他的意见。曾经有一段时间，我也很纳闷，邢老师并不是学校语文学科里唯一的专家型教师，也不是能言善辩、长袖善舞的人际关系能手，更没有做过世俗意义上令人羡慕的所谓大事，平时更是默默无闻、难见发声。这种

口碑和声望是从哪儿来的呢？是来自什么轰轰烈烈的功绩吗？是来自什么特级教师、学科专家的称号和身份吗？都不是。后来我明白了，邢国英老师的声望，就来自他在日常工作生活中对教师这个职业表现出来的敬畏之心、敬畏之行。他从来不去表达或者说教作为教师应该遵守什么样的道德、表现出什么样的风范，只是把自己的教学工作当作打造精美的艺术品一样，精雕细琢、一丝不苟，每一节课的备课过程，他都会像准备一场毕业论文一样，严阵以待、竭尽所能；每一堂课，都是味道十足、诗意智慧，让学生如沐春风，享受思想碰撞和知识洗礼。用一位毕业生的话讲："邢老师的课，是用心灵感动心灵，用灵魂塑造灵魂，用智慧开启智慧，用人格砥砺人格。"

邢国英老师从来不去大讲如何爱学生、尊重学生，但对于学生的每一个问题，无论课上课下，他都会认真解答、不厌其烦。因为某一位学生的问题，他把自己泡在图书馆查阅检索、思考求解一整天，是他经常的状态。他也从来不去标榜同事间应该怎样互相关心、团结友爱，但当同事尤其是年轻教师专业上遇到困难，求助到他时，他会连续听这个教师几周课，帮助这位教师把脉过程、诊断问题，寻求解决之道。就是这样一位教师，当别人称赞他的时候，他都会一脸茫然，说："我没特别做什么呀，这不本来都是我们老师的日常工作嘛。"

在这里我想多说几句，我们今天有些人总在说，现在的很多学生已经不懂得什么叫"尊敬师长""尊敬父母"了，面对老师应答和态度也经常不恭不敬。不得不承认，我们平时的确遇到过这样的学生，但我想提醒的是，这样的学生古来有之、近代有之，不只是现在才出现，关键是我们要分析这种现象的成因。成因很多，有家教的原因、社会的原因、心理的原因等。但从邢国英老师的例子当中，我们可以深入地反思一下，如果每一位教师都对自己的这份教书育人的职业毕恭毕敬，存有敬畏之心，就像邢国英老师这种骨子里的尊重和敬畏自然而然就会体现在他的日常教育行为中、流露在他与学生的互动中。面对这样的老师，接受这样的身教和熏陶，他的学生会有多少不懂得尊师之道呢？这就让我想起前几年热传的一个视频，一位老教师在台上上课，学生在台下打闹喧嚣，甚至对骂，而整个过程，这个教师竟然视若未见，旁若无人，自己讲自己的，你们闹你们的。我猜他想的是，我的工作就是讲完这节课，其他与我无关。这位教师对自己职业的这种态度和定位，又怎么能让学生反过来尊重你呢？

我为什么要跟大家讲邢国英老师的故事，就是想说，我们有时，对师德这个概念有一个“高调化”理解。也就是我们在每每谈及师德时，总是会把“师德”这个概念，或者把高尚师德的教师形象，在自己的脑海中脑补成一种“高大上”、或者一种“春蚕到死丝方尽”的决绝惨烈、或者一种“蜡炬成灰泪始干”的苦情悲壮。可实际生活中呢？绝大多数师德无瑕的教师，都是在自己的教育岗位上平平凡凡、兢兢业业、勤勤恳恳，没有什么惊天动地的丰功伟绩，没有什么感天动地的催泪事迹，而且还时不时享受着这份职业带来的一些小满足、小成就，从来没有想过去伟大，也从来没有想过去高尚。但就是在这些教师的陪伴呵护下、在这些教师的谆谆教诲中，一届届学生走向他们的健康成长之路，走向他们的幸福人生之路。这些，我们都能做到。

这样的教师，算不算师德高尚？算不算“学为人师、行为世范”？当然算。就像我讲的邢国英老师，他从来没有什么所谓的丰功伟绩、惊人之举，但也从来不妨碍大家用这八个字来形容他、赞颂他。就是这样普普通通的教师们，作为教师队伍的主体力量，用自己默默无闻的耕耘、数十年如一日的坚守，在日常诠释着师德的真义。讲师德，我们不应该抬高轿、唱高调，要让师德的概念，落回到教师的平常、落回到教师的平凡岗位、落回到人间。

## 二、传统师德要求与新时代师德要求的关系是什么

可以说，不管是教育界还是非教育界，谈到教师职业道德问题，都离不开“传统师德”与“新时代师德”这两个词。现在我们树立师德标兵、评选师德先进，都会用“新时代师德榜样”之类的词语去赞誉他们。

那么，什么是新时代师德？新时代师德要求与传统师德要求是什么关系？我觉得，这是我们教育者一定要有一个清晰的、深刻的认知。

习近平总书记关于教师职业要求的系列论述已有要求。

2014年，习近平总书记提出“四有教师”，即要做“有理想信念、有道德情操、有扎实知识、有仁爱之心”的好老师。

2016年，习近平总书记提出“四个引路人”，即“广大教师要做学生锤炼品格的引路人，做学生学习知识的引路人，做学生创新思维的引路人，做学生奉献祖国的引路人”。

2016年，习近平总书记提出“四个相统一”，即“坚持教书和育人相统一，坚持言传和身教相统一，坚持潜心问道和关注社会相统一，坚持学术自由和学术规范相统一”。

2018年习近平总书记提出，培养什么人，是教育的首要问题，教育的根本任务，就是培养社会主义建设者和接班人。强调了六个“下功夫”：要在坚定理想信念上下功夫；要在厚植爱国主义情怀上下功夫；要在加强品德修养上下功夫；要在增长知识见识上下功夫；要在培养奋斗精神上下功夫；要在增强综合素质上下功夫。

这六个“下功夫”，我认为其实都是直接指向教师队伍建设和师德建设的各个维度。习近平总书记强调，教师是人类灵魂的工程师，是人类文明的传承者，承载着传播知识、传播思想、传播真理，塑造灵魂、塑造生命、塑造新人的时代重任。

《道德经》说：“道生之，德畜之，物形之，势成之。是以万物莫不尊道而贵德。”“尊道”才能“贵德”，道在德先，讲师德，必先讲师道。我们今天礼敬和尊称孔子为先师，就是因为他是师道的首倡者。“志于道，据于德，依于仁，游于艺”，至今都是中国传统师道的精辟论述。

顾明远先生曾经在敬德书院抛出一个问题：“为什么只有中国人特别爱讲师德，为什么国外不说师德问题？”就我个人的看法，国外尤其是欧美国家，的确难以见到教育界谈师德的问题，但注意观察和研究的话，你会发现，他们不是不谈师德，而是把它变成一种具象化的西方表达方式，那就是“教师职业精神”“教师职业规范”和“教师神圣义务”。如果用中文抽象化地概括起来，其实也就是我们传统文化中的“师道”。

所以，我们在师德建设的过程中，一定要认识到师德生发的根源性动力在哪里，就在于师道精神，尤其是传统师道精神的继承和发扬。

这就是我今天为什么以“以道为源”作为交流题目的第一个词。我们今天讲师德，首先就要谈师道的继承。

那么接下来，我想就交大附中师德建设的实际情况，谈一谈“以道为源，师德自生”的观点。

## 三、以道为源，师德自生

在我看来，师道继承既包括广义师道的继承，主要指对中国博大精深的传统师道文化的继承；更包括狭义的师道传承，主要指教师对所在学校的历史文化和传统精神的继承。

之所以我敢于强调“以道为源、师德自生”的观点，就是因为，交大附中教师队伍的师德建设过程，就是交大附中传统师道文化的继承发展的过程。

北周庾信《徵调曲》中有一句话：“落其实者思其树，饮其流者怀其源。”“饮水思源”，就是交大附中的校训；我们的校训还有一句“爱国荣校”。

“饮水思源，爱国荣校”，就是交大附中60多年历史，由代代教师、届届学生，凝聚、积淀、浓缩下来的学道精神和师道传统。

每一代交大附中人，都会以自己的信念和行动，在传承的基础上，不断丰富和发展它深刻的内涵和承载。我下面就从它丰富的内涵当中，挑选几个精神因子，以点带面，管窥我们的师道传承。

### （一）“课比天大”

在交大附中的校园里，立着这样一块铭记石，上面只刻着四个字：课比天大。它的出处不是名家，但对交大附中人来说，胜似名家。它是我校退休教师吴希慧当年一句质朴的名言。

那个时候，吴希慧老师的母亲年迈需要照顾，所以她每天要在自己家、父母家和学校三个地方来回奔波，每天路程累计将近30公里，她当时只能靠公交和步行。这种状态持续了很多年，但吴希慧老师不但从没有迟到一节课，连自习课、集体备课、辅导答疑都没有缺席过一回。有一次她赶上突降大雨，从父母家赶到学校时，浑身都被浇透了，一位老师在教室门口看到她这个样子，就说：“你就不能请回假吗？”吴老师随口回了一句：“课比天大，没事。”这就是这句话的出处。

课比天大

在一次交流会上，当同事们赞扬吴希慧老师时，

她说："我不觉得这有什么特别的。课比天大，我们做老师的不就应该这样吗？再说了，这不是什么外在的要求，而是我自然而然的内在想法。而且'课比天大'这句话也不是我凭空提出来的，是咱们学校老师对待课堂、对待学生、对待同事的态度感染了我。我的师傅陈杰老师，从教30多年从未丢过课，他的家里负担更重，我这算什么。我只是尽到了一名老师的本分而已。"

于是，自那时起，"课比天大"这句话就在交大附中广为传颂、扎根生叶，成为交大附中师道传承的重要基因。

志耀精神

### （二）"志耀精神"

新时期，党中央向广大干部和党员提出要有新担当、新作为的号召。在交大附中，干部教师历来就传承着一种"敢于担当，甘于奉献"的"志耀精神"。

在我们校园的17面幸福文化墙当中，有一面墙的主题是"克难"，上面纪录这样一段文字："直面问题而克难，方能体会成长之快乐。学校首创北京高中混声金帆合唱团，屹立至今，即缘于'志耀精神'，志之所趋，无远勿界。"

这位首创北京高中混声金帆合唱团的就是张志耀老师。到今年，张老师已经80岁高龄。退休后的20年，他依然心系学校的艺术教育工作，还在为学校的金帆合唱团指导排练、传带教师。追溯到1984年，当时的交大附中各方面条件都很艰苦和简陋，但是为了响应学校发展艺术教育的号召，也为了满足学生们热爱歌唱和对艺术的追求，张志耀老师排除万难，主动担当起组建学校合唱团的重任，带着学生们，一步步从零做起，把它建成了北京市第一个高中混声合唱团。走到今天，交大附中金帆合唱团创造了无数辉煌的成绩。在这几十年里，张老师一直坚守在一名音乐教师的平凡岗位上，默默无闻，勤奋钻研，打造、呵护、陪伴着金帆合唱团，为学校培养了一届届优秀的金帆学生，带出了一批批优秀的音乐教师。

如果问，交大附中如今的教师们，心中有没有一位教师偶像，他们一定会告诉你：有，就是张志耀老师。正如他的徒弟王雅吟老师所说："张老师把一名人民教师敢于担当、甘于平凡、乐于奉献的师德精神，在我们面前展现得淋漓尽致。在他的示范和感召之下，我们这一代的交大附中教师，怎么可能不把这种精神一代代地传承下去呢！"

新华之仁

### （三）"新华之仁"

"四有教师"的标准，大家耳熟能详。仁爱之心，是师道精神和师德文化的根本。王新华是我校一位普普通通的物理教师，他和学校其他教师一样，工作中兢兢业业，一丝不苟，热爱学生，关心同事。2007 年冬天，王新华老师不幸患上重病，在生命垂危之际把学校领导叫到身边，留下一份遗嘱，家境并不宽裕的她，要求拿出自己积蓄的 20 多万元，在学校设立新华奖励基金，专门用于奖励在学校教育当中有突出贡献的优秀教师和崇实尚学的优秀学生。

桃李不言，下自成蹊。王新华老师用自己的行动，完美地诠释了什么是师者的仁爱之心。当那些优秀的青年教师接过"新华基金"的嘉奖时，无疑也是接过了交大附中教师的师道传承。

这张"新华基金"奖状的主人，是我校的牟柏林老师，现在是学校的数学教研组长，就在今年获得了"北京市师德标兵"的荣誉称号。这就是对交大附中师道传承的最佳证明。

当然，我还想列举出更多的交大附中师道传承基因，限于时间，我就先介绍这三位教师的故事。正是这种校训精神为代表的、代代相传的师道精神，在一代代交大附中教师那里一脉相承、历久弥新，成为交大附中滋养和培育新时代师德文化的丰厚土壤。

## 四、以道为源，以法为常

当然，这些师道传统，或者说这个师德文化场，需要我们精心维护。

所以，接下来我要说说"以道为源，以法为常"。也就是我们信奉"以道为

源，师德自生”的同时，不仅要坚守传统、发扬传统，更要在制度规范和文化建设的基础上，持续不断地维护和强化交大附中师德文化场。

因此，我们认为，师德建设有两种途径：一是自内向外的美德养成，二是自外向内的规范约束。如果说，以上我说的属于交大附中教师的师德传承自生，下面要说的就属于学校自外向内的师德规范建设工作，以法为常。

**（一）发挥党建作用，引领价值风尚**

立德树人，师德建设首当其冲，这是学校党组织的重要任务。所以，学校各级党组织，充分发挥战斗堡垒作用和党员先锋模范作用，开展一系列师德建设和规范工作。

立德树人，干部先行——在交大附中的《干部公约十则》中，第一项就是“立德树人，干部先行”。学校党组织坚持党管干部的原则，在选人用人育人中发挥主导作用，严把“选—学—炼—引”四个环节的制度规范。在“德、能、勤、绩、廉”五个干部考核维度中，尤其看重德和廉的标准，把思想政治素质和品德修养作为干部选拔任用、年度考核以及民主测评的首要内容。

去年，学校集团范围内评选群众信服的好党员，有一位干部以高票排在首位，他就是交大附中分校执行校长程学军。

2012年，交大附中积极响应市教委城乡一体化建设要求，承办原密云四中，将学校更名为“交大附中密云分校”。当时急需一名本校干部常驻密云，承担执行校长任务。时任交大附中教学副校长的程学军毅然接受学校安排，奔赴密云，在密云一待就是三年。在此期间，程学军校长家里发生了很多状况，上小学的儿子因为缺乏父亲陪伴成绩急速下滑，老人生病住院只能由他的爱人独自照料，他本人的身体状况也频亮红灯。面对这些困难，程学军校长从来没有向学校提过任何特殊的要求或者抱怨，只是利用周末时间在密云和北京城两头奔波。每周一的早上6点50分，他总会准时出现在密云分校的门口，迎接师生入校。就这样，程学军校长团结和带领密云分校全体师生，用三年时间，把这所当地的薄弱校逐渐建设成为当地人民群众认可的优质校。

这就是交大附中的干部。程学军校长以自身的行动，示范了交大附中人“以德为先，干部先行，行为世范”的品德信条。正是拥有一批像程学军这样的优秀干部，交大附中连续多年在海淀区每年一度的干部测评中，群众满意率始终名列前茅。这一方面反映了交大附中教师对每位干部的认可和信服，另一方面干部的示范作用，更在相当程度上带动了教师队伍的师德师风建设。

师德规范，党员带头——交大附中党委多次组织“合格党员标准大讨论”，在讨论中，党员教师们把“四有教师”“四个引路人”标准和党员“承诺亮诺践诺”相结合，形成集体共识，那就是交大附中的党员要发挥好“六个带头”的作用。

带头传递正能量：党员要乐观、阳光、包容，给身边人带来正能量。

带头读书学习：党员要带头坚持优秀的学习习惯，不断提升自我。

带头立德树人：党员要带头当班主任、带头关心所有的学生、关心学生的所有。

带头上好每一节课：党员要带头落实“课比天大”的教师文化，做出表率作用。

带头教育科研：党员要带头承担学校的“微项目”及各级课题，带动全体教师营造良好的科研氛围。

带头落实学校的各项要求：对学校安排的工作任务不推诿、不打折，积极主动落实并取得成效。

可以看到，这六个带头的内容，没有什么轰轰烈烈、高不可及的口号，都是作为一名普通教师，通过努力都能够做到的标准和态度。这也恰恰体现了交大附中教师的风格底色，低调内敛、踏踏实实、忠于职守、甘于奉献。

我校党员教师正是通过塑造这种让群众看到见、够得着、学得会的示范形象，带动全体教师共同成长，共同形成优秀的师德风尚。

才滨老师是我校党员教师队伍中的普通一员。作为一名青年教师，她从入职以来就连续承担班主任工作，对立德树人的根本任务有自己独到的心得体会。每次带班，她的第一堂班会一定是带领学生讨论“我要成为什么样的人”：是做拥有远大理想、包容态度，对社会有贡献的人？还是追随社会流俗，做一个精致的利己主义者？她会引导学生就“做人，做事，做学问”达成共识，把“做人”放在首位。到现在为止，她的学生，不管是毕业的还是在校的，都会一直坚持利用节假日时间去各种地方做社会志愿者，常年如此。

才滨老师经常说：如果能让学生除了关心成绩，还能具有包容万物的心胸，拥有悲天悯人的情怀，树立爱国荣校的抱负，这就是立德树人了。

“六带头”的最后一条，是带头落实学校的各项任务，不推诿，不打折，主动落实。这条难吗？看起来不难，但有时候需要党员来做表率。

再介绍我校的一位老师——田福君。2014年的时候，他是英语学科的教研组长。那年7月，海淀区教委要求我们学校派一名英语教师去新疆和田支教一年。和田那么偏远，条件也没法和北京比，我们当领导的原以为这个动员工作很难做。于是找来田福君老师，想和他商量一下，英语组里面派谁去和田支教。他听了这个情况后，稍微想了一下，随即语气坚定地说：“英语组除了我，都是女老师，不用商量了，既然是必须完成的任务，我去吧！”校长说：“你是不是跟家里人商量一下？”他说：“不用了，家里的工作我自己来做。”

就这样，一年的新疆支教工作，田老师获得了支教学校和当地各级部门的高度评价，圆满地完成了支教任务。

最让我们动容的是，田老师支教前瞒着我们做了一件事，直到他回来以后，我们才通过同去支教的外区老师辗转得知。原来，支教老师去和田之前要进行体检，因为田老师血压一直不稳定，第一次体检血压很高，按照规定这种情况学校是需要改派另一位老师的。但田老师担心学校这个任务完成不了，就要求半小时再测一次，他趁机偷偷到外面吃了一片降压药。半小时后重新测量，血压勉强算是正常，总算通过了体检。这件事，田老师在学校从来没有提起过。

就是这样一些普普通通的党员教师，在我校的教师队伍里，通过实实在在的言行，真正成为师生身边的“发光体”，照亮身边人，影响身边人。

依托项目，强化引领——“微项目”行动研究是交大附中党建工作的传统机制。简单地说，就是各支部围绕年级、部门的工作难点重点，把它们立成“微项目”，由党员教师牵头开展行动研究，带动其他教师共同关注学生身心发展，增强教师在工作中勇于担责、甘于奉献的意识和能力。

比如，北校区初二年级党支部的微项目“教师牵手学生个案研究”，项目背景是学生进入初二后，进入青春逆反期，有些学生容易出现学习动力不足、厌学、自暴自弃等现象，也容易出现不稳定和两极分化的年级状况。所以，待优生的思想教育和学习帮助成了年级教育工作的重点难点。于是，初二年级党支部面对问题建立这个项目，由党员教师带头，从思想教育和学业成绩两方面入手，准确定位每个人的承包名单，开展帮教活动，继而带动全年级教师投入更大范围的帮教活动中。事实证明，这个举措有效地推动了整个年级教学风气和学业成绩的提升。

通过这些支部“微项目”的开展，党员教师进一步提升在群众中的影响力，从而带动更多的教师以一颗仁爱之心守护学生的成长。

**（二）党政齐心合力，强固师德文化**

立足传统，重视传带——交大附中传统师道精神和师德文化的传承与发展，青年教师一代是关键。所以，新老教师的传帮带工程，向来是我校党政工作共同关注的重点。

学校每年至少开展两次青年教工团活动，每次都要邀请退休老教师和中年骨干教师参加。在活动中，老、中、青三代教师深度交流、学习、探讨，让交大附中优秀的传统精神和集体归属感，在轻松愉悦、欢声笑语中潜移默化地熏陶、渗透在青年教师的心中。

新入职教师座谈会是我们每年都要组织的标准动作，这是新教师了解学校传统和文化的初始平台。座谈会上，一般先由校长、书记对学校历史和文化进行详细介绍，再请老教师讲述自己在交大附中工作心得和成长经历，分享自己成功的教育案例和师道精神。

再有就是各学校都会开展的“老带新”师徒工程。特别的是，我们不仅看重对教师专业成长“老带新”情况的考核，还看重对师德师风方面“老带新”效果的评估，敦促青年教师专业素养和德行素养的全面成长。

我有一张“老带新”的“四代师徒相”，四代师徒的面相和气质有很多的共同点，比如亲切、热情、阳光、温暖，像是邻家大姐。事实上也正是这样，从袁建华老师开始，就是学生心目中知心大姐式的老师。学生有什么心里话，就算跟父母不说，也要跟袁老师诉诉心声；然后到郝永凤老师，再到卢宏老师，最后到徐新悦老师，她们的风格气质和她们发自内心的热爱教育、关爱学生的言行品质，一脉相承。现在前两位老师已经退休，后两位老师都在各自的岗位上继续着她们热爱的事业，现在也都是班主任带头人。

卢宏老师以“爱生如子，严在其中”的带班理念著称。她经常说的话就是：“我要用自己的阳光心态和仁爱之心感染孩子，塑造学生健康的身心，打造一个

阳光向上的班级！”去年，她班上有一个住宿生，家里发生了不幸。连续一个多月，卢宏老师每天晚上都会从家里带着一些小食品赶去学生宿舍，陪着学生对着月亮聊聊天，谈谈心事，给她安慰。

徐新悦老师作为交大附中教育集团的交流教师，到二分校担任特色班班主任。自报到的那一天起，她就从未想过自己是本校到二分校定期交流的老师而减少对学生的关爱和引导。经过她的努力，一名又一名的“后进生”，发生了可喜的转化和改变，有的家长把感谢电话直接打到了本校。

就是在这样一代代教师的传帮带中，交大附中“德品为先、爱生为要”的教育情怀，才得以成为一种无形的文化，影响着每一位教师。

弘扬正气，共订公约——学校是传播中华民族正能量的主阵地，教师是践行社会主义核心价值观的示范者。我校由学生发展中心牵头，组织全体教师，结合“四有四引”等标准，自下而上展开交流讨论，共同制定了《交大附中教师公约》。公约分为五篇三十二条，我节选了几个关键词。

思想篇：爱国重责，勇担使命

道德篇：德为人先，行为世范

业务篇：亲其师，信其道

服务篇：竭诚服务，心怀他人

行为篇：见贤思齐，严以律己

这个公约自下而上制定成文后，又开展了自上而下的逐级学习讨论，达成共识以后，每一位教师都在公约上郑重签字承诺。

承诺，当然是建立在行为的基础上的。

下面介绍一下我校东校区的毕玉杰老师。去年，我校东校区学生食堂要进行全面改造，所以一部分学生的就餐地点改在一个临时的小餐厅，空间狭小、条件简陋，尤其在冬天，学生在外面需要很长时间排队。毕玉杰老师发现食堂工作人员不足，为了加快学生就餐速度，主动当起志愿者，为就餐学生打饭、打汤、端饭。一年当中，只要他上午第四节没有课，就坚持在小食堂为学生服务，风雨无阻。即使在脚踝扭伤的那一段时间里，他也是克服疼痛，坚持去食堂做志愿者。毕玉杰老师的坚持，感动并带动了更多的老师加入志愿者行列，学生们切身体会到了老师们真正把学生的需求和冷暖放在了第一位。

所以，承诺只是形式，教师的高尚行动才是关键。

活动为体，师道为魂——说实话，在交大附中，我们很少以说教的方式，就师德而谈师德。我们往往是通过组织师生共同参与体验式活动，让优秀的师德师风成为一种无形的文化，渗透在每一位教师的思维意识、言传身教当中。

比如，我校秉持“以生为本”的理念，根据学生的需求，在每年5月15日都会组织开展学生节活动。我们的干部和教师，成为全天学生活动的服务者、志愿者，真正体验“把学生的需求和快乐放在正中央”的生本理念。

再比如，为了弘扬主旋律、宣传正能量，我校连年推出“因我而不同”教师榜样展示系列活动，第一季“风采篇”、第二季“服务篇”、第三季“六带头篇”，现在正在进行的是结合支部主题教育活动的第四季“支部篇”。榜样教师们的优秀事迹，围绕着“学生因我而不同、班级因我而不同、部门因我而不同”等主题，在全校起到了正向的引领作用，推动优秀的师德师风建设。

还有，我校每年年底都会举行一个传统节目，就是“幸福我来说”教师十大演讲活动。每年学校都会请10位德业双馨的教师，尤其突出师德榜样，以演讲的方式，与全体教师分享自己在这一年中亲历的教育故事，弘扬师德，传递智慧，启迪他人。

下面这段文字是2017年“幸福我来说”演讲中，陈静老师写给自己的一段教师宣言。当时她在演讲结尾，朗读这个宣言的时候，引起现场全体教师的共鸣，发自内心地为她长时间鼓掌。

《我的教师宣言》：

我是教师，立树人之德，授明理之业

我是教师，传为人之道，授为学之方

我是教师，敬所爱之岗，博所教之学

我是教师，遵本初之心，承教师之道

我是一名交大附中的幸福教师，我郑重承诺，无论我的学生睿智还是愚钝、脆弱或是坚强、成功抑或落后，我都将一如既往地欣赏他、理解他、呵护他，只要他是我的学生。

## 五、滋养师德，做配享幸福的教师

交大附中从 2011 年开始，在承继学校历史一以贯之的办学理念的基础上，也就是“学生在成长中体验快乐，教师在成功中体验幸福”，提出“建一所富有生命动力的幸福学校”，这样一个面向新时代的办学目标。其初心，就是传承和发扬交大附中传统师道师德精神，围绕人的发展进行愿景构建，那就是：追求师生成长的幸福。

亚里士多德有一个对幸福的经典定义：幸福就是灵魂合乎德性的活动。

如果借用这句名言的哲学逻辑，那么，教师的幸福，就是来自心灵合乎师德的教育体验。没错，就像我在前面说的，谁说一名讲求师德的人民教师，就必须得是活得苦情悲壮？谁说一名燃烧自己、照亮他人的人民教师，就不能享受精神升华带来的喜悦、成就和回馈？业务精湛、师德高尚的教师，就应该是一名配享幸福的教师。

以点带面，我再介绍两位业务精湛、师德高尚的交大附中教师，看看他们是如何追寻和体验自己的幸福的。

### （一）祖浩东：“学生成功的笑容让我幸福感爆棚。”

祖浩东老师在中小学智能机器人教育领域是一位名人。他作为全国首创《智能机器人》课程的开拓者，已经在这个领域勤奋耕耘了整整 18 年。18 年里，他加过多少班，在办公室小沙发上凑合睡了多少个晚上，连他自己也数不清。同事们经常关心他不要劳累过度，他说：“带社团这些年，总有些特别有想法、特别有创新思维的学生，当他们脑中的创意能在智能机器人这个平台得以实现，当学生们的构想能在我的引导和陪伴下变成现实，他们就会越来越有成就感，越来越自信。我最爱看学生在成功那一刻洋溢在脸上的笑容，我内心的幸福感爆棚。”

### （二）王自阊：“我是教师，我要让生命幸福完整。”

作为一名党员，王自阊老师带头承担班主任工作，连续 4 年在高三年级坚守。在腰部出现问题无法站立的情况下，为了保障高三冲刺阶段的班级稳定和教学秩序正常进行，依然坐轮椅坚持上班，没有耽误一节课。王老师在年度总结中写道：“我们要想把学生培养成能幸福生活的人，我们自身首先要成为一个能幸福生活的人。教师是在用自己的人生态度影响学生……教师每天都在神圣与平凡中穿行。我是教师，我是党员，伟大和平庸都可能在我这里形成，这让我如履薄冰。我是教师，我要以现在求证未来，让我的生命幸福完整。”

交大附中正是因为拥有了这些传承师道、师德高尚的幸福教师们，才会成就敢于追求幸福、拥有幸福能力的学生，才会让学校拥有引以为傲的教育增值能力和社会口碑，才会让学校成为一所名副其实的幸福学校。

相信每一所学校、每一所学校的教师们都是如此，以道为源，师德自生，我们都能够成为配享幸福的教师。

（原文刊载于2018年第10期《海淀教育党建）

## 做好“功德”，立好“学德”

师徒结对为我校新老教师搭建了互教互学、同勉共进的广阔平台，也是我校扎实推进课堂教学改革的重要举措之一。在此，我要对师傅和徒弟提出学校的期望和要求，那就是：做好“功德”与立好“学德”。

### 一、师傅要讲求“功德”

一是传道授业解惑，做一个专业上的启发者和引导者；

二是开启一段终身受益的友谊，成就两位深层次的文化交流“使者”；

三是成为交流沟通媒介，为徒弟搭建成长助力网络；

四是教学相长，在传道授业中自我实现，在自我实现中走向第二增长曲线。

### 二、徒弟要讲求“学德”

一是尊师重道，虚心求教，主动求学，学会提出好问题；

二是开启一段终身受益的友谊，做好校区间专业和文化的交流“使者”；

三是开拓眼界，以跟师学徒为基础，积极延伸学习视角和范围；

四是珍惜机会，自我修炼，不断提升专业水平，做好承担未来所在校区的骨干和重任的准备。

下面，是我对交流学习过程中，青年教师学习方法的建议。

到另一个校区学习，也结对了自己的师傅，我们学什么、怎么学，应该是我们首先给自己提出的一个问题。方法不对，空度时光。

前几天看到一个案例。我们都知道，文化表面上看起来，是由习俗和仪式构成的。可是如果我们只是单纯地模仿和学习这些习俗和仪式，而不是建立在理解的基础上，那我们能说我们已拥有了这种文化吗？可能我们只能认为那是附庸风雅、邯郸学步吧，或者说是形式主义，甚至变成玄学。

我们开展校区交流学习，跟师学习，学教法、学技术、学技巧，当然重要；但是方法、技术、技巧这些东西，面对不同的学情和文化环境的时候，其实是千变万化，所以我们才说教育是法无定法，但同时我们又会补上一句：万变不离其宗，以不变应万变。这不变的和所谓的“宗”是什么，就是一位教师教育思想精髓、教育思考方式以及专业精神、职业精神。我们真正学习的应该是这些思想精髓，这才是关键，才能说我们真正学到了东西。

德国哲学家康德认为，万事万物都处在三对关系之中。他称之为“关系范畴”。第一对关系是表里关系，凡事有表有里，里才是实质；第二对关系是因果关系，凡事有因有果，只知其果，不求其因，即使有果也是摆设；第三对关系是对立统一关系，我们可以暂且浅显地理解成，我们学习一件事物，知道了“里”，知道了“因”，然后对事物规律进行融会贯通，才能有效地指导我们的生活、工作和学习，这才是我们学习和思考的最终目的。

我们向师傅、周边人学习，接受校区文化、教师文化熏陶，也是同样的道理。如果只学表面文章，不究内里精神，或者学习内容知其然而不知所以然，不把思维逻辑的因果关系搞清楚，那就只能学一些我们平常所说的“皮毛功夫”。

所以，如果要我给大家提一点学习方法建议的话，就是这句话，我们要学会由表至里地学习、由果求因地学习，有了这样的学习意识之后，我们的思维方式、思考方式甚至观察视角就会不一样，也就会更好地因地制宜、因学生制宜、因校区制宜，把所学所思应用到自己的未来工作岗位上。

（2020 年 9 月 25 日，在交大附中教育集团教师交流项目开班仪式上讲话）

# 第二节 助推教师专业成长

## 中小学更要讲人力资源建设

当今社会，各行各业都把发展和创新作为大事来抓。但我们不能忘记，发展和创新，永远是以人为目的、以人才为基础。

教育更是如此。百年大计，教育为本；教育大计，教师为本。《中共中央国务院关于全面深化新时代教师队伍建设改革的意见》强调“坚持兴国必先强师”。

北京交大附中作为一所中学，向来以师资队伍建设为立校之本、质量之源，并一以贯之。在人才培养方面，持续探索、深度思考、科学规划、坚定行动，为建设一所幸福学校的师生共同目标，源源不断地提供人才支撑。

交大附中 1957 年建校，是海淀区传统的区属重点中学，2004 年成为北京市示范性高中学校。六十多年来，学校办学质量稳定，发展稳健，成绩稳进，为海淀教育这张“金名片”增光添彩，做出了自己应有的贡献。尤其是近几年交大附中学子在各个方面取得的优异成绩，持续突破学校历史记录，也不断刷新学校在海淀教育中的贡献比重。

随着时代的发展和社会的进步，今天的交大附中已形成了“一校六址”的集团化办学模式。但无论时代如何变迁，“建一所富有生命动力的幸福学校”始终是交大附中全体师生为之向往的共同愿景和办学目标，而相应的学校党建工作，也是紧紧围绕这个办学目标，以“引领、融和、服务”三个关键词作为主线，党政同心同德同力，致力于学校可持续发展。其中，人力资源建设，就是学校党政共同面对的重大课题和关键任务。

一所中学谈论“人力资源建设”，很多人可能会觉得有点跑题。其实，要是给“人力资源建设”换个更贴切的词，叫作“教师队伍建设”，大家就觉得这话题很正常了。其实，教师队伍建设本来就是学校发展和管理中首当其冲的任务。学校是“培养未来社会主义建设者和接班人”的地方，学校的核心社会价值和责任担当，就是培养未来的人才。培养未来人才的人是谁？教师。如果不把教师队伍建设放在首位，没有一支优秀的教师队伍，又怎么去培养中国未来的各类人才？教育是培养人的事业，我们的目标就是“用优秀的人培养更优秀的人”。从这一

点上来说，学校反倒是最应该研究和落实人力资源优化的地方。

## 一、人才于名物，孰轻孰重

现在有些学校，喜欢宣传自己的校园环境如何美丽，设施如何先进，设计如何超前，设备如何高端，景点如何独特，却常常忽略最重要的人的话题；人才队伍，教师队伍，干部队伍，该是怎样，需要怎样，已经怎样……在中国传统文化尤其是儒家思想中，优秀人才在管理者眼里，始终都是任何力量、任何财富都无法代替的宝贵资源，当属国家之栋梁、社稷之支柱、无价之宝藏。司马光在《资治通鉴》当中就记载着一个与前例类似、讨论人才与硬件孰轻孰重的史实场景：周显王十四年，齐威王、魏惠王会田于郊。惠王讥笑齐国无宝："寡人国虽小，尚有径寸之珠，照车前后各十二乘者十枚。岂以齐大国而无宝乎？"威王回答堪称经典："寡人之所以为宝者与王异。吾臣有檀子者，使守南城，则楚人不敢为寇……；吾臣有盼子者，使守高唐，则赵人不敢东渔于河；吾吏有黔夫者，使守徐州……燕赵徙而从者七千馀家；吾臣有种首者，使备盗贼，则道不拾遗。此四臣者，将照千里，岂特十二乘哉！"按文中描述，"惠王有惭色"。

其实说到办学硬件，交大附中确实很惭愧，校园不大，绿化不多，操场不阔，建筑普通，设施中等；但我们同时又很自豪，因为我们拥有一支师德高尚、业务精湛、崇尚实干的优秀教师队伍。

这些年，我们在学校人力资源建设、优秀教师人才培养上，倾注了很多的精力，不断进行探索、设计、规划和行动。事实上，对一所公办中学来说，在招聘、薪酬和劳动关系这些环节上，学校的可操作空间并不是很大、很灵活，受到诸多政策制度的限制。真正能够体现"千校千面"、体现管理水平、给予学校充分自主权和发挥空间的环节，就是在"培训与开发"人力资源方面。这也是我在这里交流的主要内容。

针对这项工作，我们把时间作为朋友，根据教育发展的趋势和教育政策的变化，以长期主义的视角，以变中求稳的心态，从三个方面推进学校人才资源的培养和开发：持续的组织变革、坚定的师德建设、多元的专业培养。学校在这三个方面的探索、研究和行动过程，我把它叫作"取势，明道，优术"。这个起源于《道德经》的管理思维方法，在人才培养和队伍建设上很有行动指导意义，尤其对于学校教师队伍建设。

## 二、“取势”于改革，相机而动

“取势”，对我们来说，它包含两个层面的含义。

首先是依据海淀区委教工委、区教委围绕教育发展目标搭建的人才发展机制、人才培养体系、人力资源平台，制定我校自己的人才建设规划。

近年来，海淀区教育系统推进了一系列推进现代化人才培养工程，这是基层学校人力资源建设强有力的导向、支持和保障。

在这个基础上，我们重点展开“取势”第二个层面的行动，也就是针对人才培养和开发，进行“持续的组织变革”，也就是学校组织、机制、平台的内重构、内创新、内建设。

在管理上，有一项工作要开展，我们首先就得问一个关键问题，谁去做。负起责任，这是实现某项工作目标和规划的关键。这必然不是一两个人的事，而应该是一个部门、一个团队的事情。人才培养工作更是如此，这就涉及学校的组织结构方式。所以，我们在2012年成立教师发展中心，专门致力于学校教师队伍专业化发展的研究和行动，负责五大任务，包括培训、评价、学术指导、课题应用以及专业晋升阶梯建设。它实际上是把所有部门关于人才培养类的工作全部提取出来，做系统化和科学化的梳理、整合、优化和设计。

但这只是第一步，因为在原有组织结构中增加一个部门，的确能够满足专项工作的专业化，但也是组织机构臃肿、沟通成本增加、效率降低的开始。所以在这个整合优化后的工作系统运行平稳、取得预期的效果之后，我们开始迈第二步，就是把教师发展中心与教学处合并，成立教学管理中心，把教学处传统的听评课等实战培养，整合到这套人才培养建设系统里，作为新部门绩效考核的重要内容。平稳运行一年后，开始迈第三步，就是把教学管理中心与德育处合并，成立学生发展中心，把德育处传统的班主任实战培养整合到人才培养建设系统里，同样作为新部门绩效考核的重要内容。

最早的教师发展中心，实际上就是学校人才培养战略和系统建设的一个孵化器，并且在这个孵化的过程中，学校也完成了阶段性的组织结构变革。

近三年，随着新课程改革背景下教师专业标准、课程标准、学生评价方式的

变化，对我们在人才培养策略和内容上，又提出了新的变革需求，所以我们又成立了课程研究院，开始系统设计和建设教师培养课程与评价体系。与此同时，随着海淀区教育均衡优化发展，我校进入集团化办学模式，为此又成立了集团人力资源部，统筹规划和管理各校区和分校的干部和教师。未来学校组织结构的变革和演化，只有进行时，没有完成时。

## 三、“明道”于师德，一脉相承

再说“明道”。对学校来说，这个“道”，就是“师道”，具体到实践层面上，主要是指师德建设。

2020 年 9 月 7 日的全国教师发展大会和中央印发的《深化新时代教育评价改革总体方案》，确定了国家全面建设高素质专业化新型教师队伍的五大原则，其中第一个原则就是加强师德师风建设，让有信仰的人讲信仰，明确提出师德师风是评价教师队伍素质的第一标准。

交大附中教师队伍的师德建设过程，实际上就是交大附中传统师道文化的继承、发展和制度化的过程。这个过程包括“传承自生”和“制度规范”两种建设

为北京市“紫金杯”班主任获得者徐薇老师颁发证书

途径，对应的工作理念就是“以道为源，师德自生”和“以道为源，以法为常”。

在交大附中校园里，有16面幸福文化墙，每一面一个主题，包括“感恩”“做事”“克难”“爱人”“给予”等16个主题。每一个主题都代表交大附中师道师德传统中的一种优秀品质，每一个主题背后都蕴含着交大附中历史上的师德模范故事，这些故事都铭刻在这些文化墙上。比如“做事”主题下的吴希慧老师“课比天大”的故事，比如“爱人”主题下王新华老师的“仁爱基金”故事等。这些故事，这些传统品质，在交大附中广为传颂并传承下来，成为交大附中特有的师道文化和师德精神，此所谓“以道为源，师德自生”。

而要想这些师德文化和师德精神真正在一代代交大附中教师这里一脉相承、历久弥新，就需要学校在自内而外的美德养成基础上，自外而内地进行规范约束，也就是完善师德建设制度规范，营造文化氛围。比如建立党员教师队伍“六带头”示范标准，包括带头立德树人、带头传递正能量等；比如自下而上和自下而上相结合，干部教师共同制定承诺《干部公约十则》和《交大附中教师公约》，弘扬正气，形成共识；再比如开展系列体验式、参与式教师活动，包括“因我而不同”教师榜样展示系列活动、每年的“幸福我来说”教师十大演讲活动、每学期的“老中青三代教师”交流拓展活动等。

我们就是这样在坚守传统、发扬传统的基础上，进行制度规范和文化建设，持续不断地维护和强化交大附中师德文化场。此所谓“以道为源，以法为常”。

## 四、“优术”于建构，系统设计

最后说说“优术”。这个“术”，对学校来说，就是教师的专业能力。“优术”，就是学校在教师队伍专业化发展、优秀人才培养上的行动策略、机制建设和平台搭建。

教师归根到底是要靠自身的专业能力站在讲台上，师德高尚，专业能力也必须过硬。

虽然说，对于一所学校人力资源建设规划来讲，做好前面所讲“取势”和“明道”两方面的工作，“优术”层面的事自然就是水到渠成的事情，但这部分工作却是让教师专业化发展、优化人才结构工作实实在在落地的行动和机制保障。

近年来，交大附中根据组织结构变革，将人才培养相关责任主体重组，形成“1+3”人才培养“责任塔”，逐步明晰集团范围内人才建设责任分工和协作模式；同时根据责任塔分工方向，将党建课程和培养体系相融合，将常规教研与专题研训相呼应，将短期项目与长期课题相补充，将传统项目与创新机制相结合，形成教师队伍建设和优秀人才培养相统一的“1+4”人才培养“项目网”。

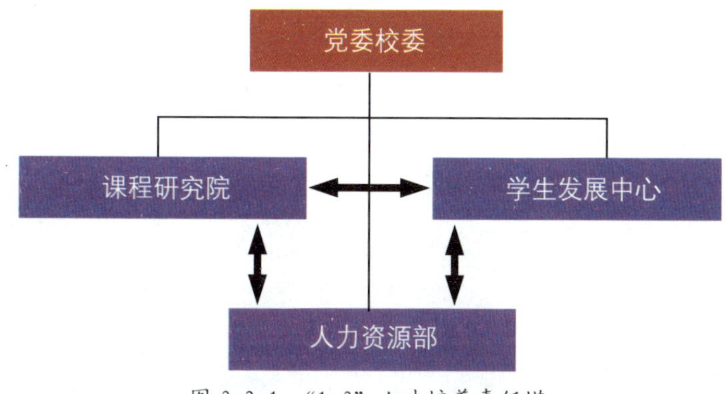

图 3-2-1　“1+3”人才培养责任塔

### （一）“1+3”人才培养责任塔

我校的人才培养工作，按照“循责求事，循事求绩，循绩求变”的行动思路和策略，在组织结构设计中，主要涉及四方面责任主体，分别是党政“两委”、课程研究院、学生发展中心和人力资源部，当然各责任主体开展工作的层级、视角不同，我们把它称作“‘1+3’人才培养工作责任塔”，如图 3-2-1 所示。

其中，党政“两委”担负领导责任，对集团的人力资源建设工程进行系统规划、全面指导和整体评估；课程研究院在学校课程体系建设的基础上，负责教师培养的方向为课题研究类、系列培训类和调研评价类工作；学生发展中心作为学校教育教学管理部门，在教师培养的方向上主要负责指导教师聚焦实际情境、面对实践问题进行解决方案研究的具体教研类活动；人力资源部作为集团人力资源统筹部门，则是联合课程研究院和学生发展中心，主责集团人力资源数据库建设、集团人力资源统筹与管理；教师专业发展晋升通道设计、管理和指导工作。各个责任主体方向明确，各司其职而又密不可分、浑然一体。

### （二）“1+4”人才培养项目环

根据中小学干部教师队伍建设和教师专业化发展的基本规律，我们把学校的人才培养工作设计为四个实施环节，它们分别是人才培养“需求定位”环节、“课程培养”环节、“聚焦情境”环节以及“评估反馈”环节。在每个环节中实施项目化管理，将其中的人才工作梳理为多个实施项目；四个环节内容即相互独立、相互关联，形成前后联结、首尾相连、环环相扣的“增加回路”系统结构。这个系统推动运行起来之后逐渐形成理想的“飞轮效应”，每一个环节的强化和优化都会推动整个项目环运转的效率和效益。正如管理学者吉姆·柯林斯所说：“没有单一的决定性行动，没有宏大的计划，没有一招致胜的创新，没有单独的幸运突破，也没有什么奇迹时刻。相反，这个过程就像持续地推动一个巨大而沉重的飞轮，让它一圈接着一圈旋转，不断增加动能，直至达到突破点，甚至超越。”同时，学校建立集团人力资源库，设计干部教师专业化发展晋升通道，通过统一的集团人力资源管理和统筹，为这个工作“项目环”的顺利运行提供强有力的基础和支持，如图 3-2-2 所示。

图 3-2-2　“1+4”人才培养项目环

需求评估——“需求评估”环节主要包括教师专业化成长现状调研项目（定期）、指定专题式调研项目（不定期）和两委主导的“聊吧”座谈制项目。其中“聊吧”是学校党委在党的群众路线主题实践活动时设置的党群、干群交流空间，衍生发展到今天的一种听取建设和意见的常设机制。现在，“聊吧”项目已经作为一种思想工作和群众工作理念在集团各校区分校中推广开来。

课程培养——在充分调研和信息沟通的基础上，学校定期研究和评估人才培养需求，建设并持续完善校本课程培养体系。

首先是引导教师走上教科研之路，以专业成长为目标，以问题为导向，以课题为牵引，通过区级、校级、学科三级课题的教育研究，提升教师理论素养、科研水平以及理论与应用相结合的能力，做到校内人人有课题，处处有科研。

其次是传承与创新相结合，适应集团化办学特点，建立系列"传帮带"课程，在传统"老带新"拜师制度的基础上，根据集团各校区的教师培养需求，开展"校区间教师结对"和"总校浸入式交流"两项活动，为期一年至三年，共享和开发校区优质专业人才资源，促进校区间人才流动和教师队伍协同培养力度。

体系的第三项内容，就是通常意义上的教师培养课程了。经过多年的实践、调整、优化和积累，交大附中逐渐形成了一套完整的教师校本"三众五类"培训课程。其中"三众"是指依据年龄、学科、年级三种受众范围，开展有针对性、有相关性的培训；"五类"指的是校本培训的课程类别，包括教育理论培训、文化精神培训、专业技术培训、通用技术培训、思想政治培训等，通常师训师培意义上的"走出去，请进来"、干群派遣交流锻炼、国内外长短期深度培训、专题脱产（半脱产）研修班等，都按照主题类别包含在这"五类"课程体系中。

2020 年疫情防控期间，在市、区教育部门"停课不停学"的策略指导下，我校所有教育、教学、管理工作由线下模式全面而迅速地转战线上，全体教职员工紧急状态不紧张，忙乱时期不慌乱；线上教学安排、培训、技术支持和指导随之快速启动，从容跟进；教师们一边学习一边教学，一边培训一边实践。我校最终在特殊时期的中高考当中，取得历年来最好成绩。我们认为，这并不取决于有多少先进高端的设施设备，不取决于有没有功能齐全、花样翻新的技术展示平台，而是取决于学校教师队伍的专业素养、师德文化、师道精神，取决于学校的精神坚守、管理水平、组织能力，同时也得益于我们平时已经建立起来的三级五类培训体系所打下的基础，特别是通用技术类培训等课程。

聚焦情境——如果说课程培养环节是着重于课程和理论的培训学习，那么"情境培养"环节的工作就是引导教师在实践中学习，在行动中提升。情境培养体系中包括针对教研组的大教研活动和针对备课组的小教研活动、以备课组为基本研行单位的"微项目"机制，以及以"青年教师工作坊"和"班主任工作坊"为基础的青年教师沙龙，通过上述丰富多元的行动研究项目，促进教师队伍在学科教学与德育工作上能够做到理论与应用相结合、认知与实践相结合。

“微项目”行动研究机制是我们在备课组层面，推广多年的一项面向课堂、面向实践、面向改进的教研方法。由于强调“微项目”要起始于现实问题的“小”，故而使得每个研究项目实施和操作起来，时间短、难度小、见效快、易推广，从而切实解决教师日常教育教学的真实问题，“微项目”行动研究方式逐渐体现出较强的实践性和变革性的优势。

评价反馈——“1+4”人才培养项目环建构的初衷和理想状态，应该是一个完整的闭环系统。学校的人才培养项目环也正是与此原理相对应，通过需求评估、课程培养等四个环节的循环加强，从而形成势能越来越大的“飞轮”，越来越接近建设专业一流、师德高尚、结构合理、科学成长的人才队伍培养目标。可以看到，这个闭环的“评价反馈”环节，就是为了实现“把上一次循环的结果作为已知条件”，为这个培养系统的科学运行、进化提供动力和参考。

作为评价反馈体系的组成部分，“三位一体”式教师评价属于贯穿日常的评估项目，集团督巡工作和双满意测评都是以年度为单位开展的评估活动。所谓“三位一体”，就是以学科委“地毯式”听课和教学管理团队“选择性”听课为主要途径的现场式评价、以《师生评教评学管理平台》为主要工具性手段的反馈式评价、以学生学业成绩“跟踪式”数据分析为主要依据的业绩式评价为主要依据，对教师团队以及个人进行主客观结合的综合性、整体性评价。

集团督巡评估是我校自 2016 年开始建立的一项涉及集团各校区的督导评价制度，学校定期组织专家、顾问、学科带头人以及干部团队，到各校区开展督查评价活动，通过随机听课、问卷调查、干部访谈、教师访谈、学生访谈等多种形式，对各校区教育、教学、管理、党建，尤其是人才培养工作进行督查、评价和指导。

管理增效——在这套工作项目环系统的运行中，有一支关键力量不容忽视：学校人才培养工作能否顺利开展，取决于是否有一支高效、务实、创新的管理队伍。所以这个培养工作系统设计和实施的前提，就是学校“选—学—炼—引”干部培养工程。“选—学—炼—引”分别代表一种干部培养的策略和途径，在这里不再赘述。总之，建设一支优秀的干部管理队伍，是学校整体人才培养体系中的运行管理基础。

最后，我们还需要认识到，教育是个慢功夫，人才培养也同样是一个慢功夫。“取势、明道、优术”的过程需要我们不断探索、不断调整、不断优化，人才队

伍的成长和成势，更需要我们坚韧的恒心和耐心的等待。如果人才培养讲究一种风格的话，我认为这种风格就应该是“从容稳健，相机而变”。

## 新教师成长之路的“四个学会”

“学会规划、学会学习、学会尊重、学会发现”，这是我校对新教师快速成长提出的四个建议，也是我与各位教师交流的四个观点。

### 一、学会规划

规划是一门学问，也是一种个性化的行为。对于新教师成长来说，建议不妨参照下面我根据多年观察调研和亲身体会所归纳的“新教师成长之基础七步”。

工作节奏——学校对各位的工作安排，属于约束性强、自主性弱的社会要求。新教师需要做的，就是不断根据工作内容，持续进行自我调适和调整，找到适合自己的工作节奏。

生活节奏——生活安排，属于约束性弱、自主性强的个人需求。

那么，新教师需要做的，就是不断根据工作节奏，设计和安排自己的个人生活，找到个人喜好的生活节奏，安顿好自己的生活。生活是学习和工作的基本盘，是身心健康的基础。

学习节奏——学习安排，也属于约束性弱、自主性强，但对自律性和主动性要求特别高的“成长必需品”。

那么，新教师需要做的，就是根据工作节奏和生活节奏进行科学安排，建立适合自己的学习节奏。这个节奏越快、越合理、越科学，我们的成长和发展就越快；另外，要坚持多元化学习，学习不只是读书，对教师来说，同等重要的还有理论学习、实践学习、培训学习，尤其是向各层面教师学习，后面讲如何学习。

基础人际——建立好基础的人际关系网，这是教师工作中重要的情感与心理支持。人际交往处理好了是工作的助力，处理不好则是工作的阻力。这个基础关系网，应该包括各个年龄段。

确立价值——学校可以看作是一个价值的生态系统，每一个人在某一段历史时期有一个自己的价值生态位。作为新教师，首先要通过努力确立自己初步的生态位，确立自己在这个生态系统当中的价值；然后不断增值，持续寻找和确立新的生态位，但首先是你要站稳一个基础的生态位。

警惕舒适——当站稳一个生态位之后，就意味着马上面临一个危险：进入舒适区。请新教师一定警惕自我舒适区，持续改变自身生态位，实现个人价值的不断跃迁。所谓成长就是：忘掉过去时，坚持进行时，盯紧未来时。

善用平台——学校会为各个层次的教师搭建各种平台，有的是强制性质，有的是自愿性质；有的是全员性，有的是个体性；有的是显性的，有的是隐性的；有的是校方主动提供的，有的是个人主动挖掘的……

从新教师到合格教师再到骨干教师，这个过程我们一般称它为“关键成长期”，有人快，有人慢；有人“浮出”，有人“沉没”。其中一个很大的差别，就在于这个过程能否充分利用好学校提供的各种平台资源，能否把这些平台机制当作机会，而不是当作任务甚至是“苦役”，这个差别，我认为是“认知上的差别”。

## 二、学会学习

工作中的学习，提倡的是多元化学习。学习不只是读书听讲和实际操作，对新教师来说，向同行教师和前辈教师学习，向自己所在的组织学习，是最重要的。讲通俗点儿，就是要向组织里的人，学习知识、经验和教训。

这在组织行为学里是一个专门的课题，叫作“知识管理”。

如果说学校委派一个人或者一个部门，组织有经验、有资历的教师，填个表，把好经验、好做法、好心得搜集上来，然后把这些文字资料整理好，发给大家学习。大家觉得，这样能不能学到东西？

很多组织都这么做，其实这种做法是组织行为学里最不推荐的做法。原因有三点。

第一，很多生动的知识和经验，是不能用文字准确表述出来的，它们叫作隐性知识。

第二，任何经验和知识，一旦落到文字上，就变成了文字材料，变成了照本宣科的“本”，我们都有这个体验，变成文件的东西，我们基本都以保存为目的。

第三，这种以半强制的方式让教师们贡献经验，他们看不到对自己的价值，对于核心的经验知识，他们会交出来多少呢？

组织行为学最推崇的办法是建设和共享“知识地图”。什么叫“知识地图”，我说一个案例大家就明白了。

我们知道，大型手术通常由十几个人共同完成，有主刀医生、助手、麻醉师、护士等。手术是否成功，取决于这个团队的默契和配合程度。问题是，团队人员固定不变还好说，大部分医院，每次手术的团队都是随时更换甚至临时抽调，谁的班谁就来。大家互相不熟悉，也就没什么默契，怎么办？有家医院做了三件事。

第一，由科室主任牵头，专门定一个时间段，大家坐在一起，隆重地请每个人轮流上台，把自己的看家本领讲给大家听。

第二，随机分成小组，模拟做一台手术，而且大家互换角色，过程很轻松，但配合动作一个也不能少。

第三，每次手术后进行复盘，所有人都要旁听。

这三件事做下来，这家医院的手术成功率大大提高。这就是建设和共享“知识地图”。

大家对照一下，第一件事，是不是就像我们平时的教研组会、备课组会、交流会、研讨会；第二件事，是不是就像我们平时的轮流上公开课、研究课；第三件事，是不是就像我们平时的评课、议课。

这些，也就是刚才说的，学校里搭建的各种层次的平台。这些活动没有刻意去形成什么文本性的东西，而是在所有人面前慢慢展开一张学校的“知识地图”，

青年教师沙龙

在每一个人心里都慢慢形成一个“知识导航”：学校里的哪些知识在哪个团队，哪些经验在哪个人那里，你去找就好了。只要你积极主动，只要你有心求教，只要你懂得尊重，你就能得到你想学的东西。

所以，如何学会学习，这就回应了刚才“善用平台”的建议，我们一定要珍惜、善用学校里这些各种各样的平台，沿着这张平时逐渐形成的组织“知识地图”，寻找、挖掘和发现组织里对自己成长和发展有用的知识经验，尤其是组织里那些隐性的知识经验，不断提升自己、充实自己、成就自己。

## 三、学会尊重

学校的所有教师都可以是我们学习的对象。但向别人学习和请教，除了师傅，没有人是“应该应份”的，尊重是一切良好关系的前提。当别人愿意为你解惑，要懂得感恩；当别人对你有所保留，也应该尊重别人的选择。

这里我有一个小技巧，与各位年轻教师分享：我们请教别人、向他人表达求助的时候，最好要有仪式感，比如提前预约。仪式感强，正式感强，一般在这个时候，人家不会藏着掖着。

## 四、学会发现

这部分我要与大家交流的是，我们应该如何正确看待学校各种平台、资源、机会对于每位教师的“提供”和“供给”。

我与一些青年教师交流的时候，常听到这样的表达：“学校应该多给青年教师机会，希望能有一些好的机会或者资源提供给我们。”对于类似的问题，我向大家表达一个现实的状况：我们每个人都有自己的工作岗位、职责、内容、流程和节奏，比如各个部门、各位教育干部，主要是根据各阶段教师的普遍需求和规律，以及学校的发展规划、学生的成长需要，去设计和实施普惠性、普及性、平台性的制度与机制，促进绝大多数教师的发展。那么，对这些部门和干部来说，还会有多少精力和额外思考，去主动地、个性化地帮助某一位教师设计和提供资源和机会？理想和现实总有差距和遗憾，怎么办？我们来参考一种思维方式，它来自我看过的一本书——《吴伯凡方法论》。

请各位青年教师先记住这句话：世界不缺少供给，缺少的是发现供给的眼睛。

美国心理学家吉普森创立的生态心理学中，有一个概念叫“Affordance”，

意为一种抽象的、模糊的、包含多种可能性的、尚待发现的供给。在他看来，我们的认知既是对显而易见的事物的认知，又是对隐而不见的事物的认知。所以我们一方面要发现和识别那些显而易见的供给，另一方面我们如果要想拥有竞争力的话，就必须能够发现那些隐而不见的资源、供给和可能性机会。

我跟大家介绍这种思维，就是想让大家认识到：我们需要有一种发现、识别和利用“Affordance”的认知能力。很多机会和竞争优势往往深藏在Affordance之中。一个人越能够将潜藏在Affordance里的可能性转化为现实性，他的机会就会越多，竞争力也就会越强。所以，当大家觉得缺少成长机会和发展途径的时候，要形成一种思维习惯，提醒自己：“有没有可能是我没有一种激活Affordance的能力”。

Affordance是一种赋能，或者相互赋能。这也就是说你将某种隐秘的可能性释放出来，是你对这个客观存在的一种赋能，与此同时，当它释放的时候，也在对你赋能。

我迫切希望新教师们能与学校相互赋能，新教师的成长与成就，促进学校的成长与发展；学校的成长与发展，又能反过来更好地成就与支持新教师的成长。让我们相互赋能、共同成长吧。

## 在分享中积淀，在反思中变革

2014年，是深化教育领域综合改革的启动“元年”，从国家、北京市、海淀区三级层面，逐级按下了落实基础教育课程改革要求的一系列“启动键”。

面对考试招生制度、综合素质评价、基础教育课程教材、学科教学改进等一揽子改革措施和要求，需要我们即刻行动起来，深入理解教育改革明确统一的价值导向和目标，以自我学习研究、实践反思和动态提升为基础，依靠教研团队，探索有效改进策略，把教改理念和要求与自己的教育教学工作高度融合并落实。

当然，落实需要具体、有效的措施和方法。比如，为落实北京市《学科改进意见》在课堂教学中“激发学习兴趣，促进学生思维参与和思维能力发展，提高学生解决问题能力，获得成功的体验”的要求，我校制定并贯彻“有趣、有参与、有成就”的幸福课堂标准。

教师大会

可以肯定的是，无论改革的目标导向和措施内容如何，它都是要通过教师这个主体队伍落实下去；无论课程的开发和建设如何，它都是要通过课堂教学这个主体阵地实施下去。而面对这两个主体，我们依然存在诸多问题亟待解决，比如，课程资源的开发与建设依然无法满足学生全面而有个性发展的需要，教师讲授教学模式与方式方法仍然占主导地位，实验与实践教学能力不够高，对学生作业的研究不够，自我改进意识和能力不够强等。

面临这些挑战和压力、问题与困惑，我们需要静下心来，结合“幸福学校”建设项目、结合“幸福课堂”建设标准，结合自己的工作实际，在个人不懈努力的同时，依托团队的力量，共同去研究、交流、反思、积淀与变革，以期达到“在分享中积淀、在反思中变革”的目的。

所以，在学年过半、又值期末之际，我们利用两个半天的时间，以“分享、积淀、反思、变革”为主题，通过同伴交流、自主反思、专家引领、畅抒心语等多种方式，分享教改精神、共享实践智慧、分享教育情怀、乐享专业幸福，以期使得我们更好地投入下一阶段的教育改革与实践工作中，为学生成长、个人专业提升和幸福学校的可持续建设而不懈努力。

（2015 年 1 月 28 日，在教师培训年会上发言）

## 共享教育智慧，共寻幸福之道

2015 年，是交大附中的历史发展新纪元。

一方面，从这一年起，交大附中真正进入了集团化办学的发展模式，成为海淀区区属学校中校区最多的完全中学。

另一方面，2014—2015 年，是深化教育领域综合改革的启动“元年”，面对一系列改革措施和要求，我们在前期提出“建一所幸福学校”的基础上，进一步明确“用文化浸润教育，让学生爱上学习”的育人理念、明确交大附中幸福学校的内涵——一所具有生命动力的幸福学校。

一所学校该如何打造学生的生命动力？这就要求我们从以知识传授为重点转向以价值观塑造、科学知识传授和人文精神培养相结合的立体教育模式，遵循教育规律，以全面的教育视角和丰富的认知维度，引导学生探索人生之道、学习之道和幸福之道；同时，以此为基础真正推动幸福教师、幸福学生、幸福家长的成长与转化。

但是，无论幸福学校的蓝图如何宏伟和使人向往、课程改革的目标导向和措施内容如何明确和周详，它肯定会给我们带来新的挑战和压力，带来新的问题与困惑，我们需要静下心来，结合“幸福学校”建设项目，结合环境、课程、班级、课堂四大主体的建设标准，结合自己的工作实际，在个人不懈努力的同时，依托团队的力量，共同去研究、交流、反思、积淀与变革，以期达到“探索教育真谛、建设幸福学校”的共同目的。

集团教师培训

所以，在学年之末，我们利用两天的时间，以《深化课程教学改革，落实立德树人根本任务》《教师专业化发展与师德建设》《学生生命动力系统的建构》《创建有生命动力的幸福学校》为分专题，通过专家引领、同伴交流、自主反思的研训方式，分享教改精神、共享实践智慧、分享教育情怀、乐享专业幸福，使我们能更好地投入下一阶段的教育改革与实践工作中，为学生成长、个人专业提升和幸福学校的可持续建设而不懈努力。

（2015 年 7 月 11 日，在教师培训年会上发言）

## 教育变革中的两个重要问题

现在的教育，变革是主题。我要与大家交流的，是关于变革的另外两个维度的问题。

第一个问题：我们除了关注课改的组织方式和评价方式外，还应该关注这个时代给我们的课堂、我们的教学带来的冲击和挑战。这也是教育变革的一部分。我想大家都会认同这样的观点，就是不管课改怎么改、怎么变，课堂中教与学的本质不变；不管课程如何丰富，都要通过课堂教学去实现。这点没错，可问题是现在的课堂教学方法却在深刻地发生着变化和变革，我们还真不能固守一成不变的教学模式，靠一成不变的经验吃一辈子了。

举个例子：前两天很偶然的一个场合，我碰到了一位知名培训机构的老师，小伙子很年轻，也很热情。起初与他交谈时，我自己还有那么点优越感，但聊了一会儿，小伙子说了一件事，却让我大吃一惊，刮目相看。他们培训机构的老师每周都会进行内部学习，学习关于教育的最新科学研究成果，然后把它应用到培训教学当中。他说最近他们集体备课、制作教案的时候，准备引入一个最新的学习理论，叫“最优学习的 85% 理论”，这是美国布朗大学最新的一个研究成果。小伙子介绍，这个研究成果证明，教师每一讲的内容设计，就是 85% 的旧知识 +15% 的新知识。准确地说，是 15.87% 的新知识。这对学生来说具有最优的学习效果，最有学习效率。他说他们集体备课时，就要按照这个比例来设计教案。

听了小伙子的介绍后，我对培训机构有了新的认识，原来我们的竞争者们正在做一些很前沿的事情啊！回来后，我还真的查阅了一下，这个学习理论成果还没有正式发表，现在公布的是论文的影印本，但已经得到了业内专家的确认。

这就是变革时代给我们传统课堂带来的冲击。作为体制内的教师，作为教育的主力军，我们真的需要不断更新自己的知识结构和知识体系。

有关变革，我们需要关注的另外一个维度就是：在变革时代，我们的确需要高度理性的制度设计；但与此同时，我们更加需要温情的人文环境。

不知道大家注意到没有，在谈到教育改革的时候，大家都爱说一句话："开弓没有回头箭"。在我看来，这句话不仅是在表达教育改革的决心，还有另外一层意思，那就是对具体每一届的学生来说，他们的学习生涯是一条单行线，我们的改革方案不管是好是坏，他们都要接受，没有机会重新再尝试。不有那么一句话吗，教出去的课，泼出去的水，我们也没有机会再收回来。

所以在改革的过程中，我们本着对学生未来负责的使命，必须保持高度的理性，理性的设计、理性的计算、理性的安排。我们需要不断研讨、不断修改、不断评估，尽可能让各种方案、制度和流程，做到科学、系统、合理，让一切工作能像一台机器一样高效运转。但问题是，学校不是机器，只要高速运转就可以了。学校是一种特殊的社会组织，它是以人育人的地方，它还需要和谐的环境，需要人与人的情感交流和精神鼓舞，需要一个温暖的、包容的、互助的人际关系。这也是为什么我们坚持要建一所幸福学校的原因。

最近我们一直抽空看望和慰问退休老教师。给我感触最深的就是，老教师们见面的第一句话，十有八九都是：学校现在怎么样？某某某现在怎么样？

我在想，如果学校只是纯理性的机构，只有纯理性的制度，老教师们是不会这样牵挂学校和学校里的人的。学校对于他们而言，更多的是情感的记忆和精神的寄托。

和大家讲一个真实的案例。很多人都知道哈耶克，一提起他，可能大家都知道他是一位经济学家，事实上他还有一个身份，他也是一位社会学家。他在他的研究当中讲过欧洲两个村落的案例。第一个村落的村民文化极其理性，理性到什么程度，一个小孩子掉进河里，他的母亲不会游泳，当她下意识要跳进水里试图救她孩子的时候，旁边的人会劝她不要跳，因为跳下去母子都会没命，什么都没了，不跳下去会保住自己的性命，还可以生更多的孩子；第二个村落相反，村民文化极其感性，小孩子掉进河里，他的母亲不会游泳也会奋不顾身地跳下去，宁可没命也要跳。哈耶克说，按照经济学的理性模型分析，第一个村落应该生存能力和发展能力比第二个村落好得多。但是数十年后，研究人员再次去考察这两个村落，发现第一个村落早就星散了，而第二个村落依然人丁兴旺。哈耶克由此得出结论，说了一句著名的话："糊涂的温情都比冷酷的理性更有力量。"

我希望大家记住这个案例。当然，我们不会是糊涂的温情，也不会存在冷酷的理性。面对变革，我们既需要理性的制度建设，也需要温情的和谐文化，这种温情，应该充满正能量。

（2019年12月4日，在学校期末大会上讲话）

## 高三"一模"之后，教师策略何为?

相信很多高三教师都司空见惯这样的情景，每当高三"一模"前后，相当一部分学校管理者，会迅速出现在已被总复习高强度工作压得疲态百现的教师面前，极尽慷慨激昂之辞和语重心长之意，或直白或含蓄地向教师们表达着一个主题——"时间不多，冲刺在即，再加把劲，努力努力"。但是很少有学校管理者意识到，到这个时刻再继续传导任何压力给教师，一是无用，二是过晚，三是愚蠢。要知道，包括家长、学生、上级部门乃至于全社会，没有一个人不知道高三"一模"后的两个月冲刺时光有多重要。可以说每位教师心中的自我压力，都丝毫不比任何一个关注高考成绩的人小，甚至还要大得多，尽管教师们都不愿言及于此。所以，无论是管理者还是教师，对这个特殊阶段的工作策略应该有一个科学、理性的认识。在这个特殊阶段，教师们都需要在教育思路和工作策略上适度地"回归"，开始侧重于引导学生建立一种积极健康的备考状态。这种状态包括教师侧重引导学生对前期所习的知识结构作一个持续、冷静的科学梳理，更包括帮助学生建立一种应对高考的自信心态和积极情绪。而要想实现这个目的，高三教师就要首先调整自己的心理状态，调整针对学生的引导策略。我以为，此时教师至少需要做到以下两个方向的把握。

### 一、举轻若重

教师每天的课堂教学是自己平日最常规、最基本的工作。高三教师更要保持自己清醒的头脑和独立的思考，万万不能为了应对或者说应付某些"重要活动"，

而把自己的常规课堂置于次位。孰轻孰重，见仁见智，心谙此识，是谓举轻若重。

虽然两个月的时间说长不长，说短也不算短，这期间每位教师的课时量也不是一个小数目，除了针对阶段目标对这些课时进行科学合理的统筹规划之外，如果每位教师也能够把属于自己的每一节课，都当作最后一节课来研究、准备、实施、评估，珍惜40分钟的每一个时刻的话，相信也必能显示出复习课的真正价值。无论高考的脚步如何步步逼近，无论教师、学生、家长，尤其是管理者如何急迫和焦灼，无论要求教师完成如何高端、多样的专题活动，也都是要靠每一位教师个体通过课堂这个主场地去实现复习目标和价值。在这个主场地上，教师按照个人教学的规划方案、学情把握以及反思所得，冷静、从容、清晰、精致，甚至忘我地徐徐展开教学而不受外界干扰，才是这两个月教师工作质量的关键所在，这就是所谓“举轻若重”。

## 二、举重若轻

“举重若轻”通常被人们用来形容某人能够轻松地胜任繁重、困难、艰巨的工作或难题。

“一模”之后，对高三教师们来说，迎之而来的就是紧锣密鼓式的区域级成绩分析会、校级成绩分析会、班级成绩分析会，轮番轰炸式的各种立场与观点的备考要求、经验交流、领导讲话和反思总结，每一场会议都看起来很重要，每一项要求都听起来很重大，但无论它们怎样频繁、丰富、创新，归根到底，“一模”考试对教师来说，其实就是一次“诊断性质、经验积累、明确方向的考试”。所以，透过种种“汇报式”甚至“表演式”的活动、透过各方各界施加的压力场，不为所乱、沉稳守中、从容冷静地认识到“一模”测试数据对自身教学真正的价值与意义所在，把握好未来两个月自身开展课堂教

高三教师答疑

学的定位与方向，才是教师们需要关注的重点。是所谓举重若轻之“智慧”。

另外，举重若轻，还意味着面对高考压力，教师需要先调整好自己的心态和情绪，把冷静、从容、沉稳、乐观的气质传导给学生。不仅如此，教师对自己要拥有足够的信心，是举重若轻的表现；去浮去躁，按自己的计划行事而不受外部干扰和误导，是举重若轻的表现；从学生大体处着眼、教学策略上善于决断、快速调整，是举重若轻的表现；分清学生工作的重难点，不平均用力，避免精力分散，是举重若轻的表现；更重要的，在如此强大的工作压力和密度下，仍然能够规划好自己的时间，每天强迫自己保留一点儿体育锻炼和心境调整的私人时间，才是真正的举重若轻的表现。要知道，没有健康乐观的老师，哪来健康向上的学生？是所谓举重若轻之“态度”。

综上所述：战术上举轻若重，战略上举重若轻；课堂上举轻若重，心态上举重若轻。

（2016 年 4 月 7 日，在高三“一模”分析会上发言）

## 中学学绩分析研讨会的定位与作用

现在从中学乃至小学，每到期中或期末，都要针对学生考试成绩，按年级召开成绩分析会或基于学情的研讨会。从客观来看，各地区、各学校召开成绩分析会的目的、过程、形式和效果都存在差异性，其关键在于对分析会的定位和导向不尽相同。其实，各类成绩分析会的定位与导向都有一个基本“通式”，无非三点，即发现教育问题、制定改进方案，以及如何执行落实。但问题是，通式往往通“知”而不通“行”，“知行合一”才是学校和教师追求的目标。

结合多年来在教育领域的观察、实践、反思，以及与教师们的交流反馈，我认为“知行合一”的操作思路在于处理好以下三个环节。

### 一、第一个环节：发现问题，定位而非定性

#### （一）能不能亮出问题

通常在学绩分析会上，学校要倡导教师们做好四件事情：分析数据、得出结

论、交流心得、反思教学。其目的是为了发现问题，即发现自身或本团队在上阶段教育过程中存在的问题，而不是定性问题，更不是为了批评哪一个人，任何一次测试数据都有高低前后，一次两次落后，并不代表永远落后于人，唯其可怕的是教师发现问题而无动于衷、依然我行我素。学校管理者要秉持这个基本观点，绝不能因为哪一位教师、哪一个班出现了问题，就简单粗暴地苛责、批评、定性某人或某团队。只有这样，教师们才会坦诚相见、大胆剖析，主动亮出自己教学中存在的问题，主动反思教学，主动接受团队和学校的帮助与指导。

### （二）会不会分析问题

发现问题的最直接的目的，是通过深入剖析问题，定位下阶段教育教学工作改进的突破点和改进点。值得注意的是，我们一定要做到既定位团队，又定位个人。

首先定位团队，一枝独秀的团队，结局注定是失败；而随着团队的失败，独秀的一枝也不会取得太大的成就、太远的发展，因为个人没有在团队建设中发挥必要的作用，反过来团队的现状也会让个人本身的成绩黯淡无光并失去发展后盾；其次定位个人，团队找到问题所在和改进点后，如果没有落实到团队中的每个人身上，没有在团队的研究与分析中找到每个人的改进点与发展点，那就是自说自话，就是空谈，只有改进之名，无改进之实。归根到底，任何工作都是通过每一个个体去落实、去推动的。

## 二、第二个环节：改进方案，定事而非定调

### （一）问题不是答案

发现问题，定位改进点之后就要从改进点出发解决问题，制订工作改进方案。第一步要做的就是写出“工作清单”，清单从来都是最简单的任务落实工具，但因为简单，往往容易被我们忽视。第二步就是根据清单，制订“工作列表”，工作列表从来都是最有效的组织工具，就是要把工作清单落到实地、落到个人、落到细节的具体措施。例如，用什么方法、在什么时间、什么人去实施、预期效果和实际效果如何反馈等。

### （二）方案不是提案

我发现，在分析会中，有时教师会把方案错论为提案。要知道，提案是不确定性因素的集合，方案才是确定性因素的集合；提案需要进一步研究才能变成方

案，方案才是执行落实的前奏和保证。所以在分析会上研定的方案，一定要预设持续改进的环节，即方案执行过程中的流程监督、质量评价、实时调整办法等，以便教学改进工作成为一个不断完善、不断修正的过程。在这个过程中，学会教育反思的方法尤为重要，日常备课组内采用的反思方法同样是应用成绩分析会的组织思维方法，即“分析现状（即时学情）—经验共享—自我反思—调整措施”四步法。

为了有效防止方案变成提案，接下来工作改进和调整的关键，就是把方案分解、细化，让它变为团队中每一个人的子任务或者说子课题，目的在于通过承担子课题提升个人，在提升个人教学水平的同时也自然为提升团队的整体工作贡献智慧与力量。我一直认为，从认识人性的角度上，在任何团体里，每一位成员只有先利己（提升自己），才能再利他（共享合作），每个个体强，团体才能是一个强有力的团队。

## 三、第三个环节：执行落实，定人而非定标

### （一）方案的生命力在于执行人

方案的价值体现在实际执行的力度和落实的效果。无论多么智慧的设计、科学的规划、合理的流程，如果没有用扎实、朴实、坚实的执行力把它落实下去，

成绩分析会

那么前面两个环节的努力就成了纸上谈兵或者说画饼自欺。从某种意义上说，执行力才是决定一件事是否成功的关键。

对教育工作者来说，所谓执行力，应该被理解为教育行动力，就是指贯彻工作方案，有效利用学校资源，依靠个人与团队的专业实践，保质保量达成预设教育目标的能力，这是把教育目标、工作规划转化成为实际效益和教学成果的关键。

提到执行力，还涉及一个具体的问题，即在实际工作中，我们要执行谁的指令和规划？《做最好的中层》一书中认为，通常我们对“执行力”的理解就是，要执行上级（包括校长、教学主管等）的指令。其实深究其里，照上述理解，如果严格按照这个理解的执行过程，是没有教师个人的思考、智慧与能动性的，是完完全全统一指令下的机械工作而已。我们需要的是结合教师个体工作特点的、符合具体学情的个性化规划执行力，也就是说，每一位教育工作者，在学校整体教育目标和理念的指引下，要学会制定自己的规划，做自己的执行人，并马上行动。

**（二）标准的达成力在于责任人**

我在这里提出的“做你自己的执行人”，指的就是“锁定责任”，做教师自己的工作规划责任人。请记住，人们永远不会为别人的事情承担责任，任何工作目标锁定的，就是个人的责任，哪怕是团队的目标。

那么团队的作用是什么呢？每一位教师都要学会依靠团队的力量，及时寻求团队帮助，以合力增强己力。这自然也就意味着，在日常工作中，教师们要重视所在备课组每位成员、重视所任课班级的每位班主任、重视所在年级组的每位成员，只有大家的努力方向与你的工作方向保持一致并精诚合作，你的工作才不会势单力薄、劳而不得、高能低效。

当然，这里还要注意一个工作标准的把握问题，即在团队普遍完成统一性的、基础性的、规程性的标准之上，基于对“个体差异”概念的理解和对“尊重个性”理念的秉持，我们对团队中每一位成员的个体工作质量标准的认定，应有一个科学、客观的认识和评价，这也是“定人而非定标”的基本含义。

（原文刊载于2016年4月19日《北京教育》）

## 教师成长的三个“关键词”

很高兴和大家一起分享高三期末成绩提升的喜悦，分享每一位老师的智慧和经验，分享着每一位老师的笑容、自信与快乐。

此时此刻，我想用三个小故事引出我想要和老师们分享的三个关键词。

### 一、第一个故事

我不知道有多少人听说过“红色小提琴”的故事。这把琴最早拥有者，是英国著名小提琴家吉布森教授，所以琴就被称作“吉布森”。电影《红色小提琴》就是讲这把琴的故事。现在这把“吉布森”归小提琴名家约夏・贝尔所有。他是当今最顶尖的小提琴手，每年在世界各地巡回演奏两百场，票价最低一百美元起，场场一票难求。买票去听音乐会的，不只是欣赏约夏・贝尔的琴艺，更想一睹红色小提琴，听听从中发出的神妙之音。

2007 年 1 月 12 日早上，《华盛顿邮报》请约夏・贝尔做一个有趣的实验。他们让约夏・贝尔乔装成街头艺人，在华盛顿的地铁站卖艺，看看会怎样。约夏・贝尔用“吉布森”这把天价名琴，在地铁站演奏了 6 首巴赫最著名的无伴奏小提琴奏鸣曲，卖力演出 45 分钟。结果在经过的 1097 人中，只有 27 人给了赏钱，一共是 32.17 美元。有 20 美元应该不算，因为最后有个老太太认出了约夏・贝尔，十分惊讶大演奏家原来这么难赚钱，慷慨地从包里拿出 20 美元。名琴、名家、名曲，如此黄金组合，如果放在平凡的地点，价值变得如此低微。

这是为什么？这里面的差别在哪里？在于环境，在于“场”。同样的物品、同样的人物、同样的行为，处在与之不相匹配的，和能与之相匹配的环境和场域当中，它（他）能够表现出的价值感、存在感、获得感以及荣誉感，可能会有天壤之别。我们的高三老师们，为了学校的高三成绩付出如此巨大的努力和心血，难道仅仅是为了高考结束后的那一点点奖金吗？是为了得到上级领导的表扬和赞美吗？绝对不是！除了为学生的未来、为证明自己的职业价值外，还有一个潜在的强烈意愿，那就是维护好、建设好交大附中这个让我们光荣而自豪的“场域”，维护高三年级组这个骄傲而极具战斗力的精英团队环境。有了这样的环境和“场域”，每位教师作为个体的真正价值才能够彰显出来。当然，教师个体价值的充

分彰显和表达，反过来又能更好地加强环境和“场域”的影响力和感染力。这就是我想分享的第一个关键词——环境。

## 二、第二个故事

微软在 1993 年开始启动微软百科全书计划，这个计划雄心万丈，砸下了无数的金钱和人力，可成效呢？努力了 16 年，最终在 2009 年正式宣布结束，从此烟消云散、空梦一场。与之相对的，是维基百科。2001 年 1 月 15 日，维基百科上线。维基百科与微软百科全书完全相反，它号召全世界的网友一起做梦，一起实现。所有参与的人都是义务，没有一个人为一个字拿到一分钱。

结果呢？大家出于兴趣、爱好，居然共同完成了。

这个故事说明什么？合作，会让我们感受到它蕴含的巨大力量，通过团队中每一个人真心、真诚、真实的密切合作，在这个团队的面前，是不会有任何难题不可以被拿下的。

合作是未来教育科研、教研活动、课程开发的必然发展趋势，看重团队、崇尚合作是交大附中一直以来的优秀传统。无论是学科合作还是教师们的教学组织形式以及学生学习方式都离不开合作，这是一个团队取得胜利的关键。

另外，关于合作，还蕴含着另一种深意。合作的本质其实是大家各自放弃一小部分安全感，并把那一部分安全感交由合作方来保障；信任是什么？信任是相信对方不会利用自己主动放弃的那一部分安全感。对我们这个团队来说，我们交给团队的，实际上，就是每个人不太擅长或略微短板的那部分智识、技能，而此行为达到效果的保证，就是我们彼此之间的真正分享与绝对信任。——这就是我想分享的第二个关键词：合作。

## 三、第三个故事

澳大利亚在 18 世纪被英国占为殖民地。当时英国政府把犯人移送到澳大利亚，这项工作由英国政府出钱，请私人船队运送。但是三年下来，英国政府发现运往澳大利亚的犯人，在船上的平均死亡率是 20%，有的船上犯人的死亡率高达 37%。

为什么呢？原来是私人船主为了省钱，都用最破旧的老船，船上粮食、饮水常常不足，卫生条件也很差，更没有医疗药品，自然会导致犯人大量死亡。英国政府于是颁布运送犯人的详细法规，把犯人在船上的生活标准定得清清楚楚，还安排政府官员上船，监督全程。每艘船也配备医生随行，照顾病患。结果呢？犯人的死亡率完全没有下降，有些官员和医生还莫名其妙地死在船上。英国政府把船主集中起来，给他们上课，实行感化教育，想唤起他们的良知，重视人命。有用吗？当然没有。这时一位议员想出方法。问题不在钱，而在钱的支付方式。原来政府是犯人上船时就付给船主钱，现在改为到澳大利亚才付钱。这下情况完全改观，政府不用派人监督，也不用派医生。反而是船主自己请医生，给犯人良好的照顾。结果犯人的死亡率明显下降，维持在1%到1.5%之间。

这是为什么？关键在于制度。有了良好的制度，人自然会以良好的行为来应对。再回到我们的教学，无论是教学干部，还是备课组长，都根据学情的数据分析，从年级层面、备课组层面、班级层面，制定了详细全面、精准到人的教学策略、实施办法、流程制度。这些策略、办法和制度，就是保证我们下一阶段工作顺利开展的制度保障，它需要我们每个人认真对待、执行落地，才能让这些制度不会变成美好的空话、大话，不会变成纸上谈兵而得不到任何实际效果。

另一方面，这个故事也同时启示我们：尽管制度是需要大家不折不扣地执行才能发挥效用，但一定要注意，制度是死的，人是活的，事是活的。当某一项制度在运行过程当中遇到问题，或者与我们最初设定的目标偏离、不适的时候，我们就需要及时在现行制度上进行合理的调整、改造、优化、创新，这也是考验我们干部团队、年级团队、备课组团队集体智慧的时候。——这就是我想分享的第三个关键词：制度。

希望各位老师记住这三个关键词：环境、合作、制度，为了交大附中的荣誉而战！

（2017年1月20日，在高三期末分析会上发言）

## 怎样把握“冲刺阶段”工作之道

自2012年交大附中成立毕业指导中心以来，在南校区所有干部、教师的共同努力下，我校中高考成绩逐年提升，成就了一批批学子。在这个过程中，毕业

指导中心团队，无论在教育教学管理上，还是在学科教学策略、教育科学研究上，都逐渐形成了具有交大附中毕业年级特色、符合交大附中校情、师情和学情的成熟工作模式，我把它叫作“套路”。

不管我们承认与否，这都是一个得套路者得天下的时代。“套路”这个词汇本来是一个中性词汇，它所表达的含义和蕴含的价值，不同的行业有着不同的看法和评判。

在我们教育工作者的眼里，一种成熟、实用的套路，就是经过教育实践和教育研究，不断积累、试错、沉淀、提炼、证明了的一套系列化的、具有实操性的、可移植的经验和方法总和。我们毕业指导中心现在就拥有了具有这样一种套路，它的存在和运行，使得我们干部和教师都有一种安全感和稳定感，这一点值得我们骄傲和自信。但与此同时，套路的存在也应该时刻引起我们的警惕。

部分心理学家认为，人们按套路出牌，可以有效降低甚至规避风险，但也容易出现一种基于集体无意识的保守主义甚至庸俗主义。我们制造了套路、了解了套路、实行了套路，也得到了套路的好处之后，时间一长，如果没有足够的警惕意识和反思能力的话，往往可能会出现害怕走出套路，害怕改变现状的心理状态和行为。那么在这种状态下，当遇到学生的变化、教师的变化、学业考查方向和内容变化的时候，我们可能就会因为套路，而禁锢住思维、禁锢住行动甚至失去某些发展的机会。

事实上，我们每一届的学生群体都有不同的学情结构和行为特征；每一届的教师群体也都有不同的队伍结构和优势劣势。所以，在这种情势和背景之下，保守、固执地坚守某一种不变的套路，无疑会使我们在持续发展的道路上固步自封、安于现状。在一种“温水煮青蛙”的状态下，慢慢弱化应对改变、顺应变革的适应能力和反应能力，从而失

高三一模会

去进一步发展的机会。当然，我还想提醒大家注意的是，不固守套路、相机而变，可不是意味着提倡完全“不按套路出牌”的做法，在教育领域里的改变套路思维，更多的是提倡逐步优化和调整，而不是以创新的名义将其推倒重来，那将是舍本逐末、舍弃优势、丢失基础的莽撞做法。

今天我想重点说说，在距高考不到两个月的这段时间里，我们应该如何理解和把握工作之道。

首先是我们该如何看待数据。毕业指导中心对这次一模成绩数据，作了全面、透彻、细致的分析，这些数据让我们清晰地看到学生的成绩在哪些方面需要补弱、提升和强化，也就是通过数据分析，我们知道了接下来该怎样做。但是如果仅仅止于此，不再追问下去、深究下去，我们和分析数据的机器又有什么区别呢？

因为机器的“深度学习”算法，没有任何理解力、解释力，更不用说什么新发现的能力。换句话说，就是机器只知道该怎样，却不可能知道“是什么”和“为什么”。而能把三个问题合在一起全盘考虑，才是人该做的和擅长做的事情。

回过头来再深究刚才那个问题：通过数据分析和结论的得出，我们知道了该怎样，接下来该做什么呢？就是去追问、研究和解决“是什么”和“为什么”的问题了。我们分析数据，是为了分析数据背后的人——学生、同事和自己。爱因斯坦说“提出一个问题比解决一个问题更重要”，其实就是表达了一个道理，即提出一个好的问题就意味着解决了一半的问题。我们通过数据分析，准确回答了“是什么”和“为什么”的问题之后，才能够更科学、精准、到位地把握和调整人的行为，也就是学生的学习策略、个人的教学策略，以及与同事的合作策略。

在这里，我还要强烈建议，把刚才数据分析背后的大量过程性、算法性工作，尽量交给机器去做，把我们干部和教师的重复性劳动时间解放出来，投放到有价值的研究“是什么”和“为什么”的工作中去。

其次是要注意“环境的维系”。请注意，我说的是环境的“维系”，而非“营造”。如果是非毕业年级，我会强调营造环境，因为前两年的学业阶段，是需要管理者和全体师生根据共同愿景，通过集体协商、团队合作、建章立制、组织活动、班级文化等一系列的步骤，逐步地、潜移默化地构建出一种适合师生共长的学习环境，这是一个营造的过程，同时也是一个不断纠偏、不断证伪的优化环境的过程。而到了现在高强度备考这个阶段，尤其是“一模”数据出来以后，我们

就千万不能因“新问题”而制造“新问题”，用所谓革故鼎新、大刀阔斧的思路去改变总体教学环境。如果这样，会对师生，尤其是学生所熟悉和习惯的备考氛围、学习节奏、作息时间等要素，造成很大程度的干扰；同时也会在新的环境要求下，师生被迫需要重新构建对话关系、增加情感沟通强度，整体复习策略也会因此而面临有效性的考验。所以，我们下一阶段对教学环境、校园氛围、师生情态等外在环境管理上，应该尽力以“维系”加“微调优化”的工作策略进行。

最后是要在高强度备考工作中引入“边际”的概念。边际是经济学里的一个重要概念，简单地说，它的含义就是“新增”带来的“新增”。在经济学研究领域里，它包含了边际成本、边际收入、边际产量、边际效用以及边际平衡等一系列的要素。其中，边际成本、边际效用和边际平衡的思维方式，值得我们借鉴。我个人认为，在我们教学管理思维中，适当引入经济学思维，对教育管理工作能够产生一定的优化和增效作用。在经济学思维中，边际成本就是每多生产一个单位的产品所要新增的成本；边际效用就是多消费一个单位的商品所带来的新增效益。

在教育教学工作中引入这些要素，可以这样定义：所谓边际成本就是我们教师每个特定时间段付出的劳动，包括教学活动、答疑活动、提优补差措施、一对一帮扶策略以及所有相关教育活动；所谓边际效益，就是教师们在每个时间段付出的劳动所带来的学生学绩提升增量或正变化。那么在这个特殊的时期，我们的复习工作策略设计和具体安排上，就不能把教师的所有精力和时间均分到教育教学的各方面活动中去，俗语说得好：什么都要，就是什么都不要。我们需要做的就是，根据前期分析和研究，准确定位下阶段的几个边际效益最大的工作点和着力点，这就是所谓工作重难点的真正含义。

至于怎样确定边际效益最大的工作着力点，则可以引入经济学中“边际平衡”的思维方式了。新增的效益，在任何一个应用边际概念的工作领域当中，总是有一个递减的规律。由于资源（教师劳动）是有限的，要想能够最有效地利用好有限的资源、得到最高的效用，办法就是边际的平衡。就是在每多消耗一个单位的成本，即每多消耗教师多一个单位的努力，我们都要把这多一个单位的成本，花在那些带给学生收益最大的那种活动上去。从而使得我们教师的每一种教育教学工作活动，最终带来的边际收益是相等的，这就是边际平衡的工作思路。这样，从学校教育教学活动的总体上来看，学生得到的总收益就会达到最大。

举个例子，每个教学班的情况各不相同，就我校的年级来说，大致有几种类型：茅以升班、理科实验班、文科实验班、理科平行班、文科平行班。我们在配置有限的专家资源时，就要考虑针对每种班型投放资源成本时的边际效益和边际平衡分析；再比如，每种类型的班级中的学生可以分为20%线群体、40%线群体、60%群体以及80%群体等，针对每种群体需要我们通过数据，进行详细透彻的多角度分析和判断，在分配教师时间、精力和关注度等工作要素时，把握整体学绩边际效益最大化的问题，其实我们常规采取的分层教学就是在一定程度上解决这个问题。

当然，我只是借两个简单的例子，来阐释这种经济学的思维方式。至于如何在教育教学中，应用边际效益最大化和边际均衡的工作思维方式，需要我们发挥每一位教师的智慧，依托团队力量，共同研究和实践，不断探索真正科学、系统、实用、经济的工作方法。

（2017年4月16日，在高三“一模”会议上发言）

## 具体决策和行动是关键

关于初高三学情分析，我与大家交流几个观点。

### 一、清醒地认识学情

分析学情时，我们首先要清醒地认识到：在新冠肺炎疫情中，最受影响的，实际上是这届新初高三学生。

这届新初三学生在疫情防控期间还处在初二年级，在当时的情境和条件下，从社会到家庭、从教育主管部门到学校工作策略，其实学生们并没有受到特别的关注和期待。当时人们关注的是应届初、高三和初始年级，所以现在我们需要对新初高三学生们的知识基础、心态、心理和意志品质给予更多的关注和帮助。

### 二、适当地缓解压力

毕业年级三高——“高强度、高节奏、高压力”。尤其是高压力，希望教师们要学会适当地排解压力，学会在未来的200多天里均匀用力。

毕业年级的老师们虽然都是硬汉和女汉子，但是面对每天每日的高压力，说不定也有身体支撑不了的时候。希望老师们第一注重锻炼身体，注意身体健康；第二学会疏解压力和情绪。

## 三、稳步地前进

第一次大考，只是诊断和定位，不具有结论意义，只有参考意义，一切尚早。以此参照，冷静分析，稳步前进。

到此，我们的数据分析过程精准到位，无可挑剔，所以接下来没有必要再去对数据进行所谓的“内卷化”处理。我们接下来需要的是关注数据背后的人——每一个学生个体；除了关注学生的知识薄弱处之外，还要关注和分析每一个学生个体具体的状态、情绪、心理、环境和思维方式。

越是危难时刻，越是紧张高压时刻，人们越是要回归生命关怀，回归生命之间的关系。

启发是什么呢？一是教育是人与人的互动，我们要以回归人本的态度对待每一位学生，比如普罗泰戈拉所说的“人是万物的尺度”；二是我们现在应该把持的态度和精神就是冷静沉着、稳步前进。因为，克制、沉着、冷静，是最积极的保守力量。

## 四、沉着地应对

怎样才能做到冷静沉着地应对呢？我提供一个跨界概念，也是一个改进方法：“抗生素理论”。

我们对诊断数据精准分析之后，第一，要精准施策；第二，也是最重要的，策略实施需要循序渐进、不能下猛药、使蛮力、滥用量，要以学生能够接收和承受的方式，逐步推进，逐渐加量，避免像滥用抗生素一样，使得策略行动反应太大受阻而失去理想效果。

## 五、从容地应对

我们应该具备三种类型的视角：飞鸟之眼，蜻蜓之眼，蚂蚁之眼。看待不同的问题，找到不同的方法。

“飞鸟之眼”对应年级工作安排，着眼于整体教学策略和相关要求。

“蜻蜓之眼”对应班级和学科，着眼于备课组行动计划、班级规划所包含的内容。

“蚂蚁之眼”则是关注我们每位教师具体的日常工作，着眼于个人智慧、决策和行动。

这里我想说：我们每个人的具体决策和行动是关键。

日前一家互联网大公司的App突然断网，一位普通的运营主管，自作主张地给用户发了一笔1500万日元的优惠券。事后调查时他说：请示了领导，但是领导没有及时回复，他觉得事出紧急，就自作主张了。那公司后来是怎么处理的呢？他的领导降级，而这位运营主管得到了一大笔奖金。官方的说法是：要鼓励员工做对的事。

这个故事给了我们什么启发？在日常具体工作中，指引我们的，不仅是上级的指令，还有每个人的自我意志，要有能力在艰难决策中判断什么是对的事。

同样的道理，各位老师就相当于那位运营主管，是真正听到前线炮火声的人，是教学一线处理具体情景的第一决策者。我们的应对、智慧和决策，对具体情境问题的解决至关重要。如果说学校最终依靠的是谁，那就是在座各位——时刻听得到前线炮火声的老师们。

（2020年11月15日，在初高三期中成绩分析会上总结发言）

# 第四章

## 组织保障：让党员干部成为学校发展的模范先锋

# 第一节 打造作风优良的学校干部团队

## 学校管理要创造留白的空间

现在，从学校管理者到教师，好像人人都在说自己很忙。但扪心自问，有多少忙是毫无规律的忙，又有多少忙是无可奈何的忙？而忙乱，恰恰是研究意识和研究过程的大敌。

研究，需要宁静。宁静，在中学教育范畴内来谈，我认为可分为三种含义：心境的宁静，环境的宁静，管理的宁静。

管理的宁静，我把它看成一种“留白”的艺术。中国的水墨画有一种独特的美、独特的韵味。这种美、这种韵味，常常是蕴藏在画面的留白当中的，让人们在那些水墨未到之处浮想联翩，品味意境。管理的宁静，就是要为教师创造留白的空间，让他们能够静下心学习、思考和研究。

要追求管理的宁静，我们就会不可避免地思考一些问题。比如：有没有可以避免的“无效”环节，有没有可以整合的表格和问卷调查，有没有可以流程优化的考核，有没有可以精简的会议，有没有可以减少的“味同嚼蜡”的总结，有没有可以“艺术化”的工作方法，有没有可以简化的形式，有没有可以摒弃的问题复杂化“思维方式”……这就需要谈到简约。

在简约这个话题上，我想谈简约管理的概念。

“简约而不简单”，这是一句广告用语，但它说出了一个道理。孟子说：“言近而指远者，善言也；守约而施博者，善道也。”实行简约的做法却影响广泛，达到的效果更好，这是善道。这句话值得我们深思。爱因斯坦一生都在崇尚简单化原则，他认为：在逻辑上简单的事物不一定是物理的事物，但物理上的事物在逻辑一定是简单的。管理机制应该算物理范畴吧。

现在有很多关于简约管理的资料和书籍，可供我们学习和参考。其中张九元的简约管理课程和彼得·圣吉《第五项修炼》给我的启发最大。借助他们的思维观点，结合自己的思考，我以为要追求管理机制和管理流程的简约，有以下五个操作关键点。

第一，简约管理的核心方法，即复杂的问题简单化、简单的问题条理化、条

理化的问题更简化。

第二，既然简约，就一定要便于操作。从需求上，要让简约的理念形成共识；从理论的高度上，要浅显易懂，不要故作高深；从改变上，要立足基础，尊重传统，适度创新；从进度上，要分而治之，对容易解决的问题可以用西医疗法（治标），对重难点问题可以采取中医疗法（治本）；从推行上，应该从小范围开始，争取有范例和榜样可学可参照。

第三，简约的内容。按照著名管理专家张九元的说法，简约的内容有四种，按我校的实际情况，可以有两种：一是简约思维方法；二是简约的工作方法与流程。简约思维方法有很多，比如简约思考——事物本来没有那么复杂，如何找到关键点很重要；比如换位思考——站在对方的立场上，原来会是另一种景象，另一种感受，另一种期盼；比如反向思考——奖简罚繁，还是奖繁罚简……简约工作方法与流程的实现，则是需要我们去共同研究、共同尝试。它的实现大概有四个方向：必大为小，改细为粗，改多为少，改繁为简。当然，这种变革一定是要建立在对各个环节的科学评估基础上的。

第四，及时评价上一阶段简约管理的效果。比如，工作效果是不是比上阶段有进步；是不是已经不能再简；大家是不是都在做真正该做的事；大家有没有把简约管理理念贯彻；现在的工作是不是更精简、更迅捷、更高效了，等等。

校园掠影

第五，对下阶段简约管理的科学调整，依据五个“能不能”的结论（张九元理论），即：对工作效果进行科学的预期评估之后，问问能不能取消某项工作或流程；问问能不能有些工作暂时不做以后再做；能不能合并某些同类型、同内容或同对象的工作；能不能用简单的东西代替某环节；能不能促进部门间和教师间的合作。

《简约管理》一书作者张九元说：“事情原本非常简单，不要自寻繁琐，管理本不复杂，不要制造麻烦。”我借这句话与大家共勉。但我要特别强调的是，不管怎么简约管理，都离不开系统思维的基础。

（原文刊载于 2013 年 11 月 20 日《现代教育报》）

## 营造“在工作中研究”的氛围

通常意义下，按照中学教育工作者约定俗成的思维模式，谈到研究，我们一般会习惯地开始从“教育科研”的角度去理解和论述。而一旦我们从纯粹教科研的角度去理解“如何增强研究能力”这个论题的话，无论是教育学者还是一线教师，很容易出现以下两种情况。

第一种情况，对于理论基础比较好的教师，会尝试用完整系统的理论结构去阐述这个问题，也就是从科研的理论与知识、科研的方法与技术、科研的成果与评价和科研的管理与指导这四个方面去展开。如此做来，除了能完成一篇观点正确却毫无新意、论据充分却缺失原创、结构严谨却千篇一律、语言专业却空洞乏味的论文或报告之外，别无价值，更不要说对教育实践起到可操作的指导作用。

第二种情况，对于更多的教师，可能会从科研的意义、发现研究的问题、研究的计划与实施、几种常用的科研方法、研究者应该持有的情怀和精神等这几个方向中，找到自己感兴趣或较为熟悉和精通的落脚点加以展开。此种方式避免了问题研究的假大空误区，能够从教师熟悉和擅长的实践领域出发，对日常教育实践有一定的现实指导意义，但极容易出现以偏概全、以点带面，在形成科学完整的体系、跨学科的借鉴意义以及理论的严谨求真等方面存在一定的缺憾。

笔者认为，出现以上两种情况的根本原因在于，我们在思考研究意识、研究

实效和研究能力这些问题时，没有跳出所谓“教科研”工作的传统模式和概念框架，即关注理论研究而非行动研究、关注学术讨论而非实践论证、关注经验总结而非实验反思。对于大多数中学教师来说，教育研究应该是在鲜活的教育行动与实践中实现，而不是试图像高校教师一样成为学术理论的专家和专业领域的引领者。

那么，在中学教育行动与实践中，我们究竟应该如何避免上述的误区和问题，真正有效地促进教师的教育研究能力，营建“在工作中研究”的校园氛围呢？答案不是唯一，途径更是多样。在这里，我尝试抛砖引玉，借助一个操作模型来阐述个人的思考和观点，希望更多的教育同行能够参与到这个讨论中来。

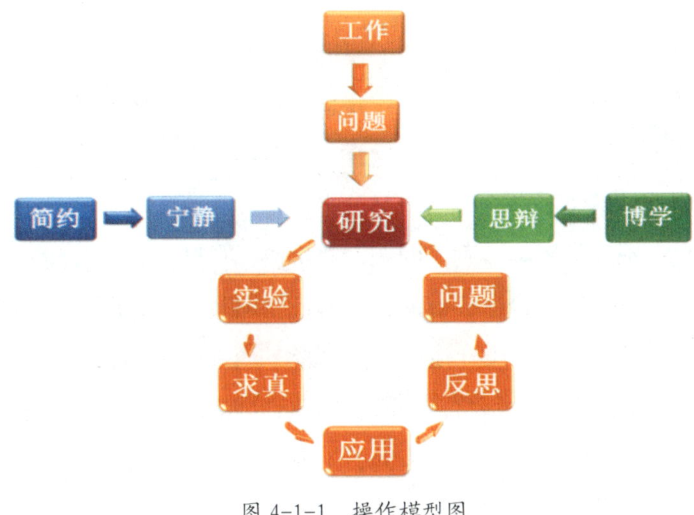

图 4-1-1　操作模型图

这个操作模型是一系列关键词汇组成的一个结构性流程，如图 4-1-1 所示。

每一个关键词汇就是一种行为、一种方法或一种保障。我认为，研究意识的保持和强化、研究能力的修炼和提升，应该是由这些关键点所决定的，“研究”当然是核心。简而言之，这个模型分为三个部分，首先是中间的部分，由上至下，实践产生问题，问题引发研究，研究需要实验，成果进入应用，应用之后反思，反思催生问题，由问题再进入研究环节，这是一个系统思维的调节回路。在这个行动研究过程中，研究意识的保持和强化、研究能力的修炼与提升，还要制约于两个方面因素的影响，即左右两个部分：外部的因素（管理方面），简约的管理方式和工作流程、宁静的研究氛围；内部的因素（个人方面），要有博学的积淀和思辨的能力。

事实上，“研究”和“实验”无需赘述，二者属于教科研的方法与技术范畴，有完整系统的理论体系和科学严谨的操作规范，另行讨论和探究的意义不大。所以，本文将舍弃传统教科研思路与方法，从这个模型中的其他关键词谈起，讨论该如何创建“在工作中研究”的校园氛围、增强中学教师研究意识、修炼中学教师研究能力的关键因素，即：问题、宁静、简约、博学、思辨、求真和反思等方面。

## 一、“渗透教师研究意识、提升教师研究能力”易被忽视的三个关键性因素

### （一）第一个因素：问题

其实谈到研究意识本身就包含着两个话题，即问题意识和研究意识。前者有时更重要。

如果在教育工作中没有发现什么问题，那我们研究什么呢？这是个因果的关系。现在我们中学教师的教育研究，经常就会出现这样的现象，有太多的教师，都在研究别人的问题，或者是别人规定的课题。这样当然就会导致我们经常看到的两种课题研究结果：要么是不了了之；要么就是就虚谈虚，理论通篇，实践脱节，空中飘浮，无法落地。别人的困惑、别人问题没有解决，自己浪费了时间、增加了负担，敷衍了别人，也敷衍了自己，有的教师因此得出“科研课题都是无用的形式主义”的结论。

如何改变？关键在于“问题”，教师自己在教育实践遇到的问题和困惑，才是研究的真正触发点。善于捕捉到问题，善于追问，带着问题去有目的的学习和研究，在研究中解决困惑，才是最有效的专业提升之道。

这里特别要说到“追问”一法。很多时候，我们在教育过程中发现了问题，但常常是浮在表面的问题，没有真正触及问题的核心、触及我们的痛点。如果我们得过且过不加以注意，研究的行为就会又回到前面所描述的境况。所以此时就需要我们就这个初始问题进行追问。

另外，有时候，在发现问题和进入研究之间还会有一个环节，就是调查。可以认为这是追问的一种方式，也可以说是研究过程的前期准备。通过有目的的调查，我们可以把问题更加清晰化、准确化，使研究过程找准方向，不走弯路。

### （二）第二个因素：反思

“反思”是我们在教研和师训当中经常挂在嘴边的常用词汇，但真正把反思的行为方法作为提升自身教育能力和研究能力的有效工具，贯穿于专业发展过程

的教师少之又少。

有一个很有趣的现象是，很多教师对反思的理解是“小结”或“回顾”，这可能和日常教学管理中教师们被强调撰写和上交“课后反思”的惯例有关。还有的教师把反思等同于“反省”，在我见到的教师上交的反思类文章中，经常会看到有“反省”的意味在里面，比如某节课教学设计的缺憾和不足、某个教学活动组织的方法不当等，继而表示在以后的教育行动中改善和弥补，通常在没有提出任何有效的解决方案的情况下戛然而止。其实，我认为，反省只是反思的其中一个元素，反思是一种思维的方式，是我们对问题反复、严肃、执著的思考过程，是对自身教育经验的重新组织和建构，它强调的是深入、过程、持续和行动。所以，杜威认为，反思是对于任何信念或假定性的知识，主动地、持续地考量它赖以成立的基础以及它所倾向的结论。

按照上述认识，我认为在运用反思方法时应该注意两个问题：第一是反思内容的持续性和完整性，一般运用反思的方法包含撰写教育日志、积累教育案例、描述教育事件、提炼教后小记等，无论教师积累了多少不同类型的反思，它们一定是持续的、系统的思考个人的教育经验和专业发展历程；在完整性方面，应该把对教育知识内容、活动组织过程方面的反思，提升为对教师角色地位、教育观念（理念）等方面的深刻认识，以此深层次地思考和认识，再回过头来指导教育内容和活动过程的整改与完善。

这就关联到了我要谈的第二个问题：反思与行动的一体性。反思是一种事后的思考，思考是为寻求解决之道或行进方向，其真正的价值就体现在接下来的教育行动中。教育行为的改变是反思的结果，而改变的教育行为和改变后的评价又会是下一阶段反思的起因和素材，如此反复，才会让反思真正成为教师的一种专业生活习惯。

如果以上所述太生涩和拗口的话，我们不妨用下面这几句话作总结：“没有行动的反思是彻头彻尾的空想”“以完成任务为目的反思是废品，是对自己时间和生命的不尊重”“不能持续的反思行为，会让我们失去方向和主见”。

**（三）第三个因素：求真**

在模型中，“求真”为什么会出现在流程的“实验”与“应用”之间？原因就在于“求真”这种看似不高的要求，在现在的教育研究乃至中学教育中，这种品质已经属于稀缺品。

大学教育中的学术造假现象对我们日常来说，已经不算是新闻了。我们通常会以旁观者和评判者的身份对它加以指责，但中学教育尤其是教育研究，又何尝没有类似的情况存在？有多少课题是因为时间和精力不足而仓促结题；有多少课题是没有经过实践的反复验证而得出想以为然的结论；有多少论文是在依靠无比正确但完全不需要验证的现成理论支撑着；又有多少虽然没有深刻理解或感同身受但毫不影响冠冕应景之辞充斥通篇的总结感悟面世……我想，只要大家静下心来思考和分辨，相信就会发现更多诸如此类的现象。

如果仅对教育科研中的“失真”现象来归纳的话，这里可以例举以下几个常见的问题：

非体验结论——没有通过实践、实验、应用和反思而得出的结论。

非执行调查——没有经过亲手的调查研究，而是借用或抄袭第三方的调查结果进行研究，不关心调查对象的一致性。

非评价臆断——没有对研究或实验的结果进行全方位跟踪评价而直接得出最后的结论，有时完全来自于主观的臆断和想以为然。

非原创成果——项目的研究结论照搬、仿照前人研究的成果，或用已有的、成熟的教育理论形成结论，可以说完全没有存在的价值。

这种研究结果的“失原创化”的现象，已经严重阻碍中学教育科研的发展和实效。比如，学术论文抄袭已成为公害，如此的论文价值何在？对此，教师们应该反思，作为组织者和管理者也更应该反思。借用周国平的话：“每人都展现出自己独特的美，这样的世界才是赏心悦目的人类家园，相反的情形，人们追随舆论和时尚，互相模仿，面目雷同，世界就成为插满假花的荒原。”

另外，把“求真”这一元素放在“实验”元素的后面，还包含着“实验的容错”意义。既然是实验，当然就会容许错误的结论，这是和研究的定位、方法、技术、变量的不可控变化、对象的不稳定状态等因素息息相关的。这个时候就要求我们不能回避结论，而是要重新回到研究与实验的过程中继续实践，必要时增加课题研究的成员和求助各方面专家。要知道，有时候错误但真实的结论，反而比正确但缺乏原创的结论更具有现实意义和参考价值。

## 二、营建“在工作中研究”校园氛围的两个外环境因素保障

### （一）第一个保障：宁静

首先说心境的宁静。它是一种个人的修为。刚才说宁静致远，魏书生曾对教师的“宁静致远”作了他的诠释：“宁静”是“要尽到教书育人的责任，最重要的任务之一是眼睛向内、超越自我，守住心灵的宁静”；“致远”是“建设自己的精神乐园，建设自已热爱教育、享受教育的专业家园”。

如果不能达到宁静致远的境界，我想，至少我们不能让太多的杂念缠身。影响心境的杂念很多，每个人排解的方法也不尽相同。随便举两个例子：有这样的教师，对各种评比称号、头衔荣誉趋之若鹜，也非常擅长把握好这些称号和头衔的获得途径、“方法”，可以说驾轻就熟，比如发表论文、完成课题、各级公开课等。但我们总会发现一种现象，就是会经常出现教师的称号与常规工作质量极不相称的情况；相反的，又有这样一些教师，勤勤恳恳、任劳任怨，在同伴之间和一定范围内，起到了实实在在的骨干作用，但因为时间、精力和工作强度等外部因素，在很多评比中，反而不如那些常规工作质量一般、面对学校的责任要求推三阻四，但论文多、课题多、发表多的所谓“硬件”强的教师。常此以往，那些勇于承担学校重任的教师们怎么可能心无杂念。这种现象和问题，只要我们从管理到一线，及时关注和重视，我认为在学校范围内，通过合理的评价、合理的机制，通过我们的努力，是可以改变的。这也是我们不鼓励那些与教育教学实践脱离，乱唱高调课题的一个原因。

是非与和合也是杂念有无的一个例子。世上任何一个地方，只要有人，就会有各种各样的是非。对待这些是非，仁者见仁，智者见智，“春有百花秋有月，夏有凉风冬有雪。若无闲事挂心头，便是人间好时节。”谈到和合，唐代的和合二僧寒山和拾得的一段对话，足以给我们经典精辟的启示。有一天寒山问拾得：世间有人谤我、欺我、辱我、笑我、轻我、骗我，如何处置乎？拾得回答：忍他、让他、避他、由他、耐他、敬他、容他，过得几年，你且看他。值得我们感悟。

宁静能给我们带来思考的内环境，而这种内心环境的修为，是能反映在教师的外在气质上的，它对周边人甚至是周边环境具有强烈的感染力。

去年我在一个班连着听了两节课，都是高考科目，给我留下了深刻的印象。

第一节上课的教师，教学设计非常好，目标过程重难点都设置得很合理。但是教师在整个讲授过程中，表现出一种忙乱、急燥、催促的状态，学生在回答问题和一些自主环节中，经常被这个教师打断、催促，整个课堂气氛和学生状态也显得浮躁、不安静。

第二节上课的教师，在上课预备铃声打响以后，从容安静地站在讲台前，静静地注视着全班，十几秒钟的时间，这个班级迅速地安静下来。请注意，这个老教师并不是班主任。课上，这位教师按照进度，不急不缓，徐徐展开，声音也不大，举手投足透露着一种从容自信、宁静思辨的气质。学生回答问题时，这位教师先是安静地听完，再进行引导。

这节课对比上节课的课堂气氛和学生状态，只能用井然有序和舒服惬意来形容了。作为教师，我们都知道这不是一日之功，这种宁静的气质来自自信，来自对自己教学能力、专业能力和文化底蕴的自信。

所以，全国模范教师钱伟量归纳他几十年的从教体会，只用了八个字：宁静为学，宁静为人。

环境的宁静，很好理解，它应该是一种大家共同约定俗成的文化，大体包括教室的宁静、校园的宁静、办公的宁静、研修的宁静、理念的宁静等。

前两点自不必说，神圣的教室和校园永远安静；办公的宁静来源于办公室宁

英语组教研活动

静文化氛围的营造，这需要所有成员的共同约定。

研修的宁静，除了指校本研修时教师要心无旁骛潜心研磨之外，还指我们能否创造另一种研修的方式，比如备课组活动、学习会根据需要，设置自主研修的环节。这个自主研修方式可以利用专门的时间、专门的地点，大家在一起静静地阅读、静静地学习，然后再一起讨论。

理念的宁静值得一论。中学进入新课程改革以后，尤其近几年，各种各样的教育理念在我们身边生长、定位、喧嚣，各种各样的教育模式在我们身边涌现、展示。对学校来说，发展与改革进程，最难的就是选择与定位。这就要求我们立足本校的实际情况，准确定位，选择一种最适合学校发展的理念，从一而终，不要让我们在理念和方向的选择上忙乱与无措。

管理的宁静，就是要让教师们能够静下心来学习、思考、研究。要追求管理的宁静，我们就会不可避免地思考一些问题，比如，有没有可以避免的“无效”环节？有没有可以整合的表格和问卷调查？有没有可以流程优化的考核？有没有可以精简的会议？有没有可以减少的“无人阅读”版总结？有没有可以“艺术化”的工作方法？有没有可以简化的形式？有没有可以摒弃的问题复杂化“思维方式”？这就需要谈到简约。

### （二）第二个保障：简约

在简约这个话题上，我只想抛出一个话题，跟同行们探讨一下。简约在这里主要指的还是简约管理的概念。

“简约而不简单”，这是一句广告用语，但它说出了一个道理。孟子说，言近而指远者，善言也；守约而施博者，善道也。实行简约的做法却影响广泛，达到的效果更好，这是善道。这句话值得我们深思。

现在有很多关于简约管理的资料和书籍，可供我们学习和参考。其中张九元的简约管理课程和彼得·圣吉的《第五项修炼：系统思维》给我的启发最大。借他们的思维观点，结合自己的思考，我认为要追求管理机制和管理流程的简约，有以下五个操作关键点。

第一，简约管理的核心方法，即复杂的问题简单化、简单的问题条理化、条理化的问题更简化。

第二，既然简约，就一定要便于操作。从需求上，要让简约的理念形成共识；从理论的高度上，要浅显易懂，不要故作高深；从改变上，要立足基础，尊重传统，适度创新；从进度上，要分而治之，对容易解决的问题可以用西医疗法，对重难点问题可以采取中医疗法；从推行上，应该从小范围开始，争取有范例和榜样可学可参照。

第三，简约的内容。按照张九元的说法有四种，按我们的实际情况，可以有两种：一是简约思维方法，二是简约的工作方法与流程。简约思维方法有很多，比如简约思考——事物本来没有那么复杂，如何找到关键点很重要；比如换位思考——站在对方的立场上，原来会是另一种景象、另一种感受、另一种期盼；比如反向思考——奖简罚繁，还是奖繁罚简……。简约工作方法与流程的实现，则是需要我们去共同研究、共同尝试。它的实现大概有四个方向：改大为小，改细为粗，改多为少，改繁为简。当然，这种变革一定是要建立在对各个环节的科学评估基础上的。

第四，及时评价上一阶段简约管理的效果。比如，工作效果是不是比上一阶段有进步；是不是已经不能再简；大家是不是都在做真正该做的事；大家有没有把简约管理理念贯彻；现在的工作是不是更精简、更迅捷、更高效了……

第五，对下阶段简约管理的科学调整，依据五个“能不能”的结论（张九元理论），即：对工作效果进行科学的预期评估之后，问问能不能取消某项工作或流程；问问能不能有些工作暂时不做以后再做；能不能合并某些同类型、同内容或同对象的工作；能不能用简单的东西代替某环节；能不能促进部门间和教师间的合作。

《简约管理》作者张九元说：“事情原本非常简单，不要自寻繁琐；管理本不复杂，不要制造麻烦。”与大家共勉。但我要特别强调的是，不管怎么简约管理，都离不开系统思维的基础，在《第五项修炼：系统思维》一书中有详细阐述，这里就不多论了。

## 三、营建“在工作中研究”校园氛围的两个内环境因素修炼

### （一）第一个修炼：博学

教师的职责是教书育人。言传身教，靠什么育人？靠什么身教？我认为主要

是依仗教师自身深厚的文化底蕴和人文素养。底蕴和素养靠什么积淀和养成？博学、修身。尤其在这个信息时代，学生所掌握和了解的信息量，今非昔比，无法估量，作为教师更应该与时俱进。

当然，对中学教育来说，博学对教师的要求是比较高的，但教师至少要使自己成为一个“杂家”。我在这里说博学，更多的是指通识性知识。专业性知识是学科教师不可侵犯的领地，必须精通；而通识性知识，则是更考验教师的博学功底。在每一届北京市组织的初高中教师基本功大赛中，关于通识性知识，分值比重都非常大。我觉得，教师的专业知识水平是决定了他的课堂的深度，教师的通识性知识水平则是决定了他的课堂的广度。

使自己博学的途径有很多，培训、交流、游学、网络等，太多了。但最重要的一种途径，就是读书。可惜的是，现在教师读书的情况普遍不容乐观。所以在推进读书工程、倡导教师形成读书习惯方面，我们任重而道远。

另外，该如何读书的讨论也有很多，以我个人的体会，读书不是为了记住它的词汇和语句，而是通过读书的过程与作者交谈，是在学习作者的思维方式，是在与作者进行思想的碰撞，同时把这种思维交流的结果内化到自己的头脑里。也就是，对中学教师来说，读书的一个重要目的是智慧的汲取、思维的创新训练和思辨能力的养成。由此我好像明白了《道德经》那句经典的含义：“为学日益，为道日损。”

“为学”是一个向外的过程，主要是为了获得知识和经验从而了解世界，所以才会不断地增益；“为道”是一个向内的过程，主要是为了消除庞杂的思绪和思维的零乱，形成明晰的、简约的、系统而可自生的思维体系，从而产生明悟和思辨能力，所以才会不断地减损。

**（二）第二个修炼：思辨**

《礼记·中庸》曰：“博学之，审问之，慎思之，明辨之，笃行之。”审问、慎思和明辨，说的就是思辨能力。我们经常用它来教育学生，告诉学生应该怎么学习，怎么提高学习能力。这又何尝不是我们教师的为学之道和为教之法呢？

思辨是一种能力，是思考力、辩证力、理性与批判性的集中体现，它不可能是促而成之，而是在我们教育生涯中长期积累、训练和生发出来的一种难能可贵的思维素质。我们锻炼自己的思辨能力，其主要目的还是在于形成一种思考的习惯。对于任何事物的产生与存在，我们都要抱着辩证与理性的方式去思考。教师个人的专业发展更需要思辨的能力，尤其是对发展方向的定位和选择。要知道，方向正确，前进两步后退一步也是进步；方向偏差，越前进越糟糕。

由于篇幅原因，对于思辨这个话题，在这里就不展开讨论了，只列举几个可供锻炼思辨能力的题例，比如对同课异构理论和活动的思辨意义，对外省市成功教育实践模式移植北京的可行性与本土化的思辨意义，对学案式教学模式的思辨意义，对小组合作式学习的思辨意义，对“精英教育”培训观点的思辨意义，对有些形式化的教育活动其价值和必要性该不该否定的思辨意义，未必对“学生的意见就是学校改进的方向”工作思路的思辨意义……

特别是最后一个思辨题例。我们总说，一切为了学生，为了学生的一切，为了一切学生。这当然正确。但在这个观点的基础上，很多学校甚至是有些教育专家发展出更进一步的绝对化的观点：“学生的意见就是学校改进的方向”。相信很多教师都在不止一所学校、不止一次活动中，看到或听到过如此表述。这样绝对化的结论就是缺乏思辨能力的体现。如果说学生的意见就是学校改进的方向，那社会的需求呢？未来世界对人才的需求呢？课改精神的需求呢？还有，我们作为教育者的自主思考力在哪里？我们的思辩力在哪里？我们的引导力在哪里？有些问题，还是需要我们这些心智发展比较成熟的教育者，来为他们思考、引领和选择吧。

总之，只是以讨论的方式与同行交流观点，希冀抛砖引玉，我们能够共同思考和努力。毕竟言辞与观点只是信息的载体，真正能让我们的专业发展、教育事业越做越好的关键是实践和应用、变革与通达。所以《周易》说：

鼓而动之，存乎辞；化而裁之，存乎变；推而行之，存乎通。

（原文刊载于2015年10月9日《河南教育学院学报》）

## 提升干部管理水平的五种意识

我认为，要想做好一个优秀管理者，必须具备三个关键要素：精神、能力、意识。

首先，精神。我们学校的干部，都是具有交大附中文化精神和奋斗精神、综

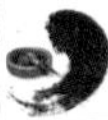

合素质过硬的管理者。这一点毋庸置疑，之所以这样才会成为干部。

其次，能力。不得不承认，能力有高有低，但我们都相信勤能补拙。再者，作为干部，我们每年都要接受“德、能、勤、绩、廉”的群众民主测评，虽然有差别，但在能力方面不会有太大的差别。还是那句话，如若不然，也不会成长为干部。

最后，意识。我要强调和要求的，是有关于干部提升管理水平、高效高质开展工作所需要具备的五种意识，也是针对交大附中教育集团发展现状和未来发展方向的管理者工作意识。

从心理学角度上来说，意识决定态度，态度决定细节，细节决定行动，而行动才决定最终的成绩。

所以我要强调，也是要求各位干部在日常工作中要具备五种意识。

## 一、新任意识

从 2016–2018 学年开始，我们学校新任命了一批管理干部。对于这些干部来说，每个人即将面临的工作内容、工作方式、工作责任都有了很大的变化，新任意识不用说，也会在相当长的时间里存在于这些新干部的意识里，这种意识会督促新干部快速学习、快速适应、快速进入角色，以便尽快地适应新岗位、发挥应有的引领和管理作用。而我要重点强调的是，对于“老干部”来说，也应该具备这种新任意识。因为老干部对本岗位的工作很熟悉，具有丰富的管理经验和心得体会。但是，经验有时候是宝贵的财富，有时候也会成为工作思路和改革的瓶颈，也就是所谓的经验主义。所以我们的老干部，也要保持一种新任干部的新意识，保持谦虚开放的心态，保持持续学习的状态，不断提升和完善自己，这样才会适应学校快速发展和变革的需要。

## 二、前瞻意识

现在正是基础教育改革的快速推进期，教育形势瞬息万变。作为干部，我们应该做好哪些准备，应对形势的变化，适应社会的发展？

我们要求教师，要用发展的眼光和思维，看待自己的专业和发展。这就是一种“前瞻意识”。作为干部，更需要具备这种前瞻意识。我们学校为什么要请专家到学校举办讲座，就是要用专家比我们预先看到的东西、预先得知的信息，为教师的专业发展指明方向。从教师角度来说，我们这些干部也是另一种意义上的专家。只不过，我们是用管理的前瞻性思维，带领教师进入专业发展的前瞻性思维。只有这样，我们才能顺应教育改革的进程，才能完成我们学校未来发展的目标，才能抓住教育的趋势和未来的机会，我们交大附中教育集团才会立于不败之地。

说到不败之地，就不得不说领导干部需要具备的第三种意识：忧患意识。

## 三、忧患意识

立于不败之地，说起来容易，做起来不容易。

交大附中发展到今天，取得了一些辉煌的成绩，的确值得我们自豪和骄傲。但如果我们满足于现状，那就离失败不远了。现在的形势是，各学校都在积极寻求变化、积极变革创新，就是为了适应和跟上教育改革的步伐。这个时候，谁不变化、不创新、不前进，就是彻头彻尾地倒退，吃老本儿的时代永远过去了。

所以我们一定要具备忧患意识，一定要清楚不前进就是倒退的现实。

其实对我们来说，忧患意识同时也包含了两个要素，就是问题意识和自省意识，也就是要求我们不断在工作中，根据形势的变化，根据过程中的不可测因素的变化，主动去发现问题，主动反省自己的工作思路，主动改进和优化工作的策略和内容。

## 四、创新意识

这是个新话题，也是个老话题。持续创新和变革，才是顺应发展、解决问题之道。

现在的学校教育，要求培养学生的创新思维。但是，没有创新意识的教师，就培养不出具有创新意识的学生。同样的道理，没有创新意识的管理团队，就不会带出具有创新意识的教师团队。

我校当初开始结构化变革，成立一室六中心，实施扁平化管理，就是一种顺应发展、解决新问题的创新之道；在我校办学规模发生变化、成为教育集团时，实施校区管理、成立集团办公室统筹三部，也是一种顺应发展、解决新问题的创新之道。校长谈到的未来学校发展规划当中，各校区、分校的整体演变布局，以项目管理方式推进教育质量提升，更是一种解决新问题的创新之道。当然，学习各个部门的新学年规划当中，也都体现了一种创新的思路和变化，但还需要我们继续开拓思路，根据学校规划，根据师生现状，加大创新和变革的步伐。

创新的方法和模式很多，需要我们用开放性和批判性思维去创造。我们在这里学习一个组织创新的思维方法：跨越不连续性。

这种思维模型来自于企业管理理论，也是现今创新型企业和高科技公司普遍推崇的管理思维方法。什么是“跨越不连续性”？我先讲一个商业管理的经典案例：

1984 年发生了两件事，决定了两大国际型企业日后的走向和兴衰。

第一件事：1984 年，IBM 税后净利润已达 65.8 亿美元，当时 IBM 的主营业务是大型机。总裁埃克斯认为，IBM 一直会保持爆炸性增长，事实上之后 IBM 陷入巨大的危机，轰然倒下。

为什么？因为连续性发生变化了，当时遭遇的是从大型机到 PC 机的不连续性，20 世纪 80 年代是个人电脑高速增长期。IBM 的跟头，就摔在“不连续性”这几个字上。1984 年以后，IBM 税后净利润逐年下滑，直至被联想合并。

第二件事：同样是 1984 年，英特尔陷入前所未有的困境，核心业务存储器的市场机会被日本的竞争对手给摧毁了，公司面临着保留还是放弃这块核心业务的抉择。

这时，英特尔 CEO 摩尔问了总裁格鲁夫一个问题：如果咱俩被扫地出门，董事会选新的 CEO 过来，你觉得他会作什么决定？格鲁夫沉思良久，最后回答说，他会让英特尔远离存储器市场。然后他接着提了一个问题：“既然如此，我们为什么不自己来做这件事呢？”

这可能是商业史上最具启示意义的一个场景。当时在所有人心目中，英特尔就等于存储器，要大家放弃自己的身份，何其难也。后来，英特尔关闭了存储器生产，开始做微处理器。不久之后，微处理器的销售超过了原来业务，1986 年之后，英特尔全面重生。1992 年之后，英特尔成为全世界最大的半导体公司。

英特尔的这个策略和行动，就是跨越非连续性。

这不是故事，这是组织发展和进化的普遍规律。无论是企业、公司，还是学校，都是一个相对独立的组织团体，随着社会、科技、文化的发展和变革，它们的发展过程都不会是一个理想的“单曲线模型”，而是“双 S 曲线模型”甚至“多 S 曲线模型”的发展生态。管理学者陈春花认为：一个组织要想实现可持续发展，这个组织就要有能力跨越发展的非连续性。

所以，如果我们想推动学校可持续发展，不断超越、不懈追求，实现建成幸福学校的办学目标，我们就要像市场破坏企业一样去主动破坏自己、改变自己，就要像企业家一样秉持独立思考、理性学习、置疑创新的精神，不断挑战自我保守和自我封闭的思维惯性，用创新去推进革新、用创新去迎接未来。

## 五、合作意识

“合作意识”这也是个老话题了，但每次都不得不强调。

学校期末大会的主题，强调“融和”，校长的发展规划里强调“融和”，党委的工作思路更是强调“融和”。这个融和，既是指校区内各部门工作的融和，又是指各个校区和分校之间的融和。但无论如何，如果我们在干部层面，没有真正的合作意识的话，这些融和就只能成为空话。

不管是部门，还是校区，作为交大附中教育集团的一分子，都是“一荣俱荣、一损俱损”。传统的本位主义、地方主义，已经远远不能适应现在教育改革的形势发展，这一点大家应该能够感受得到。就连我们的教育集团，也在积极寻求外界，包括社区、大学、小学，甚至是中学的合作，这也是大势所趋。

所以，关于合作意识我也不想过多地讲，大家也都很清楚这个道理。我只想讲一句，请我们的各位干部，在日常开展工作的时候，学会站在校长的角度思考问题，以学校的整体利益和发展为先。

“学会站在校长的角度思考问题”这句话，我不知道大家是否觉得熟悉？这句话，就来自我们交大附中行政干部的工作理念和工作准则。所以在这里，我觉得有必要带着大家，再次重温一下我们的工作理念和准则：

理念：求真务实，廉洁奉公，善于合作，追求高效。

准则：以人格魅力和学识魅力感染与打动教职工心灵。常怀感恩之心，常存坦诚之意。具备引领教师成长的领导能力。在名利面前能够谦让，在紧要关头能够挺身而出。走专业化管理之路，精细管理。做到和而不同，求同存异。

站在校长的高度去思考问题，站在教师的角度去解决问题。低调做人，热情做事。这里面也包含了我强调的五种意识，与大家共勉。

（2016年8月24日，在学年工作规划干部会上总结发言）

## 立足学习内容，提升学习价值

我想借两个观点对我们的干部提一点要求。这两个观点，一是学习的价值，二是学习的内容。

首先谈谈学习的价值。

大家有没有想过一个问题，我们为什么重视学习？平时我们学习的时间和机会已经不少了，学校为什么还要不断为干部、教师创造学习的机会、平台和资源。

在我看来，有以下两个主要原因：一是宏观原因，二是微观原因。

宏观原因在于，现在的教育行业相当于社会各行各业的一个缩影，每天都在不断变化、变革，每天都在自我更新和迭代，每天都在形成一个新的形态。就像是永无止境的进化一样，永远处在一个不稳定的状态。这样的环境和现实，使得我们面对的学生、面对的家长、面对的同事，甚至是面对的上下级关系，每天都在发生着不同的变化，产生着不同的需求，体现着不同的特征。要想跟上这个充满变化的时代，就要求我们的干部不断强化自己，进行持续的自我迭代、自我更新，才能适应当前的教育环境、教育趋势、教育改革，才能适应身边这个不断变化的世界、不断变化的人，尤其是变化着的学生。

微观的原因在于，我们大家所在的团队，也就是北方交大附中这所学校，正处在一个集团化办学的阶段，或者说处在一个集团化办学的时代要求之上，我们每一个人都是这个新教育格局里的一名建设者和探索者。所以相对于不同类型的学校和不同类型的教育管理者，我们的学习清单里就会比别人多了一个重要的维度，就是如何在集团化办学这种管理模式中、这种共生共长的模式中，找到工作的新定位、找到工作的新方法、找到工作的着力点和合作点，以更好地去适应这种新形势下的管理者角色。

耶鲁学人、财经主编王烁说过一句话，给我以很大启发。他说，在现今这个变化加速、变革加速的社会和时代，不是最强者生存，也不是最智慧者生存，而是适者生存。《黑天鹅》一书作者塔勒布提出一个概念叫作“哑铃式生存”，主要是针对世界的认识论和投资方法的策略论。其实，这种生存方式也普遍存在于我们日常的生活工作中。一般说来，在这个哑铃生存模型的某一端，是我们熟练掌握的专业技术，它可以是一成不变的，是我们赖以生存的必要条件；另一端则是在我们熟练的工作套路之外，需要掌握或者接受的其他工作和技能，或者是其他愿意接受的挑战和任务。在传统社会环境和传统的组织工作模式下，往往人们有了哑铃的某一端作为生存保障之后，另一头的大小和重量对大部分人来说可能就无关紧要了，因为其不影响到自己的生存。可是面对当前的这个时代和环境，如果这个哑铃模型的另一端不及时平衡的话，人们可能很快就会失去在这个快速变革时代生存的竞争力。所以我们可以用标准的“哑铃均衡式生存模型”来应对适者生存的要求。这种适者生存的方式也可以被称作“大动荡式生存”。这个事实和道理，对教师适用，对我们干部更加适用，我们必须懂得。

无论是宏观原因还是微观原因，无非就是向大家传导持续学习的重要性和紧迫性，与大家共勉。请大家务必要好好珍惜海淀教育党校这次给予我校干部队伍宝贵的培训机会。为了这次培训，北方交大附中教育集团也是下了很大决心。三段培训，每段连续4天全脱产的培训，把教育集团干部队伍中30位骨干中的骨干、精英中的精英、最有发展前景的干部都集中起来培训。这就相当于除了教育集团最基本的常规工作之外，几乎所有的开拓性工作、推进性工作全部停下，这真的需要很大的决心，同时也要付出很大的代价。所以，大家不但不能让自己付出的决心和代价付之东流、得不偿失，而且还要如愿以偿地得到超值的收益和回报。为了达成这个目的，要求我们学校的每一位干部，在整个培训期间严格遵守培训纪律，认真学习，积极思考，服从安排，保质保量。除了区教委临时安排的重要工作会议和活动之外，其他情况原则上一律不能请假，如果有极特殊的原因要请假，要书面跟培训主讲教师、党校以及学校三方同时请假。

其次谈谈学习的内容。

随着社会和时代的变化，我们现在的学习内容也在发生着本质的变化。原来我们看重学习知识，但现在这种高速发展的信息化时代、互联网时代，知识完全可以作为人类的大脑外挂而存在着，我们想要知道任何纯知识的内容，完全可以第一时间从无数渠道快速获得。所以，现在我们更看重的是通过学习，获得独立思考能力，获得组织能力，获得团队协作能力，获得资源重建能力等。简而言之，就是学习“学习”本身，一种可持续自我更新和迭代的能力。

我的理解，这里面所说的能力，可能对我们的干部来说，还不是那种普适意义的个人能力，严格地说，可以叫作一种权利。

一方面，《经济学百科全书》对“权利”这个条目，简单的解释就是：一种通过制度强制而实现的，对某种事物的多种用途进行选择的权利。新课改需要学生学会选择的能力，那就要求教师要具备选择的能力和素养，那前提就是我们这些管理者要具备和懂得使用选择的权利。

另一方面，在英文里，能力是 Might；权利是 Right，就差一个字母，但意义却是天差地别。能力取决于自己能够占有多少，而权利取决于别人、团队的其他人愿意赋予你多少。这才是我们干部需要修炼的核心竞争力。

这种核心竞争力的修炼，一方面靠工作实践去积累，另一方面靠学习和培训去提升。但它不容易通过看书、听讲座、参加通常意义的培训所能得到，它必须通过全程参与式、活动生成式、团队研讨式的培训方式去实现。值得庆幸的是，我们这次的培训模式就是这种理想的全新模式。

以上说的是这次学习的内容目标。既然是学习内容，我们还要在培训中具体结合我校的现实情况和每个人的具体工作内容。我们参加培训的干部，就需要带着问题参与到培训中去，比如教育集团的办学目标是建设一所幸福学校，那么各个校区和分校该如何分解这个总目标，又怎样体现在各自具体的工作中去？比如我们说教育集团各校区和分校的文化特点是“和而不同，周而不比”，那我们各校区和分校“和”的是哪些文化要素，“周”的是哪些文化要素，各自的文化特色应该如何打造和彰显？相信大家经过这几个阶段的浸入式学习之后，都会满载而归。而我希望大家带回来的，就是上面谈到的——属于你自己的可持续自我更新迭代的能力、属于你和管理团队共同的权利。

（2017 年 5 月 23 日，在交大附中教育集团干部党校专题班开班仪式上讲话）

## 如何进行学校机构改革

在开始研讨前，我先与大家分享一个《饲养员与袋鼠》的故事。

有一天，动物园里的饲养员发现了袋鼠从笼子里出来了，于是就开始开会进行一次讨论，一致认为是笼子的高度过低。因此他们决定将笼子的高度由原来的 10 米加高到 20 米。结果第二天他们发现袋鼠还是跑到外面来，所以他们又决定将高度再加高到30米。没想到隔天居然又看到袋鼠全跑到外面，这样让饲养员们非常紧张，决定一不做二不休，将笼子的高度加高到100米。一天，长颈鹿和几只袋鼠们在闲聊，“你们看，这些人会不会再继续加高你们的笼子？”长颈鹿问。“很难说”，袋鼠说：“如果他们再继续忘记关门的话！”

幸福一跃

这个故事给我们带来什么启发呢？

今天，我们在此研讨组织机构改革，我们先不谈部门之间合作、配合的问题，合不合作、配不配合是一个管理文化的营造问题。当前我们发现，在学校整体工作运行中，有一个比较急迫需要解决的机制问题，就是每个部门在各自基础管理业务的前提下，都有一扇门，没有办法关上，那就是各自之间，工作内容交叉的那部分。

正因为有了这扇门，才会让一些教师出入自由、钻制度的空子，才会常常让一些亟需解决的工作搁置、拖延、模糊，甚至无人认领。

找到了这扇门，也就是管理漏洞，我们该如何做呢？

## 一、把握制度与流程的指向

集团化办学，不是野蛮生长、混乱创新，而是更要讲求控制。控制不是指要管死、死管，完全现代标准化式生产产品，而是要通过建立完善、科学、高效的制度和流程，去控制质量，也就是控制好教育质量，它的指向只有一个，即学生的发展质量。

## 二、实现机构与制度的同步

我们常说，内部控制，制度先行；制度完善，机构先行。其实，机构设置也可以与制度建设同步规划，在制度管理学当中，制度建设和管理分为以下五个步骤，机构的设定也要遵循这五步。

第一，对机构的准入制进行规范。在学校，我们应该设置和变革哪些机构，

参照体不是外校经验，不是内部传承，也不是你我说了算，而是要参照教育政策文件，对照课改需求，以学生发展需要为中心，设置更有利于学生个性化、多元化成长的机构，为学生发展服务。

第二，对机构的层次性进行规范。没有层次的制度就是无序的制度。机构设置以后，我们首先要对机构的任务和功能进行准确定位。围绕这个定位，再研讨出具体的管理办法、规定和细则。对某方面管理活动比较具体的、规定的业务流程、工作方式的管理制度使用"办法"，对特定范围工作制定的带有约束性措施的管理制度使用"规定"，提出更细致、更具体的规定的管理制度使用"实施细则"，使各项工作有章可循、井然有序。

第三，对机构的覆盖性及接口部位进行规范。学校各项业务部门太少，容易眉毛胡子一把抓，不利于开展专项工作，不利于精耕细作。而部门太多，部门与部门之间容易各自为政、相互推诿或多头管理。因此，要对机构的覆盖性及接口部位进行规范，让制度体系覆盖管理系统内各项业务活动的重要环节，以满足"无缝隙"管理的要求。无章可循，追责职能部门；有章不循，追责执行者。

第四，让机构解决实际问题。我们设置某个机构是为了解决一类问题，机构从管理问题中产生，与教育教学实践紧密相连。每个机构的基本管理框架必须具备：职责分工、管理流程和工作要求。工作流程要有工作质量、基本条件和时间节点的要求，这样才能更高效地解决问题。

第五，定期做机构和制度的效度评估。机构和制度设立以后，不是一劳永逸的，应体现持续改进的原则，根据运行实际，持续调整、优化和改进。要建立对机构和制度的定期审核评价制度，并及时完善调整。

（2017年6月2日，在交大附中教育集团机构改革研讨会上发言）

## 学校常规工作的四个转化

俗话说："十年树木，百年树人。"教育在某种意义上说，是一种慢功夫，很多时候要遵循学生内在的成长规律，而这条规律相对来说是比较稳定的。

因此，一般而言，在我们的工作中，80%左右是常规工作，趋于稳定和自动化；15% 左右是重点工作，需要集中力量攻坚克难；5% 左右是创新工作，需要我们突破禁锢、另辟新路。

然后，就常规工作而言，如果我们一味地趋于稳定、故步自封，恐怕常规工作也难以正常运行。因为我们的世界、我们的时代在不断改变，我们面临的学生身心发展环境、需求和特点也在不断改变，这对教育的要求也不可能一成不变。

我们经常说一个词——“不确定性”。不确定性是指人们事先不能准确知道某件事件或某种决策的发生、过程或结果。正是因为不确定性打破了原有的活动惯性，让我们面对变化，唯一能做的就是改变。正如那句广告语：“世界在变，创新不变”。

面对新形势的要求，学校的常规工作又应该做哪些改变呢？我想，至少有以下四个方面。

## 一、从“存量思维”向“发展思维”转化

存量思维是一般性的思维，把存在稳定作为思考方法，并试图用线性发展思维看待存量，比较僵化和保守。

发展思维也叫增量思维，是开放性和创造性思维，考虑存在量扩的方法和量值。简单理解就是创新和改革，接触新事物。

如果世界一直不变或者遵循线性规律发展，那么，存量思维对我们来说是最稳妥的认知和应对方式。然而，世事本无常，充满了易变性、不确定性、复杂性和模糊性。这就要求我们在常规工作中避免经验主义，避免现实主义。规划是为了有大的前进方向。在前进的方向中不断根据新的情况，调整认知，灵活应对，也就是发现新问题、解决新问题的过程。

## 二、从“线性思维”向“有机思维”转化

线性思维，是一种比较直接的思维方式，其特点是强调因果性。因果性是指认为事物之间只存在单向的、直线的因果关系，而看不到事物之间更多方向、更复杂、更曲折的因果关系；容易陷入局部，只看到事情的表象，看到最直接、最简单的因果关系，而不能透过想象看到本质。线性思维有点像是头痛医头，脚痛医脚。

与线性思维对应的是有机思维，它不仅关注与事物直接相关的因果关系，也

关注与之间接关联或边缘性的可能影响其因果关系的一切，更全面、更深入、更隐秘等。

从“线性思维”向“有机思维”转化，就要求我们在常规工作中避免就事论事，碎片化管理。搞清楚工作的方向和目的是什么，在系统中、整体中思考问题。就像中医治病那样，注意调整人体整体的平衡。教育也是这样，不能发现学生上课不认真、趴桌子睡觉，就认为是学生学习态度不端正，开展批评教育。而要从教育内容、教学方法、学生学习动机、学习基础等方面综合分析原因，整体优化提升学生学习的外在环境与内在动力。

## 三、从“破窗心态”向“原则心态”转化

心理学中有种效应叫“破窗效应”，意思是环境中的不良现象如果被放任存在，会诱使人们仿效，甚至变本加厉。以一幢有少许破窗的建筑为例，如果那些窗不被修理好，可能会有人破坏更多的窗户。最终他们甚至会闯入建筑内，如果发现无人居住，也许就在那里定居或者纵火。一面墙，如果出现一些涂鸦没有被清洗掉，很快地，墙上就布满了乱七八糟、不堪入目的东西；一条人行道有些许纸屑，如果没有被及时清理，不久后就会有更多垃圾，最终人们会视若理所当然地将垃圾顺手丢弃在地上。

我们的学校在管理上也有类似的现象。很多规则和制度，因有一人或一事被

学校运动会

打破后，顺势而渐渐地全破，原则皆废。比如，开会发言的时长约定，我们说好每人10分钟，但有人超时1分钟，没有被制止，其他人也觉得这个约定并非硬性的，都想用更多的时间来表达，最终会议超时半个小时。再如，校长签字时段的约定，由于校区较多，校长不一定每天都在办公室，有可能到别的校区工作或者参加年级的活动。如果我们约定每周五是校长签字时间，但若某周四校长正好在办公室，你找他签了字，以后就会有更多人在别的时间找校长签字。这样一来，周五签字的约定就形同虚设。久而久之，便会出现校长不在办公室时来找、约好的时间段又没人来的现象。

所谓原则，就是我们行事所依据的准则，一个组织要能正常有序运行，必定是有一定的制度、原则和规范，大家共同遵守，才能够办事顺畅。

## 四、从“单点思维”向“跟进思维”转化

我们说要克服“单点思维”，就是要用发散思维和立体思维系统地考虑问题，由一事而想多事，由一点而形成面，由一面而形成体。

这里，有个很好的事例——蔡伦造纸的故事。

大家都知道，东汉的蔡伦改进了造纸术。其实，在蔡伦之前，西汉时期，就已经出现了一种用麻造的纸。但这种麻纸很粗糙，不适宜写字，所以在很长时间内人们仍然用简牍或者绢帛来书写。

简牍太笨重，绢帛太昂贵，麻纸又不适合书写。怎么办？到了东汉时期，蔡伦仔细研究了前人制造麻纸的方法，就是把麻的纤维捣烂，压成薄片。因为工艺很简单，造出来的纸就很粗糙。蔡伦并没有直接放弃这种方法另辟蹊径，而是想，如果把工艺弄得精细些，造出来的纸也许就会细致些，便于写字了。于是，他开始把麻捣得很烂，压成很薄的纸。但是效果并不理想，因为麻里面还有不少粗纤维捣不烂，所以做成的纸仍然不适合写字，并且把能用来织麻布的麻用来造纸，成本还很高。试验失败了。

蔡伦很执着，他又想，麻能造纸，是因为它有纤维，能粘在一起；那么，破布、破渔网、树皮、麻头也含有纤维，是不是也能用来造纸呢？想到这，蔡伦又开始试验了。他把破布、破渔网、树皮、麻头等东西收集起来，先泡在水里，洗去污垢，再放在石臼里捣烂成浆，然后压成片，做成了纸。这次他成功了，做出

的纸不但可以书写，而且成本也降低了。但是仍有一些捣不烂的纤维混在里面，做成的纸不够光洁，写起字来仍然不那么流畅。

为了使纸光洁，蔡伦想了很多办法，加石灰捣，使纸漂白，但是仍然有一些细小颗粒，兑水调稀，用细筛子筛……就这样，蔡伦一点一点地改进造纸术，最后终于制成了更好、更经济的纸张。我用这个事例想要表达的意思是：刚开始，我们可能是单点思维，可能还不能为工作带来什么便利，但如果我们不断改进，解决操作过程中遇到的各种难题，那么随着运行的顺畅，就会引发一种给工作带来巨大变化的系统效应。

这种“跟进思维”，值得我们借鉴和坚持。

（2017 年 8 月，在学校干部会上的发言）

## 略谈工作布置与规划落实

进入新学年，我们开的第一个会，通常都是干部工作会。干部工作会的第一项重要内容，就是新学年规划研讨。我们开会就是为了沟通，沟通的前提是倾听，研讨的前提是共识，共识的前提是同步。

在会议和沟通中，要达到同步共识，就要避免“知识的诅咒”。所谓“知识的诅咒”，就是一旦你掌握了一种知识之后，你就很难理解那些没有掌握的人，他们是怎么思考这种知识的。为了避免这个误区，我们需要借鉴“布置工作说五遍”心法。

### 一、什么是“布置工作说五遍”心法

这是日本人的工作方法：布置工作时要说五遍。

第一遍，告诉员工你要做什么。例如，苏助理，请你明天下午 5 点下班前，交给我一份秋季运动会方案。

第二遍，让员工复述一遍。例如，苏助理，请你复述一遍我的工作安排。

第三遍，让员工说出工作的意义。例如，苏助理，你知道我为什么让你现在做这个方案吗？苏助理回答，去年也是我做的，效果很好，现在已经九月份了，

必须开始布局秋季运动会工作了。

第四遍，明确工作中可能存在的问题和解决方案。例如，苏助理，活动保障问题你可以和相关部门商议，由德育部门牵头，相关部门配合，做出一个方案分工，明确活动各个环节的时间、任务和负责人。解决不了的再上“两委会”商议。

第五遍，询问员工有什么更好的解决方案。例如，苏助理，关于今年秋季运动会，你有什么与以往不同的思路？

## 二、如何制订、研讨和实施规划

关于制订、研讨和实施规划，我们可以把握以下几个方面。

### （一）明确制订规划和研讨规划的侧重点

制订规划时，我们要关注未来，着眼于战略，进行系统设计；而研讨规划时，我们要关注问题，着眼于当下，研究如何落实。在制订和研讨规划时，要以“过往不恋，当下不杂，未来不迎”的心态，聚焦于当下，结硬寨、打呆仗，一点一点攻营拔寨。

### （二）把握规划的实施

在规划实施过程中，要注意以下几点。

目标是导向，关键在“锁定”——目标“不动如山”，不能随意增减，要避免“目标侵蚀”。比如，我们要走路锻炼，开始计划每天走 1 万步，发现挺难，后来慢慢减少，直至不走了。要准备学习一个新技能，学了几天发现还没结果就放弃了。这就是“目标侵蚀”。

规划是导航，关键在“复盘”——规划并不是制订好了就一成不变，规划可随情势和发展状况进行调整，但大的目标和总体方向不能变，变的是实施途径和方法，否则就很容易陷入“目标侵蚀”的陷阱。

团队是导力，关键在“三观”——我们的领导力要从动员群众解决难题，进化为动员团队解决难题。这就需要统一思想。统一思想就是统一“三观”；所谓“三观正，战能胜”。我们通常所说的三观是：世界观、人生观和价值观。这“三观”对应的是“真假、对错、好坏”。在规划实施前统一“三观”，便有了一致的方向，各方参与人员才能形成合力。

落实是导出。关键在“标准”和“闭环”——工作流程的闭环设计，有计划、

有实施、有反馈、有改进，才能让规划落地。开展工作时，要有标准，交付标准决定了完成落实的质量。

改革是导势——关键在“心法”——著名企业华为有一个工作心法就是“深淘滩，低作堰”，这也是它的管理哲学。

“深淘滩，低作堰”，是华为从两千多年前李冰父子的都江堰治水方法中得到的启示。

华为认为，深淘滩，就是不断挖掘内部潜力，降低运作成本，为客户提供更有价值的服务。研发是华为最为重视的“深淘滩”。低作堰，就是节制自己的贪欲，自己留存利润低一些，多让利给客户和上游供应商。

这种商业管理模式也给我们的学校管理工作带来了启发：作为管理者，我们一方面，要深入彻底地清除管理制度和治理流程中的冗余、累赘、阻碍，同时深入研究、打造、建设课程体系、教学模式、人力资源等核心竞争力，这是“深淘滩”。另一方面，我们要轻风细雨式地规范和引导教师，推进改革，避免动荡，根据目标进行拆解，为每一个阶段设置超出舒适区不远的阶段性目标，这是“低作堰”。教育要因势利导，管理也是一样。

## 三、管理者在执行和落实规划中的态度和站位是什么

### （一）什么是好的工作态度？

执行和落实还需要正确的工作态度。什么是好的工作态度？需要我们管理者从自身做起，为教师示范。

耐心：以上的同步共识、“布置工作说五遍”心法、避免知识的诅咒等，都需要干部有足够的耐心。

主动：巴菲特曾说，靠谱是比聪明更重要的品质。作为靠谱的职场人，我们要做到三句话：事事有响应、件件有落实、个个有优化。这才是积极主动的工作态度。

尽责：尽责不是简单的“履职”，而是要对照“交付标准”，把工作做精做细。

联接：包括做好横向（部门外）联系和纵向（部门内）联系，协调内外关系。

不可替代：领导干部要避免做上传下达的二传手，要做到自己所在岗位和领域的专业化。

**（二）怎样才是正确的站位？**

管理者在团队中有三种站位。

站在人群中——在圆桌式的问题讨论和浸润式的投入实施时，需要我们站在人群中，与大家平等交流、共同担责。

站在人群前——在价值观引领、同步共识和工作部署时，需要我们站在人群前，做组织的领头雁、先行者。

站在人群后——在反思总结时，需要我们站在人群后，进一步思考闭环环节。面对责任和荣誉时，需要我们站在人群后，不吝奉献、成就他人。

此外，我们还应搞清楚“俯视”“平视”“仰视”三种视角的关系。

我希望我们的领导干部都具有一种干部气质——基于经验、基于思考、基于理想的一种自信和自觉。

（2019 年 8 月，在新学年规划研讨暨干部工作会上的讲话）

## 由点及面，谈校长应具备的几种特质

“有领导特质的人虽然未必都能成为领导者，但领导者却不能不具备必要的领导特质。对于中学校长来说，尤为如此。”

在南华中学校长符传丰的“教育政策的制定”课程结束后，这句话是我学习本门课程最为深刻和最大区别于其他课程的体会，也是我参加 MEA 课程学习的重要心得之一。

教育理念、教育策略、教育政策的有力执行和贯彻，归根到底是要依靠学校层面的实践和实现，学校才是落实和实践教育政策的主体。如果说学校教师层是教改的动力，是在教学实践中具体执行和体现教育政策的“实施层”，那么在推行教育政策到实践的过程中，校长就是这个推行政策和指导实践的灵魂人物。

“教育变革很少会成功，除非在教育系统上以及在每所学校的各个层面，都有高效率的领导。”这是符传丰校长在课程中一再强调的观点。这里的“高效率的领导”，如果是在校长层面上，含义是丰富而广泛的。

作为推行政策和指导实践的灵魂人物，校长首先要清晰了解在推行教育政策

到实践的过程中，教育政策的背景是什么，要准确把握政策的重点和精神，要思考如何落实政策以及学校应如何对政策作出适合本校校情的调整，要集中精力在数值与素质之间取得合理的平衡。其次要建立（拥有）一个高效率和较强执行力的领导团队（副校长、主任等中层领导团队）。再次要培养（拥有）高素质的教师团队，“没有高素质的教师就不可能有高素质的教育体制”和教育政策与理念的最终实现。最后要建立（依靠）成熟、完善、科学、可发展的管理体系和制度保障。

但我们很少注意到，或者说在理论探讨中容易被我们所忽视的，那就是在这个过程中，有一个非常重要的因素或者说是一种“推动力”，持续发挥着强大的、有时是令人意想不到促进效力，甚至在某种特定条件和环境下能够起到决定性的作用。有时我们定义它为校长的“个性特点”，有时我们定义它为校长的“领导个人魅力”，有时我们定义它为校长的“管理风范”，有时我们定义它为校长的“领导行为习惯”。我认为，较为准确和科学的定义，应该是“校长的领导特质”。

之所以在本文标题中说明是“以点及面”，是因为在符传丰校长的言传身教中和对南华中学管理流程的考察学习过程中，我们发现在符传丰校长身上体现出的几种优秀而又与众不同的领导特质，很可能是南华中学近年来教育政策执行有力、到位，学校发展势态良好的多方面促进和影响的因素之一。而这几种特质虽不可能是所有新加坡中学校长所具备的，但我们仍然可以根据这几种领导特质来感受和领悟新加坡校长人才培养和选拔的能力标准和倡导方向。

具有明显的特质才能被称为领导者。关于领导者所应该具备哪些领导特质的研究已经探讨了近一个世纪。研究表明，一些领导特质来自天分如身体特点或与生俱来的智慧积累能力，而另一部分则是属于后天学习、培养和锻炼出来的技术和才能，如言语感召力和制度执行意愿。斯托基尔把领导特质总结为三类：一是自身特质，包括智力、生理、社会和人格特征；二是工作性质，如工作成果、事业心和责任心；三是社会性质，如协作能力、个人威望、交际手段和能力。而自1977年House提出魅力型领导理论以来，研究者们所探讨的关于具有魅力的所谓领导者的人格特质，如自信、有远见、富有创造性和冒险性、坚定的价值观、清楚表述目标的能力、对目标的坚定信念、不循规蹈矩的行为、激进变革的代言人、环境与社会的敏感性、影响他人欲、支配性等，实际上就是对领导特质的讨论与归类。

尽管关于领导特质的具体标准和类别众说纷纭，但我认为领导特质对于领导者和对组织成功管理的重要性是无需求证和置疑的。所以下面，我将以符传丰为代表性案例，探讨当代校长（领导）所应具备的几种特质。

在课程中，符传丰校长曾经总结过高绩效校长的十大特质：善于沟通者、教育者、愿景制造者、促进者、改革者、文化建构者、活跃分子、成果制造者、人格树立者、贡献者；也归纳了高效率校长的特质与行为习惯，如沟通能力、使命感、人际关系技能、灵活性、高期望、精力和驱动力、幽默感、值得信任、有团队精神、学生与教师的榜样、有说服他人改变的能力、号召力、控制性、远见、魅力、透明度等37点。

那么，作为南华中学的校长，符传丰在管理和领导学校可持续发展过程中体现出哪些特有的领导者特质呢？

“你如果不能够启发教师，如何能够启发学生？”符传丰经常用这样精辟、直白、简练、极具个人特色的语言，表达他的教育理念和管理思想。那么，我们就从他的“标志性”语言和多次强调的“特色”论点中寻找答案。

## 一、“做得好，多做！多做，又做得好！多做，不但做得好，又不介意多做！”

这是符传丰最常说的也是最具标志性的语言。这是他认为有潜能的干部和教师的基本条件。很直白的总结语言，同时也是含义丰富、概括性极强的发掘和培养人才的易操作标准。

长于鼓励中层干部和员工完成高质量工作、经常振奋团队精神的能力，尤其是善于用发现的眼光发掘、有目的培养有潜能或具备领导人才能的员工的“伯乐”精神和能力，是当代领导（校长）应有的特质。与此同时，使得校长通过良性人才机制的建立和各种特色人才的培养，增强学校管理团队推行教育政策的执行力，提高教职工团队对教育政策具体实施的质量和水平。

能够做到这句话表述的工作状态和成绩，只能说明员工具有某方面或多方面的潜在能力，或具备施展领导才华的潜力，要使他们真正成为出类拔萃的人才，校长就要给予相应的激励和施压，促使员工的潜能转化为外在表现和显著能力特

征。所以，这句看似很直白的语言包含三个层面的“潜台词”。

一是校长要善于观察和发现“做得好”的潜在人才，力求深入了解被考察人才的各方面特质和能力，并要获取可靠的资料而非道听途说。

二是校长要为“做得好”的人才提供“多做”的机遇，并尽可能给他们施加适当的压力，促使他们在完成“多做”的工作过程中激发和表现自己，引导被考察人才突出发展潜在能力。

三是校长要在员工“做得好多做”的过程中，持续观察他们，是牢骚满腹还是“不介意多做”，是“利字为先”还是追求成就，是被迫、不情愿的心态还是积极进取的工作态度等，以分析被考察人才的心理素质、个人性格和德行品质。

## 二、“有德有才者爱才，有德无才者惜才，有才无德者嫉才，无才无德者毁才。”

“爱才”是校长特质中很重要的一点。爱护人才、保护人才、培养人才、为人才提供锻炼的机会和发展的机遇，是德才兼备的校长所应有的素质和品行。

张朝阳说过这样一句话，“一个领导者最愚蠢的行为和想法，就是跟自己的下属们、员工们比学识、比能力！”不错，作为领导者，首先要有以德服人的宽容和心量，其次不必是本组织结构（学校）中最有学识、最有能力的人。而领导者尤其是校长需要注意修炼和擅长（或者说区别于部下、员工）的是：“以人为本”的理念与胸怀，承担风险和压力的能力，以及高瞻远瞩的远见。

对于校长来说，在学校人才发掘和培养的问题上，“爱才”是关键。有“爱才”之心，才会有伯乐的识才智慧，才会有海纳百川的容才之量，才会有扬长避短的用才艺术。“海纳百川，有容乃大”，爱才要有宽广的胸怀，要有容纳多元文化的心胸和气度，这些也是当代校长所必须具备的特质。江泽民同志曾在庆祝中国共产党成立80周年大会上的讲话中强调指出：“领导干部要有识才的慧眼、用才的气魄、爱才的感情、聚才的方法，知人善任，广纳群贤。”这一重要论点正是对中国各行各业的领导者提出“爱才”的重要性。

可见，无论国情和社会制度的不同，对于当代校长的“爱才”特质要求都是一致的。

另外，顺便强调一下，有时作为校长，还应适当善待那些所谓的“逆才”，他们往往自身有一定才华，思考问题往往独辟蹊径，分析理解问题见解独到，但又经常表现自负、固执和不太顺从领导。对待这样的“逆才”，校长就更需要具备宽广心胸和容人之量，只要他们提出的意见或建议有利于学校的发展，就要认真听取并虚心接受，常言道：成非常之事，须得非常之人。唐朝贞观年间的谏义大夫魏征就是一个典型的“逆才”，经常犯颜直谏唐太宗，于贞观十三年上书《十渐不克终疏》，给唐太宗挑错，令其着实尴尬非常，但唐太宗一直将魏征视为良臣待之，正因唐太宗能容“逆才”、善待“逆才”，才会有贞观盛世的出现。

### 三、“处理问题向来是‘对事不对人’，管理实质上就是‘管事理人’。”

“对事不对人”，向来就应该是一名领导者所应具备的基本素质，也是对领导者最基本的特质要求。

而“管事理人”观，实际上包含了对校长提出的以下几种特质要求。

一是“宽容”，即在针对具体事件发表个人看法和指导意见后，能够宽厚仁慈地对待下属的过失行为，度量宽宏。

二是“沟通能力”，即能够跟下属快速地深入交流或避免尴尬或不利局面的能力。

三是责任感，即对部属和工作负责，不推卸，履行自己的承诺。

四是“公正”，即处理争议及利益分配时公平，无偏私。

五是“工作的协调性”，即调整人际关系，疏通困难。

六是“人际交往”，即关心、体恤、了解下属与下属合群。

另外，上面提到的领导者“透明度”特质也体现其中。

校长坚持秉持工作“对事不对人”的作风和“管事理人”观，将对学校的风气及工作观作出良性的引导和表率，增强学校团队的凝聚力、团结力和执行力，在推行校长教育理念和各项教育政策上达到事半功倍的效力。

### 四、“我是个很喜欢说并且很善于说的校长。”

符传丰的幽默经常以这样的“骄傲”“自信”的语言表达方式体现出来，从而使听他“说”的人对他的言论和思想印象深刻。

其实上面提到的高效率校长的沟通能力、人际关系技能、精力和驱动力、幽默感、有说服他人改变的能力、魅力等特质，无一不是要依靠校长的语言表达能

力。更重要的是，“善于说”的校长能够很好地展现鼓舞下属、振奋员工精神的能力，能引起别人产生相同思想感情的力量，启发智慧或激励感情的能力。这种极具感染力特质的校长，在推行自己的教育理念和教育政策时会更加顺利和有效度。而有些校长可能恰恰缺乏这方面的特质，有待挖掘和提高。

### 五、“南华中学的干部评估基本标准简化为HAIR评估。”

新加坡对学校中层干部的工作评估每年都要进行（包括教师的评估），工作能力与关键成效指标和评估维度非常细化和繁琐。南华中学将众多评估指标简化为“HAIR评估法”，四个字母分别代表“高瞻远瞩”“分析问题能力强”“自主性和启发性”“人际关系”。这就是校长准确把握政策的重点和精神，思考如何落实政策，对政策作出适合本校校情调整的结果。

这就向我们提出了两个重要的校长特质：教育政策解读和执行能力、教育（管理）理念建构和创造能力。

早在20世纪80年代，著名教育家吕型伟就曾提出要“不唯书、不唯上、从实际出发和独立思考”。校长是教育政策和教育（管理）理念转化成行动的枢纽、推行者与实践者，应该在教育理想引领下，敏锐解析和理解教育政策，将教育政

在干部培训课堂上

策和理念创造性地适用于本校实际，因地制宜地制定决策并及时调整，从而能够选择符合教育和管理规律的办学行为和管理行为。

当然，现实环境可能会有诸多的限制和发展瓶颈，使得领导者的创造和创新性的政策推行有时受到制约和阻碍，但我们只要坚持教育理想的追求，保持创新、坚定信念、使命感、擅长应付变化和模糊性、远见、忠诚、平缓稳键等优秀的校长特质，我们最终一定会有推进改革、施展才华的广阔空间，学校也必将会得到健康、有序、长足的发展。

在这一点上，南华中学还有一个极具说服力的实例，就是符传丰校长将“平衡计分卡”管理模式与“卓越学校”管理模式融合贯通后科学、有力、有效地在学校顺利推进，这也正是充分体现校长的教育政策与理念的解构、建构及创造能力。

在上述文字中，我没有特别地把在符传丰校长身上表现出的特质归纳到某几类领导者特质中，因为领导特质的表现形式和分类归纳，本身就是一个开放性的话题，在校长应该具备哪些必需特质以有效推行教育政策的讨论中，大家也是见仁见智。依国情、社会环境、人文环境、政策制度以及学校情况等诸多不同，而表现出较为明显的需求差异。

我在新加坡南洋理工大学教授张延明的“领导学”学习感悟中，曾用到出自《晏子春秋·内篇杂下》的“橘枳”一说。在这里，我仍以此作为本文的结束语：“橘生淮南则为橘，生于淮北则为枳。叶徒相似，其实味不同。所以然者何？水土异也。”

## 以“七观说”论领导特质

21世纪的竞争，归根到底是人才的竞争。而如何将人才合理规划、合理运用，这是管理学和领导学需要研究的重要内容，也是企业、学校等组织机构具有核心竞争力的重要因素，同时更是对领导者提出的最基本的素质和能力要求。

可以说，领导人才是一个组织机构中的关键人才和核心人才。我们认为，成功领导的决定性因素不单纯地由领导者的知识结构、学术成就等学识范畴的条件所构成，而更应该是领导者的领导特质所决定。美国前总统尼克松说过：“在某

一领域取得过人的成绩并不一定需要发挥领导才能。作家、画家或者音乐家用不着起领导作用也能表现他们的艺术。发明家、化学家和数学家能关着门发挥天才。但是领导人必须激励他的追随者。伟大的思想可以改变历史，但是必须同时有伟大的领导才能给这些思想以力量。”尼克松在这里说的“领导才能”，实际上就是指领导特质。汉高祖刘邦登基后的那段脍炙人口的自我评价正能说明这一论点：“夫运筹帷帐之中，决胜千里之外，吾不如子房；镇国家，抚百姓，给馈饷，不绝粮草，吾不如萧何；连百万之从，战必胜，攻必取，吾不如韩信。此三者，皆人杰也。吾能用之，此吾所以取天下也”。可见，有领导特质的人虽然未必都能成为领导者，但领导人才却不能不具备必要的领导特质。

## 一、借古鉴今，纵观横览

不同社会、不同时代，人们对领导人特质的要求和期望也不同。早在商周时期，《尚书·皋陶谟》就提出，为政者必须“宽而栗，柔而立，愿而恭，乱而敬，扰而毅，直而温，简而廉，刚而塞，强而义”；《六韬·龙韬》中更提出：“将有五材十过”“所谓五材者：勇、智、仁、信、忠也”“勇则不可犯，智则不可乱，仁则爱人，信则不欺人，忠则无二心”；继而孔子提出为官必须“有善勿专，教不能勿怠，已过勿发，失言勿掎，不善勿遂，行事勿留”；墨子则强调：“君子之道也：贪则见廉，富则见义，生则见爱，死则见哀。四行者不可虚假，反之身也。藏于心者，无以竭爱；动于身者，无以竭恭；出于口者，无以竭驯。畅之四支，接之肌肤，华发隳颠，而犹不舍者，其唯圣人乎！”；孙武则从选择将领的角度提出，为将必须“智、信、仁、勇、严”，指出“凡此五者，将莫不闻，知之者胜，不知者不胜”；到了唐代，唐太宗李世民则在《帝范》中将领导者的特质归结为：“君体（气度）、建亲（用人）、求贤、审官、纳谏、去谗、诫盈、崇俭、赏罚、务农、阅武、崇文”等十二条经验之论。

回到近现代，毛泽东曾说过，领导者的责任，归结起来，主要就是出主意、用干部两件事；《周恩来选集》里的《怎样做一个好的领导者》一文中指出，作为一个领导者，除了要有一定的政治思想立场、领导方法、道德高尚之外，还“必须正确地决定问题”“慎重地挑选干部”等。

党的十一届三中全会以后，党提出了实现干部队伍革命化、专业化、知识化、

在干部培训课堂上合影

年轻化的战略方针。

借古之学为鉴今，纵观之后当横览。在21世纪的今天，随着市场经济体制的建立、改革开放的不断深入、社会文化环境的多元化特征显现，有效激励、有效沟通、目标管理、绩效考核等西方管理思想、管理理念已被我国管理学和领导学理论所吸收融合。王立群在《21世纪企业领导应具备的十大特质》一文中总结当代领导者需要具备的十种特质，就包含和融合了西方管理学和领导学的思想特征：绝对诚实、公正、自我学习、反教条精神、事半功倍、展现自己和他人最好的一面、本我与角色迥然不同、幽默感、自律、平衡。《哈佛商业周刊》编辑部在调查和研究各行各业的商业领袖的基础上，得出结论：当代领导者最应该具备的领导特质就是“谦逊、活力、直觉、远见、视野、激情、信念和学习”。

我们可以看到，自古至今，无论东哲西理，人们对领导特质的观点和要求都不尽相同、莫衷一是，这是由所处历史阶段和时代特征所决定的。再者，我认为，对于领导特质和必具素质这一讨论，其本身就是一个开放性、适用性和变革性的论题。

在当代，针对不同的社会形态、社会制度、企事业性质以及组成结构，自然

会出现特定的领导特质要求，统观起来也自然会出现百家争鸣的现象。林琼和方俐洛教授就当代社会对领导者的特质要求，采用凌文辁教授、方俐洛教授编制的“中国领导特质因素量表”进行科学系统、普遍适用的问卷调查，从政府部门、公司、大学、中学、工厂、部队中随机选取干部、职员、教师、学生、军人进行采样，得出当代中国社会和发展所需各行业领导者的特质四要素解，结果如下表4-1-1所示。

表4-1-1　中国领导特质因素量表

| 因素1<br>目标有效性（GE） | 因素2<br>才能多面性（V） | 因素3<br>个人品德（PM） | 因素4<br>人际能力（IC） |
|---|---|---|---|
| 有事业心　0.77<br>有组织能力 0.76<br>有管理能力 0.76<br>有自信心　0.74<br>有责任心　0.73<br>善于处理重大问题 0.66<br>有应变能力 0.63<br>善于用人　0.62 | 喜爱艺术　0.81<br>多才多艺　0.80<br>有冒险精神 0.72<br>兴趣广泛　0.70<br>爱好体育活动 0.69<br>好的体态　0.68<br>有文学修养 0.67<br>精通外语　0.62 | 身先士卒　0.73<br>办事严谨　0.72<br>能接受新事物新观念　0.70<br>言行一致　0.70<br>有原则性　0.62<br>善于授权　0.60<br>不屈不挠　0.56 以身作则　0.48 | 作风民主　0.70<br>表里如一　0.65<br>能理解别人 0.63<br>有人情味　0.61<br>体察民情　0.61<br>与群众打成一片 0.58<br>平易近人　0.56<br>友善　0.55 |

从表4-1-1各要素中可以看出，当代社会对领导者的领导特质要求虽然不是十全十美，但也近于全面。观念越来越开放的人们虽不再苛求领导者做一个完美的人，但他们在看重领导才能的同时也看重领导个人品德、人际交往能力等等。

## 二、借“七观之说”，论领导特质

既然当代社会对领导特质的涵义广泛、要素诸多，能否将这诸多要素概而论之、综而理之，成为我们选拔领导人才、培养和发现领导才能的尺度和方法？这将是我们在学习并应用张延明教授的领导学课程的研究方向和“知行”关键之一。在本文中，我将尝试借用诸葛亮《将苑》卷一中所论“七观之说”，来讨论我们对领导特质的看法及理解，并力图将表4-1-1中所示各领导特质要素归纳其中。

《将苑》历来被认为是诸葛亮之作，此文中一段“夫为将之道，军井未汲，将不言渴；军食未熟，将不言饥；军火未然，将不言寒；军幕未施，将不言困。夏不操扇，雨不张盖，与众同也”名句，早已被历代军事指挥人员以及各行各业欲成就卓越事业的领导奉为座右铭。在《将苑》卷一中，论道：“夫知人之性，莫难察焉。美恶既殊，情貌不一，有温良而为诈者，有外恭而内欺者，有外勇而内怯者，有尽力而不忠者。然知人之道有七焉：一曰间之以是非而观其志，二曰穷之以辞辩而观其变，三曰咨之以计谋而观其识，四曰告之以祸难而观其勇，五曰醉之以酒而观其性，六曰临之以利而观其廉，七曰期之以事而观其信。”

此“七观”从人的“志”“变”“识”“勇”“性”“廉”“信”七个方面总结出的用人之道，较为精辟并且全面地论述出“识人性”之道，不仅为我们观察和选拔领导人才提供了具有较深度参考价值的度量标准和方法，更能为领导者的“内察、自省”过程提供依据。多说几句，在诸葛亮的此段论述文字和思想中，我们是否可以看到《六韬》论将、《孙膑兵法》将义的思想痕迹？比如，《六韬·龙韬》选将篇中，太公对“选将”的策略是“知之有八徵：一曰问之以言以观其辞，二曰穷之以辞以观其变，三曰与之间谋以观其诚，四曰明白显问以观其德，五曰使之以财以观其廉，六曰试之以色以观其贞，七曰告之以难以观其勇，八曰醉之以酒以观其态。八徵皆备，则贤不肖别矣。”

诸葛亮是在前人的基础上，融合自己的用人识人实践经验加以提炼，形成自己的“七观之说”。由此可见，诸葛亮实不弱于王守仁，也是“知行合一”的个中高手。

### （一）七观之一：“间之以是非而观其志”

这句话是说，让他陷入一个是非困境中，看他在这个困境中如何处理、选择，以观察他的志向。通过观察领导者在处理事件中所持是非观、人生观、道德观来了解他的志向、信念以及人品。

人品修养，是做人之本。尤其是在社会主义市场经济条件下，领导干部的品行端正是不辜负党和人民的殷切期望，能够担当起历史重任的根本条件。品行端正就是要正直、严谨、忠诚。真实坦诚地待人，诚恳率真地处世，是做人最基本的信条。所以在现实环境下，作为领导干部首先要做到真实坦诚，品行端正，宽

厚善良。对于从事管理的领导来说，尤其需要真实、真诚，因为在管理工作中的有效沟通，最关键的因素就是坦诚。

同时，我们更要关注领导者的信念。古往今来，任何一个成功领导者，无一不是志向专一者，无一不是信仰坚定者。“间之以是非”的目的，就是看其有无明确的是非观念，有无内心道德的操守，有无坚定不移的信念。坚定的理想和信念，是领导者的精神支柱和正确价值取向。

正确的是非观和志向正是如实体现领导者的“人品”与“信念”。从上面林琼和方俐洛教授的调查结论中，我们已经了解到，人们在看重领导才能的同时，更看重领导的人品，看重有能有德。

体现在上表的领导特质：有事业心、有自信心、有责任心、办事严谨、身先士卒、言行一致、有原则性、不屈不挠、以身作则、表里如一等。

### （二）七观之二：“穷之以辞辩而观其变”

此观点有两种含义：一是本义，即用激烈的言词激怒被观察者，来考察他容人（事）之量和气度；二是引申，即用突发的事件来观察他的应变能力和处理事件的能力。

作为领导者，面对突发事件和紧急情况，首先是能做到苏洵《心术》中所表述的修为：“为将之道，当先治心。泰山崩于前而色不变，麋鹿兴于左而目不瞬，然后可以制利害，可以待敌”。然后审时度势，沉稳应对，寻求解决问题的最佳途径。在诸多智能因素中，应变能力对于领导者的特质来说是十分重要的，尤其是在当今世界局势多变、充满竞争和挑战的社会环境下，我们需要的是像诸葛亮那种临危不惊、从容镇定、善挽逆境的领导，而不是像马谡那种缺乏随机应变能力的领导；我们需要见微知著、能谋善断、谋划得当、胸有良策的领导，而不是夸夸其谈、纸上谈兵的领导。

另外，作为领导者要具有宽广的胸怀和宽容的气度。大凡善于用人而成就事业的领导者都具有宽容之心，大度之怀。不仅仅是“穷之以辞辨”的批评和建议，需以宽容之心虚心接受，更多的是要求领导者要容人之长、容人之能、容人之短、容人之过。历史上太多以宽容而成事的典故，如廉颇与蔺相如从彼此隔阂到刎颈之交、曹操不计张绣前嫌而后张绣立大功、鲍管分金相同而叔牙反而推荐管仲等。

"宽容胜过百万兵"，宽容是一种美德，同时更是一种自信，这正是领导者所应具备的基本素质。正如周恩来所说："要做领导者，必须团结他所不喜欢和不愿意接受的同志，然后抓紧他们，称赞其对的方面，批评其坏的方面，然后才能改造他们，同时也就改造了自己的领导。"

体现在表 4-1-1 的领导特质：善于处理重大问题，有应变能力，能接受新事物新观念，作风民主，能理解别人，体察民情，有人情味，与群众打成一片，平易近人，友善等。

**（三）七观之三："咨之以计谋而观其识"**

通过征求其谋略意见和对于事物的见解来考察领导者的学识和远见，这两点是作为领导者各方面能力和素质的综合体现。领导者首先要重学识，合理的知识结构、较高的文化修养，以及成熟的政策理论水平，这是作为领导人才的前提条件和基础。尤其是在当今国际形势复杂多变、知识经济迅速发展的时代，领导者更要具备足够的学识，才能增强管理工作的科学性、原则性、预见性和实效性。这一点是被人们所普遍认可而毋庸置疑的。但往往我们容易忽略到，这里的"计谋"和"识"暗暗点明：作为一个领导者而不是一个普通职员的最大区别在于，在拥有良好学识的基础上必须具备独具慧眼的见识和善于透过现象看本质、把握事物发展规律和方向的"远见"。我认为，领导者的"远见"是组织创新的前提条件之一。

常言道"不谋万世者不足谋一时"，明代朱柏庐在《治家格言》中说："宜未雨而绸缪，毋临渴而掘井"；儒家经典《说苑》中，把远见卓识列为统治者的"六正"之首；《孙子兵法》中强调："成功出于众者，先知也"。"领导"一词，由"领"与"导"两个字组成，文字本身就意味着方向性和目标性，即领导群众（本单位成员）向什么方向发展和前进。这就要求作为领导者必须善于洞察事物、形势的发展规律，目光远大，对所领导的组织或部门的下一步和长远的发展作出正确的预见并付诸于实施。

体现在表 4-1-1 的领导特质：多才多艺，喜爱艺术，有文学修养，精通外语，兴趣广泛，有组织能力，有管理能力，善于用人，有冒险精神，办事严谨，能接受新事物新观念，善于授权等。

### （四）七观之四：“告之以祸难而观其勇”

这一观点从文字本意中，可以理解为“告诉他大祸临头，观察他的反应和行动，以考察他的胆识、勇气”。但我认为，比较恰当的含义应是：“通过观察他处在困境之中的言行、反应和举动，来了解其是否果敢、有胆识、有勇气地面对困境，或者交给他比较复杂和困难的工作，观察他在接受工作时的反应和在完成工作过程中的举措和言行，来考察他是否具备胆识和坚强的勇气。”

古人曰：“岁不寒，无以知松柏；事不难，无以知君子。”处事果敢、有面对困难的勇气、有胆识，是领导者的重要特质和品质。领导者有胆无识，就会轻举妄动；有识无胆，难免坐失良机。

我们从事的工作大多是教育管理，胆识对于教育领导者来说同样尤为重要。中国教育尤其是中学教育正面临课程改革的冲击和挑战，同时也面临世界人才培养和需求的竞争。在这种情况下，中学的管理者更应该有勇气、有信心迎接教育改革的挑战，顺应教育发展潮流，做到与时俱进；根据学校的发展目标和文化特色，开拓思路，以过人的胆识和勇气挖掘和发展学校的潜在优势，排除、克服阻力和困难，寻找学校可持续发展的新突破口，勇于创新。

体现在表 4-1-1 的领导特质：有事业心，有自信心，善于处理重大问题，有冒险精神，身先士卒，以身作则，不屈不挠等。

### （五）七观之五：醉之以酒而观其性

这一观点从字面意义来解读很有趣，也很有道理，即通过人酒醉后的表现来观察了解人的本性（大多数的资料是如此解释的）。中国酒文化可谓源远流长，人们常说“酒后吐真言”，民间强调“酒品就是人品”。甚至还有人总结了“醉之以酒而观其性”的观察法，什么“酒后喜欢唱歌的人，生活起居较具规律性，也是乐观进取之人；醉后就睡的人是理智型的人”，等等，很有意思，也可能有些道理。但这些毕竟是民间的说法和揣度，总不能当作学术理论来讨论吧。如果是天生滴酒不沾的人或是身体有恙喝不得酒的人，又如何观其性呢？

所以我认为本观点的真正含义可能是：在对方情绪波动很大或者最激动、最冲动的时候，通过观察他言行的过程和最终的表现，了解他的自我控制能力或者说自律力。

自控能力就是一个人善于自我支配和自我调节的能力。领导者必须具备良好的自控能力，良好的自控能力有助于领导者处乱不惊、处惊不乱，有条不紊地完成即定管理目标。有的学者把领导者对自我情绪的控制力归结为领导者的“情感智力”，是领导者素质和才能的重要组成部分。“自知者明，自胜者强”，为领导者，加强自控能力修炼是十分必要的。

体现在表 4-1-1 的领导特质：善于处理重大问题，有应变能力言行一致，有原则性，表里如一，办事严谨，能理解别人等。

### （六）七观之六：“临之以利而观其廉”

即观察领导者在利益和金钱面前的表现和举动，考察他是否廉洁，这里所“临”之“利”，应是指“非正当之利”或“非应得之利”。

这一观点我想不必展开阐述，在这里我们重点掌握“观其廉”的方法，因为“廉洁”和“腐败”，相当于“正义”与“邪恶”，界限分明，无需辩解，更何况“腐败”如今是如此热门和关系国计民生的话题。作为领导者，当“临以利”时该何去何从，其义昭昭，其道荡荡。

体现在表 4-1-1 的领导特质：有责任心，身先士卒，言行一致，有原则性，以身作则，表里如一等。

### （七）七观之七：“期之以事而观其信”

我的理解是：交代给他一件处理时间比较长的事情，让他去完成，通过他对这件事情有无善始善终的处理，来观察其诚信和忠心。或者换一种思路，详加了解和调查他平时待人处事的信用亦可。

中国传统文化讲究“诚实守信”，诚信文化，不仅渗透于个人“修身”“齐家”，更是“治国”“平天下”的基本要求。对于领导者来说，诚信尤为重要，《礼记·表记》就提到“言诺而不与，其怨大于不许”。

在领导学中，“领导信用”是指领导者能够履行和兑现其诺言而取得组织内外信任的一种参量。领导信用属于领导道德品质的范畴，是领导者进行领导活动的重要前提。“信者令也”，下属对领导者的信任度决定着他们是否遵守领导者的管理和指令，领导者如果不守信用，出尔反尔，言而无信，就会失信于群众，组织就难以形成凝聚力。

另外，领导者的政策执行和管理制度推行更需要守信，“言必行，行必果”。如果领导者经常事前一套、事后一套，指令朝令夕改，领导者的威信和信服度将不复存在，组织的执行力也将大打折扣甚至软弱无力。所以，现在有的学者提出这样的观点：“领导信用是现代领导的生命线”。

体现在表 4–1–1 的领导特质：有事业心，办事严谨，有责任心，善于授权，言行一致，有原则性，表里如一等。

通过解析《将苑》之“七观说”，我们可能以一种相对全面和恰当的方式论述了领导者所应具备的领导特质，以及选拔领导人才的参考因素和观点。此时，我们还要重复和强调那句话：有领导特质的人虽然未必都能成为领导者，但领导人才却不能不具备必要的领导特质。

当然，各个国家、各个地区、各个领域、各个层次的领导者，所需要具备的领导特质也会不尽相同，正所谓：“橘生淮南则为橘，生于淮北则为枳。叶徒相似，其实味不同。所以然者何？水土异也。”

## “互联网 +”背景下的校长角色

校长作为学校信息技术建设的带头人，不但要重视学校信息技术的发展，而且我认为，在“互联网 +”背景下，校长应该扮演好以下三种角色。

### 一、角色一：做“互联网 + 教育”的开拓者

作为学校管理者，必须要保持持续学习、终身学习的态度。对未来技术变革的动向高度关注，敢做“互联网 + 教育”背景下的开拓者。

在 2016 年的达沃斯世界经济论坛上，第四次工业革命被定义为集合物联网、3D 打印、机器人、人工智能、大数据等融合技术（纳米技术 + 生物技术 + 信息技术 + 认知科学）发展的智能型信息物理系统所主导生产的社会结构性革命。那么，学校管理者就需要根据现有的经验，判断未来教育技术可能出现的改变，充分地认识和学习大数据、人工智能、物联网这些概念和技术应用。

基于以上的认识，学校下一阶段的工作重点将放在三个方向上，即信息化基础环境的建设，如校园网络环境持续升级、校园数字平台资源持续完善等；重点

信息化项目的建设与开发投入，如走班制下的排课系统、师生互动社区建设等；大力扶持特色信息项目，如STEAM课程、AR/VR虚拟现实教学等。

## 二、角色二：做教育的整体变革者

学校管理者在保持敏锐前瞻意识的同时，还应该时刻保持理性，遵从教育规律，明确“互联网＋教育”是教育的整体变革，敢做“互联网＋教育”背景下教育的整体变革者。

应用先进技术并不等于有先进的教育内容和先进的教学方式，如果不将先进的技术与优质的教育内容、教育方式融合起来，是不能够产生真正的优化作用的。“互联网＋教育”的本质在于，教育与技术的结合绝不是一个物理变化，而是一种化学变化，其结果是产生新的教育内容、新的教育方法和新的教育成果。因此，“互联网＋教育”是教育的整体变革。

## 三、角色三：做实验型的创新者

芝加哥大学的经济学家戴维·盖伦森认为，我们的社会存在两种完全不同的创新类型，即概念型和实验型。他通过调查研究发现，一方面，概念型创新成就了年轻的天才，而实验型创新成就了年长的大师；另一方面，概念型创新者在年纪大了之后，很容易受到长期积累经验的影响，思维定势可能会让他们在年长的时候陷入自我重复；而实验型创新者，虽然取得成就比较晚，但是他们能通过不断的试验发现新的观念，创新能力比较持久。

概念型创新者是想出一个创意，然后动手去执行；实验型创新者是通过反复尝试来解决问题，在过程中不断学习和变化。如果说概念型创新者像短跑运动员的话，那实验型创新者就是马拉松选手。我认为，在推进学校信息化建设和应用工作方面，中小学的教育者和管理者，应该循序渐进，做一个马拉松式的选手，也就是实验型的教育创新者。

（原文刊载于2017年6月《北京教育》）

## 第二节 履行共产党员的责任和担当

### 率先垂范，身体力行——党员教师是学校的依靠和底气

我们每年的主题党日活动，就是要沿着中国共产党的革命足迹、奋斗历史，切身感受。前年我们去的是西柏坡，那是党中央奔赴北京之前的中央指挥所。去年我们去的是平津战役纪念馆和周恩来邓颖超纪念馆，感受那一代共产党人艰苦卓绝的革命意志，感受那一代共产党人鞠躬尽瘁、艰苦奋斗、全心全意为人民服务的革命精神。

这次活动我们去雄安新区，雄安新区是中央为推动京津冀一体化而设立的国家级新区。大家今天在这里参观时，可能会经常看到“千年大计”“国家大事”这样的评价词汇，大家应该不难理解。

这次参观学习的过程，我想我们应该有几个关注点，如果用关键词来说，有这样几个。

第一个关键词：雄安精神——感受我们党的使命担当、战略眼光和政治智慧。

第二个关键词：白洋淀精神——了解和感受白洋淀的红色历史和文化。

第三个关键词：雁翎队精神——了解和感受抗日游击队的革命斗争精神和爱国主义信念。

希望各位党员，在参观学习的时候，结合前两年活动的内容，一脉相承，认真感悟，认真体会。最重要的，是我们要把学习到的思想和精神，融入自身的言行当中，带入到日常工作当中。

另外，我还想强调一点希望。每年一次的集团党员集体活动不容易，各个校区和分校的党员都在一起活动，这对平时都很忙碌的我们来说，是难得的一次交流、交往、融和的机会。所以，还希望大家在参观学习的过程里，互相之间多多沟通、多多了解、加深友情。

在这里，我想说说我自己的感受。一个组织，无论是哪行哪业，它的党员队伍就是这个组织的中坚力量、骨干力量，就是这个组织的带头模范。我们交大附中也一样，我和校长都有一个很强烈的感受和体会，那就是：平时工作不管多难多累，不管压力有多大，不管心里有多烦，一看到我们学校的党员队伍、看到党员们的状态，我们心里就无比踏实，感觉有依托、有依靠、有支撑、有力量。交大附中取得的任何成绩，都和各位党员的骨干作用、引领作用、模范作用息息相关，各位，就是学校的依靠和底气。

感谢各位党员教师的辛苦付出和卓越贡献，请大家保持好自己的积极心态、保护好自己的身体健康，组织与你同在，学校与你同在。

（2018 年 10 月 13 日，在北京交大附中教育集团主题党日活动上讲话）

## 磨练让我们变得越来越强大

在新冠肺炎疫情防控期间，相信我们每一位老师都发生了很多改变——变成了信息统计员，变成了网络主播，变成了线上辅导员，也变成了教育战线上别种意义上的一线逆行者。在这个过程里，我们每一位老师都付出了巨大的心血和精力，克服了很多意想不到的困难，真心向各位致敬！我们为停课不停学，为不让每一个学生掉队，为每一个学生的备考冲刺，为下一代的成长作出了巨大的贡献。可以说，社会的稳定、家庭的稳定、教育的稳定，都离不开我们每一位老师的担当和贡献。我代表学校，感谢各位老师的辛苦付出。

当然，经过这段特殊时期的适应和磨练，我相信我们每个人都会变得越来越强大，尤其是内心世界和精神意志，这一点从各位老师的神情和状态当中就可以看出来。记得在几次线上教师会上我都说："我们负责保障好校园安全，你们负责保障好自己和家人的安全，期待每一位强大的你们回归校园！"

这一天终于等到了，真不容易！

不过，接下来也不容易。因为复课以后，虽然我们和学生都回到了校园，但还是回不到我们以前熟悉的那种工作日常，我们依然会面临诸多的变化，面临诸多的不适应，面临诸多的附加工作，包括上课组织形式、走班管理方式、疫情防疫防控工作等。这也是今天我们培训会的主要目的和内容。可能大家听起来会觉得很繁琐、很麻烦，特别是我们的班主任，可能还会承担更多的学生管理和信息整合的工作。但在这种特殊时期，按照上级部门的要求，这也都是我们必须完成、回避不得的责任和义务。我们也相信，各位老师在经过前一段漫长的线上教学、

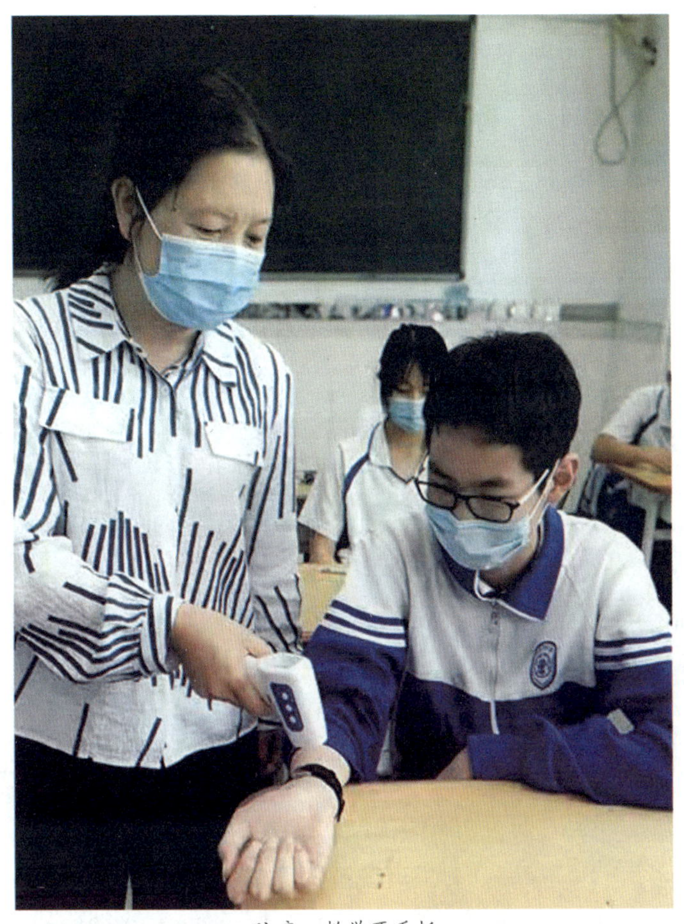
防疫、教学两手抓

经过前一段从不适应到适应、从仓促应战到从容掌控的磨砺，对变得由内而外更强大的我们来说，这些附加的东西，都应该不是事儿！

对于开学以后的工作，我是这么想的：开学以后，对每一位老师来说，我们每天的工作大体上分为两个维度：一是正常的教育教学任务；二是防疫防控工作。但无论如何，我们的中心任务是教育教学，我们在保证学生的生命安全和身心健康的前提下，带领他们冲刺高考取得优异成绩才是我们最终的目标，所以，大家承担各项防控防疫措施，开始阶段一定会有些不适应，会占用一些精力和时间。但我希望大家都能够想办法，在尽可能短的时间内，尽快熟悉各项流程、尽快把各个环节、标准动作变成习惯、变成下意识，形成一种日常行为惯性，用脑科学的术语来说，就是尽可能多地把理性脑要处理的事情交给生物脑去完成，然后把更多的大脑带宽、更多的精力和注意力，还回到核心的教育教学工作上来。

市、区教育部门在试开学工作会上总强调："要处理好教育教学工作和防疫防控工作的关系"，我想，这是科学处理好两者关系比较理想的方法思路，与大家共勉。

## 非常时期的“四众一躬”

2020年伊始，一场突如其来的新冠肺炎疫情，打乱了所有人的节奏。面对疫情，交大附中全体教职员工积极响应党和政府的号召，在做好自身和学生健康防护的同时，积极开展线上教育教学，克服一切困难，想尽一切办法，保证“停课不停学，成长不停步”。

在医务人员、社区工作者、防疫部门等多方努力下，我们终于迎来了高三年级的线下试开学。在此之前，交大附中教育集团成立了领导小组、工作小组和督查小组，在上级部门和评估检查组的指导下，对试开学综合防疫和课程实施两方面工作的10个模块和39个项目认真反复研磨，不断完善各类制度、方案、流程，在教育集团范围内优化配置人力资源和防控物资，并分组进行了各类人员的培训和小规模的模拟演练。

为进一步提高新冠肺炎疫情应急处置能力，确保高三年级试开学安全稳定的教育教学秩序，我们在此召开动员大会。此会目的有三：一是欢迎大家回归；二是进行学生在校一日流程培训；三是重建教育教学信心。

我今天的讲话主题，简单概括为“四众一躬”。

众望所归——前一阶段的线上时期，在座的各位迅速辗转战场，从线下到线上，成为教育一线“逆行者”。

接下来的线下时期，是我们众望所归的时刻，既是学校的期盼、学生的期盼、家长的期盼、社会的期盼，相信也是我们在座每个人的期盼。我们都希望生活回归到常态有序，因为我们深刻体会到，线上教育虽然有一定的便捷，但也有很多弊端，需要线下真实的教育场的交往和互动来克服和弥补。

众目睽睽——高三年级试开学之后，紧接着就是初三年级开学。防疫标准不降，因为风险依旧。我们的一切流程、一切细节、一切行动，都会受到各方的高度关注，包括上级单位、家长、社会和媒体。非常时期，社会舆论的习惯性热点随着试开学，最终都回到教师和学校上来。

试开学工作做好了，不见得论功行赏，因为这是我们本职工作；做不好，社会舆论有可能会被放大若干倍。网课期间，可能只有学生的家人在观看、审视和评论；线下开学则可能是全社会都在关注、考查和监督。

众口一词—— 一是统一要求。对于疫情防控的流程和标准，我们要统一要求。这一系列的标准和流程，经过了各方专家审核，学校反复预判和演练。非常时期，我们要凝心聚力，朝着一个方向前进。二是统一安排。对学生在校的日程和课程，我们要统一安排，有序进行。毕竟作为学校，我们的最终目标，还是在保障学生身心安全的前提下，科学有效地完成教育教学这个核心任务，弥补前期线上教学的损失，提升我们的教学质量。

众志成城——我们在共同编织一张保障安全的大网，我们也在共同重建教育教学的正常秩序。我们只有众志成城，团结合作，共同努力，目标一致，才能让试开学有条不紊，有张有驰。

躬身入局——我们每一个人都是这张安全大网的一个重要结点，任何一个结点出现问题，都会直接影响大局。演练时，我们要进入角色，听从安排，以切身体会熟悉流程，排查隐患；实战时，人手一清单，完成各自职责。另外，各学科的开学第一课，以入境教育为主，不要急于赶进度；开学首日为缓冲期，要充分设计，进行身心调适，校正节奏。

说一千道一万，我们现在所做的一切，都是为了做到“精，精益求精；万，万无一失”，保证试开学安全稳定有序，顺利重启我们的教育教学，走上正轨。

## 重建生态，躬身入局

在新冠肺炎疫情防控最紧张的时期，我看到这样一段话：“如果我们在这段至暗岁月里，能够整合自己的生活态度，重塑内心信念，审视余生之路。等艰难的时刻过尽，我们将拥有更智慧、更强大、更深沉的自我。”今天看到各位老师时，我从各位老师的眼神和状态之中，体会到了这段话的预见性和哲理性。

伏尔泰在《老实人》这本小说的结尾说：“我们必须照顾我们自己的花园。”疫情之中，我们每一位干部教师都在用自己的努力和行动，守护和照顾着自己的花园，包括我们的线上花园。

复课培训主要是两个方面的内容：一是复课以后的校园防控工作；二是复课以后的教育教学安排，尤其是线上、线下教学衔接方面的具体要求。

前期高三和初三复课的准备工作，大家可能也都或多或少了解一些。对大家来说是第一次，其实对我们所有的干部和行政人员来说已经是第三轮了。尤其是首次高三破冰复课的时候，可以说是从零做起，一个细节接着一个细节地推敲，一个流程接着一个流程地设计，光是接受各个部门的检查就接近十次，检查改进，再检查再改进。所以到今天，已经是第三轮的复课准备，方案和流程也比较成熟了，一会儿韩校长培训的内容，只要大家认真听、认真记、认真对待，只要大家复课以后严格遵照执行，就不会出现什么问题。所以这个时候我反而要强调是，我们对待这项工作的态度和认识是第一位的。

说实话，对于我们大部分干部和行政人员来说，经过初高三两轮的复课考验，现在是第三轮，大家确确实实在心态上容易有一些疲惫感了。说审美有审美疲劳，其实警觉也有警觉疲劳。

比如说出现发热学生以后的处理流程，确实比较繁琐，刚开始一出现学生发热，我们马上高度警觉，按照要求走一遍流程，上报、隔离、检测等。等高三和初三复课一段时间后，这样的情况多了，大家就会有一些松懈的想法，或者是不在乎的态度表现出来：你看，每次出现发热按流程走一遍之后，百分百都没问题，全北京也都是这样。是不是现在全面复课了，遇到学生稍稍发热的情况，就没必要这么繁琐，这么兴师动众地走那套麻烦的流程，观察观察就得了呢？

请大家记住：万万不可！

先不说这是上级一再强调的标准要求问题，我们就说这种心态，在社会心理学是被特别强调和警惕的一种处事心态，叫作“问题的正常化”。有一个非常著名的案例，就是说明这种正常化倾向的危害。20 世纪 80 年代，美国“挑战者”号航天飞机发射不久就在空中解体，机上 7 名宇航员全部遇难。原因就是因为火箭上的圆型橡胶密封圈因为低温变硬，失去密封作用。这个问题 NASA 不知道吗？知道。那为什么还发射？因为前 9 次的发射，密封圈也出问题，但是都照样发射成功了。也就是说，NASA 知道这是一个隐患，但前几次有这个隐患也没什么大问题，所以他们就一次次容忍了这个隐患，然后容忍度越来越高，最后就认为这个隐患是正常的了。这就叫“问题的正常化”。同样道理，对于疫情防控工作也要避免这种理所应当的正常化倾向。每次的发热情况好像都是虚惊一场，但我们不能把它规律化、正常化，每一次的流程必须要坚持到位，疫情降级，全面复课，

并不意味着风险降级。稍对病毒学有一些常识的人都会明白，只要一个地区出现过感染病例，就算没有当下的确诊者，这些病毒也依然会以非生命的状态，潜伏在我们周围。它没有死亡和不死亡的概念，只有激活和没被激活的状态。

所以，这几天我们在大大小小的会上也在不断地互相提醒，今天我们也要求前期参加前两轮复课工作的行政老师和干部，也要参加这个会，就是要提醒：防疫的这根弦绝对不放松，不仅不能放松，可能在管理上对我们的要求可能还更高一些。针对疫情防控的要求，也根据上级的精神，我列出这么几条注意事项，提醒大家注意：全面复课以后——

形势有变，风险不变

标准有变，要求不变（尤其口罩）

间距有变，意识不变（校园习惯）

空间有变，保障不变（防控物资）

人数有变，流程不变（发热、疏散、错峰）

课堂有变，节奏不变（调适阶段）

时期有变，心态不变（警觉、乐观、如常）

那把这些做到位，也就是心态到位、行动到位，实际上，我们在做的事情，就是重新建设了。重建什么？

重建环境，重建习惯，重建节奏，重建关系，重建心理，重建信心。

这些点我想不用多说了，从字面大家就明白什么意思，其实经过这场考验之后，我们的校园，我们的教育，我们的新常态，需要我们重新建设的东西，太多了：说白了，就是在危机过后，重新建设一个师生仍然感到舒适安全、安静有序的校园生活，老师放心，学生放心，家长放心，能够让老师们安安心心如常工作，让学生安安心心如常进入学习状态。说实话，想回到以前的习惯状态，估计是回不去了，因为这次疫情会改变我们很多习惯，但这些习惯也会让我们的校园更加卫生、清洁、安全。这就需要我们大家共同努力，齐心合力，重新建设一个更好的校园生态，让我们的工作和学习在校园里尽快恢复如常。在前两次初高三复课的时候，我用了三众一躬来强调复课工作，其中一个众就是“众志成城”，众志成城，我们大家一起努力，才能完成好这个重新建设的工作。

我也顺便提提这“四众一躬”：众望所归、众目睽睽、众口一词、众志成诚、躬身入局。

尤其这个“众目睽睽”，我得提醒一下各位老师，这不光是指全面复课这件事全社会都在关注，是社会当前最大的舆情焦点；同时还指一个具体的提醒，就是我们在校园里所有的工作，包括教室、楼道、操场、食堂里的一举一动，都会通过考试监控网、雪亮工程监控网等信息网络手段，处于海淀区教育视频调度中心的监督之下。所以，我们一定要遵守所有的工作流程和操作程序，不得违反。

## 相信自己，坚守责任，放松心态

2020—2021学年度第一学期的开学，跟以往不太一样。我想大家都深有感触。从形势到经历，从心态到行为，从准备到安排，太多的不一样，都是新冠疫情给我们带来的。我们真心希望以后的开学，不会再有今年的这种不一样。

而要想做到“历史”不再重演，我们就需要继续不厌其烦、持之以恒地做好疫情防控工作。前几天，区里又组织了一次中小学开学前疫情防控工作的拉网式检查。这已经不知道是多少轮的检查了，今天会后我们学校还要进行一次防疫演练。而且按照上级的精神，在开学大会和后面一系列的师生会议上，都要求学校不断强调疫情防控要求。所以，希望大家不要觉得领导厌烦啰嗦，不要产生安全意识疲劳，因为这是我们每一个人，尤其是每一位教师的责任，就像哲学家斯宾诺莎说的：“保持健康是做人的责任。既对自己，也对他人。”当然，各种制度、流程也好，“学校防控39条”也好，戴口罩、一米线、勤洗手的具体要求也好，归根到底就两句话：养成一个良好的个人卫生习惯，遵守一个良好的人际卫生礼仪。记住这两句话，践行这两件事，就是最好的自我管理。

刚才我讲了，我们希望以后的开学不要重演今年的情形。但有一样，我们希望永远延续，就是对中高考成绩的喜悦和荣耀，让它伴随我们每一次的重新出发。今年的中高考成绩，大家都很清楚了，也都为之振奋和自豪，我就不多说了，这些成绩数据已经是校长在每一个场合的开场白，但我还是想说这是我们所有交大附中人共同努力的结果。在此基础上，我们向毕业年级全体师生致敬。

庆祝与兴奋之余，我们该冷静下来想一想：交大附中接下来的路，该如何乘风借势、越走越强、越走越宽？

在开始这个话题之前，我想先问大家一个问题：开学第一天，我们全体大会的真正目的是什么？

可能大多数人认为，不就是为了布置新学期的工作吗？当然还可能被认为有一个潜在的目的，就是通过大会，向每一位教职员工正式宣告：同志们，假期结束了，开学了，各位老师收收心吧，快进入工作状态吧。至少我以前就是这么认为的。

直到有一天，我看了北大校长林建华的一个关于教育改革的演讲，他其中的一句话启发了我。什么话呢？他在开场时说："教育改革，必须建立在广泛共识的基础上；而我们今天的集会，就是为了试图建立广泛的共识。"一句话说透了开会的真正目的，就是建立共识。

难道不是吗？我们每个学期开学召开大会，先跟大家交流新学期的计划和安排，再通过后续的一系列年级会、教研组会、备课组会、班主任会，进一步沟通、交流和反馈，再根据各方反馈持续调整和优化我们的计划和安排。我们这不就是在共同建立和达成新学期的教育教学工作共识吗？我们总说：让我们凝心聚力、团结协作、再接再厉。但是，没有共识，就谈不上凝心聚力，因为方向不一致；没有共识，就谈不上团结合作，因为价值观不统一；没有共识，更谈不上再接再厉，因为出发的起点不一样。

所以，建立共识，是我们召开全体大会的本质目的。

当然，建立共识，就不能是单向的，而是双向的、互通的。大会宣讲的形式，可能决定了信息交流偏于单向传导，但后续各种范围的工作会，才是建立共识的关键。所以希望各位老师开好后续的几个会，在大会共享信息的基础上，进一步解读、分析、交流、反馈和思考，尤其是反馈和思考，是我们改进学校各方面工作的重要参考。从这一点上来说，林建华校长的那句话只说了上半句，他说"教育改革必须建立在广泛共识的基础上"，还应该有下半句，那就是"广泛的共识，必须建立在沟通和对话的基础上"。

那么，问题来了。今年的开学，我们这个共同体，我们交大附中这个大团队，要达成哪些共识呢？当然，最基本的共识就是今天大会宣讲解读的新学期工作目标、计划和安排，还有疫情防控工作等。然后呢，在这个基础上我们还应该有哪些共识？我想，刚才提到的，取得好成绩之后，我们接下来的路如何持续走强走宽，就是一个共识问题。

可能会有老师说，我知道你要说什么，不外乎继续努力、再接再厉等。没错，这套话说起来容易。关键是，我们该怎样再接再厉继续努力？更多地去增加我们的工作量吗？更多地去投入我们的精力和体力吗？对不起，从科学上来讲，那个著名的人力经济学的倒U曲线，就限定了这种策略的瓶颈。心理学家格兰特总结得非常好：“倒U曲线决定了没有一件事情是完美的，当投入到达某一个点后，那些高成本的积极措施、规定和实践，就可能开始对收益施加反作用了。经济如此，心理如此，教育也是如此。”更何况，就算我们不讲究科学，情感上也过不去。人的精力和体力是有限的，我们看一看每届初高三教师的工作状态，就知道他们还能有多少精力和体力可以挤压出来。所以，如何再接再厉继续高位努力，是我们每一位干部教师共同的研究课题、实践课题，然后同步我们的共识。这个课题涉及教育教学管理的方方面面，不是一两句话说得清楚的，把这个课题抛给大家，我们共同去探讨、探索和实践。时间原因，在这里我先简单抛出三个观点抛砖引玉。

**一、第一个观点：相信自己，破除名校迷信，不狂妄自大，更不要妄自菲薄**

前几天听到一个取得突破的生物研究，很受启发。我们都知道蚂蚁是靠触角和嗅觉认路回家，但非洲有一种沙漠蚂蚁，科学家发现它不靠嗅觉也能找回家。科学家就提出一个猜想，说它体内可能有一种类似于计步器的构造，锁定方向以后，靠计步回家。怎么验证呢？ 30多年的时间里，科学家用尽了所有可以利用的各种高尖端的科学仪器，也没能验证出来。直到前不久一篇论文发表，有人用了一个最朴素、也是最没有科技含量的办法，证实了这个猜想。这个方法就是把要回家的蚂蚁分成两组，一组把腿截断一半，一组把腿接长一半。腿短一半的蚂蚁到一半的地方就表现出找家的行为，因为它体内的计步器到数了；而腿长一半的蚂蚁会在超过自己家距离一半的地方，表现出找家的行为。就这么一个朴实的实验，完美验证了科学家用各种高尖端仪器30年没有验证出来的难题。这个故事说明了什么？就是：迷信高大上不见得有用，找对方法不见得高大上；有效就是真理，有用才是王道。

停课不停学突如其来的时候，我们还是有些隐隐的忧虑。平日里，我们经常认为我们的学生相比于一些名校的学生，自身的自制力差一些，对老师的依赖性大一些，需要老师盯得多一些。居家自主学习一来，学生们能行吗？

开学第一天

就在此时，很多兄弟校不断地展示和宣传他们如何利用高科技的手段，如何利用他们豪华高端的教育平台，开展各种各样的符合教育流行审美观的网络学习活动。一时间里，真让我们感到眼花缭乱。我们学校呢，没有那么多的炫技和花哨，只是冷静地调整心态，在各个校区的组织下，采用最常见、最普通的网络工具，朴朴实实、踏踏实实地将教学转战到线上，一如既往地如同以往的线下教学一般，抓住学生、抓住家长、组织好每一节课。事实证明，从一模开始就能看出来，我们依然能够取得更好的成绩。所以，我们未来该学习学习、该观摩观摩，但真的没有必要去迷信那些名校所谓的高大上的理论和模式，反而应该更多地自我剖析、自我研究、自我总结、自我升级。我们应该把自己隐藏的、习以为常不觉奇的教学优势和教学特点挖掘出来，提炼成经验、套路、模式甚至是理论，然后不断升级和优化。当然，这不是骄傲，更不是狂妄，这反而是一条更艰苦卓绝的道路。因为照搬别人的模式容易，自我研究、自我挖掘、自我升级优化反而更难。

## 二、第二个观点：宣传就是责任，学校每一个人都是改变社会共识的形象大使

不管那些教育家们同不同意，我们一线的教育者，都会绝对认同一个事实，那就是一所学校能够可持续发展、取得社会认可的办学成绩，除了特色、师资、

课程、教学、德育、管理等诸多影响要素之外，生源质量，是不可否认的一项关键要素，甚至是生命线。拿高中来说，生源质量就取决于中招分数线的高低。不知道大家注意到没有，我们经常拿来做比较的几所同类校，其实我们从三年前开始，高考成绩就陆续在一些分段指标上超过它们。直到今年，我们在各个高分段压倒性地超过它们。可是今年我们学校的录取分数线，还是低于它们几分。我们学校的增值能力昭然若示，我们的实力毋庸质疑。但是，为什么一部分家长和学生填报志愿顺序的时候首先考虑的不是我们学校呢？是什么导致了这种罔顾事实的惯性呢？这就是社会共识。什么叫社会共识？就是在相当长的时期内，人们通过对一种事物或现象的观察和总结，慢慢形成的一种大体一致的、约定俗成的看法。相当长的时期是多长，我也不知道。反正这种历史原因形成的社会共识，还在影响着相当数量的家长和学生，在选择学校时，还是把我们学校排序在别的学校后面。不过值得我们欣慰的是，这几年来，我们学校和一些名校的录取分数线差距越来越小，这说明我们的努力让社会共识慢慢发生了改变。不过说实话，我们也有点惆怅，我们不知道完全扭转这种带偏见的社会共识需要多长的时间，但愿不要让我们等得太久吧。

怎么办？在保持实力的同时，用我们的共识去积极影响社会共识。教育圈，说大也大，说小也小。虽然在圈内，大家对北京交大附中的发展和成绩都是高度认可的，“七小强”也不是我们自己叫出来的。但这个小圈子的舆论，想要影响到范围大得多的社会共识，还是不够的，关键还得靠我们自己的努力。不得不承认，“酒香不怕巷子深”的时代早就成为过去，现在是一个营销的时代、宣传的时代、舆论的时代、市场的时代、“酒香也怕巷子深”的时代。

现在有一本书很火，这本书名叫《文明、现代化、价值投资与中国》。书中有一个核心洞察就是：在 3.0 文明的时代，占领土地已经不重要，不是谁能占领更多的土地，谁就能主导世界秩序；而是谁能主导世界市场，谁就能主导世界秩序。社会与教育市场的逻辑是相同的，以此类推，也就是说：当今社会，学校要想可持续发展，要想实现办学目标，就要在保证实力的基础上、在取得好成绩的基础上、努力去影响和占领社会舆论印象中的教育评价和教育观念市场。所以，我们的学校媒体在努力更新社会共识，我们的优秀毕业生们在努力更新社会共识，我们每一位教职员工也要努力去更新社会共识，为自己，也为学校。就是刚才那

句话：宣传就是责任，学校每一个人都是改变社会共识的形象大使。

## 三、第三个观点：放松心态，坚定保持冷静质朴、踏踏实实的教育气质

取得好成绩，人人欢欣鼓舞。随之而来的，就是高位增长的心理压力，这是人之常情。“盛名之下其实难负”，其实难负的就是潜在的压力。俗话讲“人无压力轻飘飘”，适当的压力，会让我们变得更强大、更有创造力；过大的压力，一是灾难，二是没有必要。

还记得上次复课时，我与大家分享的那个案例吧。20 世纪 80 年代，美国“挑战者号”航天飞机发射不久就空中解体，机上 7 名宇航员全部遇难。原因就是因为火箭上的圆型橡胶密封圈因为低温变硬，失去密封作用。其实，美国航空航天局早知道这个隐患，但就是因为前 9 次的发射，每次橡胶密封圈也会出问题，但也都照样发射成功了。所以他们就一次次容忍了这个隐患，导致了问题的正常化，造成了最后的灾难。其实关于这个灾难，还有另一种解读。因为我们不是当事人，我们当然可以完全站在局外，超脱地、理性地评论这件事。但如果假设我们自己就是当事人，我们再来体会一下当时发射前的情景：这次发射之前已经推迟了好几次，好不容易定在了今天，而且又多带了一个普通的女教师上天，全世界在关注，电视台在直播，各种专家科普、各种意义分析都说完了，宇航员已经跟家人道别进入飞船，各种程序走完，总统都特意赶来了，一切准备就位，然后你突然宣布说因为天气状况不理想，发射推迟——我们试想一下，这得需要多大的勇气，需要抗住多大的压力。没人扛得住，压力太大，导致灾难。

所以我说，过大的压力没有必要。我们需要做的，就是放松心态，忘掉高位增长的压力，坚定保持我们一如既往的冷静质朴、踏踏实实的教育气质和作风。说得再专业一点，那就是我们要坚持著名的“二十英里法则”，也就是俗称的“自律法则”。

现在，我把产生这个法则的社会实验分享给大家，希望能给大家带来启发和思考。

美国心理学家吉姆柯林斯设计了一个社会实验，挑选了三组志愿者，徒步行走 3000 英里的路程。这段路程地貌复杂，天气多变。

第一组人开始会走得比较快，但到最后因为体力不支速度就慢了下来，最终用了 7 个月的时间走完全程。

第二组人看天气走路，天气好时一口气会走 40 英里甚至 50 英里，天气不好时就躲在帐篷里抱怨、等待。就这样一路走走停停，走完全程用了 10 个月。

第三组人先定了自己的目标，无论天气优劣，不管心情好坏，每天只走 20 英里，走完就停下来休息。最终，他们只用了 5 个月就到达了终点。

这就是著名的“二十英里法则”。

我们，要做第三组！

## 在思想高处引领，在行动实处示范

2020 年，一个个基层党组织，面对突如其来的新冠肺炎疫情，组成强大的战斗堡垒群，紧紧围绕在党中央周围，坚守在各项工作最前线。

2020 年，一个个党员面对艰难险阻，喊响“我是党员我先上”，用坚守与担当组成了一道道“最美风景线”。

北京交大附中全体党员亦如是。

在上级领导下，北京交大附中各级党组织带领学校全体党员，在思想高处引领，在行动实处示范，以坚定的政治定力、思想定力、心理定力和组织定力，稳定军心，系统施策、整体推进，带领教职工从容、有力、坚定、有效地应对挑战，让党旗高高飘扬在疫情防控和教育教学第一线。

### 一、镇定若泰山，发挥党组织战斗堡垒作用

疫情防控期间，学校各级党组织迅速进入“战时状态”，召开线下两委专题会 40 余次，成立领导小组、工作小组和自查小组等专班，牵头梳理“八条工作主线”，建立了从书记、校长，到各总支、各支部，广大党员，班主任、教职员工，学生、家长五级响应体系，明确各级职责和规范流程。每日各总支书记向党委报告所在校区、分校情况，遇到问题，集体研判。特殊时期，各级党组织结合疫情防控、教育教学和“七一”，开展主题党日活动，讲党课，加强宣传，传播正能量：集团及各校区、各分校每日通过微信公众号发布有关身心

党员先锋岗：发放安全绘本

健康、线上学习、居家生活、幸福学校等近500篇文稿，40多万阅读量，宣传好做法，传播正能量。

## 二、疫情即命令，发挥干部前线表率作用

疫情是“试金石”，干部是“定盘针”。自1月23日至今，书记、校长带头值守校园，教育集团干部自觉结束假期，24小时待命。进一步规范干部值班管理，关注和掌握师生健康状况；根据市区教委相关要求和学校实际，研究制定并组织落实疫情防控、停课不停学、试开学、全面复课、再次居家学习等方案；根据综合防控和教育教学要求，组织学校各类人员线上培训、线下演练，确保各阶段重点任务平稳、有效、高质地完成。

## 三、行动如脱兔，发挥党员先锋模范作用

全体党员在践行常规“六带头”的基础上（带头传递正能量，带头读书学习，带头立德树人，带头上好每一节课，带头教育科研，带头落实学校的各项要求），做到特殊时期“四带头”，体现出“四个先”：党员身份我先亮，急难险重我先扛，改革创新我先闯，荣誉面前我先让。

**（一）带头保质、保量、保时完成学校要求**

疫情防控期间，带头完成各项疫情防控、学生管理等工作，尤其是师生联系、防控指导和各级数据统计的各项任务。自1月20日—6月28日，报告师生健康数据142天，每天统计21个文件，共统计文件2877个，涉及数据127000余项，数据准确率为100%。

**（二）带头传播正能量**

由于疫情影响，在很难面对面沟通交流的情况下，党员带头在网络和各级各类通讯群当中，发挥正面引导和积极影响作用，团结一致，同舟共济。学校党委响应海淀区委教工委的号召，先后组织两次党员和积极分子捐款，725人次积极捐款（不含已在社区捐款的党员），共计捐款91758元。

**（三）带头开展线上、线下教育教学**

书记、校长带头开展线上升旗仪式教育、开学第一课教育等，党员教师带头精心准备、实施和总结每一堂课，在年级组、教研组、备课组中真正发挥了骨干的力量。带头开展垃圾分类活动，引领垃圾分类新风尚。

党员先锋岗：文明就餐

### （四）带头做好志愿服务，彰显交大附中党员的担当精神和本色风采

在校内，设立了“文明用餐”“科学防疫”“心理健康”“科学运动”“核酸检测”等方面的党员先锋岗，根据疫情防控需要，在各个岗位值守，为师生身心健康服务。在校外，党员干部除积极参加所在社区的值守任务之外，还圆满地完成了海淀区委教工委部署的社区值守工作。

面对这场疫情“大考”，北京交通大学附属中学在党的领导下，勇担使命、砥砺前行、攻坚克难，做师生身体健康的“守护者”、思想教育的“引路人”、学习成长的“指导者”，真正做到了守土有责、守土担责、守土尽责。

值建党 99 周年之际，我们用实际行动展现北京交大附中“我因党员而自信，组织因我而精彩”的党员风采，用实践诠释教育者的初心和使命，谨以此向党的生日献礼。

# 第五章

## 思想引领：准确把握教育教学改革的前沿和热点

# 第一节 关注信息技术时代教育方式的变革

## 从观念到实践，打破中小学信息技术应用瓶颈

为了培养适应未来社会发展的、具有创新能力的人才，我国各地中小学都从不同层面探索应用信息技术手段助力教育教学创新的有效路径。但如何进一步提高学校的信息化程度，促进信息技术与教育教学的深度融合与和谐发展，各地还有许多问题需要解决。笔者仅以东部地区某优质校 B 校为例，见微知著，深度剖析该校信息技术应用状况，探索当下中小学信息技术发展中的问题与对策，力图在一定程度上破解中小学信息技术应用的难题。

### 一、关于学校信息技术应用中的低效介入

笔者经过调研，发现该校在信息技术应用方面存在以下四个问题。

#### （一）“不应用”，信息技术设备使用率较低

我国中小学校的信息技术装备普及水平较高，大部分城市学校的教育资源配备都能够达到国家规定的水平。B 校目前共有计算机 1500 余台，笔记本 400 余台，智能终端 70 余台；校园网络实现了千兆传输，两校区光纤互联，全校范围内覆盖无线网络，出口带宽达 100M；各教室均配备多媒体设备。学校建有一批虚拟演播室、校园电视台、飞行模拟实验室、互动教室、高清录课教室、数字化物理实验室、通用技术实验室等个性化数字化功能教室及实验室。但是据对全校教师的问卷调查结果显示，教师在教学过程中经常使用电脑的教师约占 45%，18% 经常使用实物展台，17% 的经常使用投影机和手机，3% 的教师使用平板电脑，信息技术设备使用率较低。

#### （二）“浅应用”，仅使用设备的最基础功能

B 校为教师配备了台式机和笔记本电脑，为教研组、备课组配备了打印机、照相机、摄像机、扫描仪、录音笔，并根据学科需要为个别教研组配备了平板电脑、智能点阵笔、学科工具软件等。但在日常工作中发现，在学校如此完善的软硬件设备环境中，教师们对于信息技术的应用却不是十分充分，还存在“浅应用”的现象。如使用 PPT 只简单进行板书搬家，浪费了其强大的多媒体展示功能；

使用EXCEL，只制作表格和使用求和、求平均值的功能，忽视了其强大的数据分析和编程功能；使用自动评阅卷系统时，只看分数结果，忽略了该系统自动生成的详细成绩分析数据等。

“浅应用”还体现在教师使用信息化设备进行授课的场合。例如，信息化设备的使用多集中于公开课、展示课课型，几乎没有教师利用信息化设备开展常规课授课，这说明大部分教师的信息技术工具应用水平较低。此外，教师对于学生信息素养培养的意识也比较欠缺，教育者应引导已经具备足够信息素养和操作技能的学生利用先进的技术进行学习过程优化和个性化学习，而不是任其浪费时间在游戏和休闲上。

### （三）“伪应用”，设备选择与教学目标的匹配度低

电脑、平板电脑、手机、电子书等信息化设备确实能成为课堂教学的得力助手，教师们在积极思考如何让这些设备更好地融入教学的同时，也要认真衡量某些课堂是否适用科技手段，不应一味地追求时尚，盲目地为用而用。如一些画图类内容还是采取传统教学方式效果更好，非要采取新技术不但会影响教学效果，而且会给学生的视力带来压力。

例如：初二年级地理学科“锋的形成与运动”一节，使用传统的板书教学效果更好，但有的教师非要用平板电脑上课，结果学生在平板电脑上画不出运动路径，最后教师还是要在黑板上进行画图讲解。这样的操作不但没有凸显信息技术的优势，还耽误了教学时间，影响了学习效果。

### （四）“硬应用”，盲目以设备“绑架”教学

教师在课堂中应充分发挥引导作用，确保学生的主体地位，促进学生在课堂上的主动参与。信息化设备应该只是让教师的教学更为有效的工具，不应该成为课堂的主角。有些课堂被投影、电视、手机占据，教师在一节课中全程播放视频，无任何讲解，学生端坐观看，没有讨论，没有提问，这就违背了将信息化设备引入课堂的初衷。

## 二、阻碍学校信息技术应用的关键因素

### （一）观念滞后，阻碍了信息化教学的进程

信息技术对教育活动的优化作用显著，但学校中仍有部分教师对于新生事物

抱有抵触心理，不愿意转变观念。仅从我们的问卷调查结果来看，78% 的教师有强烈愿望接受信息化培训，但仍有 22% 的教师不愿意接受信息化培训。

教师对信息技术的不了解、不熟悉，也加大了学校推进信息技术融入教学环节的阻力。2010 年，交大附中就引入了平板电脑互动教学系统，并对部分教师进行了培训，但 90% 多的教师因担心自身驾驭能力不足和学生进入平板电脑互动教学环境的不适应，而不用平板电脑进行教学。

此外，还有部分学校管理者凭借自身喜好，对自己熟悉且掌握得好的方式方法形成习惯性保护，对自己不太熟悉、掌握得不好的技术和应用产生习惯性抵制，这也使得学校的信息化应用不够深入。

#### （二）能力有限，限制了信息化教学的有效开展

问卷调查显示，B 校教师参加过中学教师信息化教学能力相关培训的比例为 77%，有 23% 的教师没有参加过任何信息化教学能力培训，这部分教师在信息设备运用方面的能力就稍显不足。但即使是在大多数教师都接受了培训的前提下，他们还是没有能够将信息技术充分有效地运用在课堂教学中。即使有部分教师会使用网络资源进行教学，其教学模式也沿袭传统。信息技术只是作为教学的补充和完善工具，如利用演示类课件让教学内容更生动形象，没有真正深度开展信息化授课。

#### （三）忽略学生需求，降低了信息化教学的效率

教师应关注到学生对信息设备的使用需求，并把这一需求与所能接触和使用的各种终端设备有机结合，才能达到预期的教学效果。很多教师在使用信息技术时，没有从学生的需求出发，在运用过程中就会出现不仅没有增加教学效果，反而会降低学生参与的兴趣。教师选择信息设备时应将学生的喜好和应用程度作为重要参考，让其能够成为学生在校学习的有效补充和得力助手。

### 三、系统推进学校信息化应用的策略

#### （一）举措一：提升学校管理者的信息化领导力

智能学习时代已经到来，中小学管理者作为把握学校发展方向的核心人物，要注意更新观念，保持开放的心态和持续学习、终身学习的态度，要对未来技术变革的动向高度关注，敏锐准确地把握未来教育技术的发展趋势，并促成其所在

学校的发展与进步。

对于不同的信息技术应用，学校管理者也应结合具体情况，对教师进行理性引导。例如，目前，AR、VR 等虚拟现实技术的开发程度尚不足以支撑其在常规教学中的高效使用，校长就可以引导教师用实验的方式进行教学尝试；而对于手机等应用程度较高的技术或设备参与教学，校长则应督促教师设计比较完整的教学方案，引导教师掌握如何制作教学资源二维码、如何筛选适合教学的手机软件资源、如何设计微课程等技能。

**（二）举措二：注重学校资源配置的有效性**

首先，学校应确保有一个通畅的网络环境，确保校区内有线和无线网络的畅通，如有分校区还应确保各个校区之间能够光纤互联，为教学的各种技术应用提供强有力的基础通信保障。

其次，学校应提升教室的信息化配置。如对现有的功能教室进行数字化改造，增加信息技术设备和多媒体互动功能；增加如自动感应录播、追踪系统等扩展设备，打造广播录制及专业录课教室，以满足课堂教学互动需要；拓展和延伸实验室的建设范畴，不仅建设物理、化学、生物数字化实验室，还能够不断挖掘不同学科的真实需求，拓展其他学科数字化实验室的建设数量。

信息技术课

最后，在条件允许的情况下，学校应确保信息化校园的持续建设和发展。如开发走班制下的排课系统、学生身份认证（日常信息采集）系统等教学辅助工具；打造多类型的数字化校园互动平台，如开设教研、社团、班级、家庭教育等网络社区，引导师生在虚拟空间中进行自由交流、相互探讨，满足学生的个性化发展需求；大力推进信息技术特色课程、项目，如 STEAM 课程、智能机器人项目、程序设计项目、电脑艺术创作项目、航模数字现实模拟教学项目等的发展，助力特殊人才成长；促进信息技术与教学的不断融合，如推进AR、VR虚拟现实技术，平板电脑互动教学，智能点阵笔互动教学，手机应用软件等个性化互动工具更加高效地进课堂。

### （三）举措三：加强对教师观念和技术的引导与培训

一方面，学校可充分发挥骨干教师的示范引领作用，让他们带动更多的教师转变观念，参与到信息技术应用于教学的研究和实践中来。比如：交大附中的语文教师赵颖运用平板电脑教学，引导学生进行个性化阅读和个性化反馈；数学教师丁红运用手机软件，引导学生进行自主探究和个性化学习；信息技术教师王博从地理学科的实际问题出发，以游戏开发的任务设定，引领学生经历完整的思维过程，促进了学生的个性化学习。这些骨干教师在其学科领域的有效探索，在教师中起到了很好的示范引领作用。

另一方面，学校可以通过校本培训中的多元信息技术培训课程，对教师进行信息技术应用的参与式培训，也可以邀请高校信息技术专家对学校的信息化建设和应用进行技术支持和现场指导。

与此同时，学校应遵循教学质量和教学效果为导向的原则，对于教师教学方式与方法的评判，不以教师是否应用或怎样应用信息技术为唯一标准。例如：学校内很多青年教师对于信息技术的应用十分熟练，能够借助弹幕教学、微信微博签到答题等匹配学生兴趣的教学辅助手段提高学生课堂参与度和反馈质量，学校对此应提出鼓励并推广其教学经验；而有的教师使用传统教学方式，依靠粉笔黑板也能充分调动学生保持良好的学习状态，产生理想的教学效果，对于这种类型的教师，学校也不必强制其使用信息技术手段辅助教学。

应该注意的是，信息技术旨在有效提高教学效率和教学质量，而不是取代传统教学。学校应注意以学生为本，处理好人与技术的关系，促进技术手段与教学手段有机结合并依据学生的需求及时调整。

（原文刊载于2018年4月《中小学管理》）

# 拥抱新科技，玩转信息化

教育的过程不是生产商品的过程，如果过程失败，对于商品来说，是多了一批残次品，销毁就好，无非是金钱的损失；而对于教育来说，如果过程失败，就会影响到一批学生，会影响到学生的未来，哪怕是只影响到了一个人，对我们教育者来说，也是不容原谅的。所以我们在拥抱新科技和互联网技术的时候，就不会像企业那样完全热情洋溢、毫无保留、照单全收，而是会慎之又慎、权衡利弊、寻找最优。

但是，这并不影响中学教育拥抱新科技，当现在的学生作为网络“原住民”出现在教师们面前，当全民都进入“互联网 +”时代，我们怎么会拒绝好的东西而不去顺应？要知道，只要对学生的发展和成长有利，我们都要。只不过，在选择和推广的过程中，我们会保持教育者必要的冷静。

## 一、关于素养、自觉、自由和共享

《国家中长期教育改革和发展规划纲要（2010–2020 年）》中有这样一句话：“信息技术对教育发展具有革命性的影响。”

好久不见“革命性”这个词。怎样才叫革命性？就是要将信息技术这种外在的技术工具，内化为一种“行为方式”。往深一点说，就是要将掌握信息技术作为我们的一种“行为文化”。

作家梁晓声曾经对文化用了四句话描述：第一句“文化就是根植于内心的修养”；第二句“文化是无需提醒的自觉”；第三句“文化是以约束为前提的自由”；第四句“文化是为他人着想的善良”。我以为，如果把第四句理解为“愿意与他人共享”的话，这不就是我们信息文化所呼唤的四个要素——素养、自觉、自由和共享。

对于信息技术教育已经形成的部分，我们要把它固化好、保护好。比如，我们学校的数字办公平台、教师的教研协作平台、校内资源的在线学习平台、校务公开的发布查询平台、学生的社区社团交流平台等，它们的存在，正在慢慢改变着师生们的工作学习状态；它们的应用，已经内化为师生工作学习的行为习惯，甚至是行为本身。相信大家都有过这样的体验，一旦发生断电或网络瘫痪的时候，我们通常会茫然失措甚至惊慌失措，感觉好像突然与这个世界失去了联系。

对于信息技术教育没有形成的部分，就需要我们坚持不懈地思考、改进和反思。想想，现在学校里，有多少领域，信息手段还是在以外部工具的面目存在着，甚至有时候被我们生硬地加进教育的过程里？更重要的是，我们要思考，还有多少领域的技术应用，还没有被我们开发好、利用好，或者说是没有控制好？

## 二、所见之处皆是屏幕，你我都成为了屏幕之民

举个例子，有人统计，今天，有超过 50 亿个数字屏幕在我们的生活中闪烁，每年还会有 38 亿个屏幕在等待被使用。无论是电子屏、电脑、电视、PAD，还是手机、电子书，无论我们如何安置自己，不能不承认，我们现在已经进入了屏幕阅读的时代，我们已经成了屏幕之民。学校也是一样，进入校园，有大大小小的电子显示屏，在向你报告今天学校的活动和昨天的故事；走进教学楼，是每个教室门口的媒体发布屏，在向你展示着校园的生活和班级的文化；进入教室，是每个班级标配的液晶触摸屏，在向你传达着师生间、生生间的教学内容、交流内容；坐到座位上，是每个课桌上的平板电脑，在向你提供着课程资源和学习任务；低下头去，是每个人至少一部的手机屏幕，在向你发出各种各样的召唤和邀请。对了，就是这个手机，让我们教育工作者爱恨交加。

先抛去碎片化学习好坏的辩论不谈。因为无论是辩还是不辩，它已经发生了；好不好，它已经成为事实了。可以说，我们掌控了以上所有的屏幕使用和内容，但只有学生手里的这块手机屏幕，我们失去掌控。但又不得不承认，这块屏幕，是随时随地学习的最佳平台。所以，思考该如何引导学生正确使用手机、让它变成学生在校学习的有效补充和助手，这是当前摆在教育者面前的重大和紧急的课题。为什么重大，相信不用解释；为什么紧急，我们也心知肚明。早在 1971 年，美国诺贝尔奖得主西蒙就说过“在信息丰富的世界里，唯一稀缺的资源，就是人们的注意力”。大家都知道，现在手机屏幕的内容实在是太丰富了，丰富到你想不要都不行，我们自己都把握不好自己的注意力，更何况学生。那么，用什么把学生的注意力，吸引到我们想汇聚的地方呢？

我们现在正在尝试的办法，就是在线课程 APP。它可以是校方自主开发，可以是第三方服务，也可以是师生共同创新；它的内容可以是学科慕课，可以是通识培训，可以是综合实践课程，也可以是在线辅导；它的魅力应该是保证三个维

度，游戏化、体验化、强交互化；它的使用对象应该不只是学生、教师，还有家长；它的功能，要至少强大到与互联网大数据无缝结合，并且具备个性化的学习分析和评价。但是无论如何，它的定位，一定要是辅助在校课程、线下课程。当然，我们学校还处在实验阶段，试过很多产品和服务，效果都不是那么的理想，别忘了我们的态度——谨慎、权衡、寻找最优。所以，我们也在期待着有实力、有魄力、有想法的合作者们。

## 三、关于学校信息化技术应用的思考

放下“你我都成为了屏幕之民”这件事，我们再看看教育的大形势。新的课程改革和高考改革，其实是对学校应用新科技和互联网技术提出了更高的要求，也为我们展现了足够广阔的前景。所以下面，我讲讲学校对信息化技术应用的一些思考和改进计划。

### （一）思考之一：学校消费观——“增值来自于重混”

首先我说说学校消费观的改变。在之前相当长的时期里，学校是消费者，学校是产品购买者，学校是技术产品的拥有者，好像一切都是天经地义。可在这个过程中，硬件不断地在更新换代，软件在不断地升级，新的需求也在不断地产生，为此学校也在不断地重复性地消耗着珍贵的教育经费。我们所拥有的软硬件产品，总是会在应用一段时间之后，失去活力了、不合时宜了，可又弃之可惜，这个过程似乎永远没有一个尽头。所以我们在转变思路，学校当然是消费者，但不应该完全是产品的消费者，更多的应该是服务的消费者；而科技企业，则变成学校的合作者，提供按需按时的服务，提供各种范围、各种权限、满足共享与协作的平台。

而接下来的问题就是：学校已经拥有了的产品和平台怎么办？扔掉吗？对不起，有固定资产管理条例，扔不掉；搁置吗？对不起，它们占着你的空间、占着你的资源。怎么办？对此我们认同这个观点，“增值来自于重混”。

美国经济学家罗默有一项研究发现：真正可持续的经济增长，并非来源于新资源的发现和利用，而是源自于将已有的资源重新安排后，而产生的更大价值。所以，对于这个现实问题，我们的应对办法和期望就是“用重混带来增值”，就是采取与新技术混合、混搭，产生新的技术应用和功能的拓展。我们正在这样做。

### （二）思考之二：应用的生命力——“一简难求”

其次我谈谈在学校里，信息技术应用的生命力问题。新科技在教育应用上的生命力强弱，往往在于一个关键，就是它的应用是否简单。简单，多么简单的要求，可又是那么“一简难求”。IPAD、数字点阵笔、在线辅导系统、视听互动系统等，简单吗？很多创作工具都在宣称，教师无需很多资源、很多技能，就可以制作一个动画、一个课件、一个互动游戏、一个课堂评测、一段影片等。但对教师来说，真的那么简单吗？教师真的除了做好自己的教学设计、教学行为、答疑解惑之外，还要承担那么多制作和技术的工作吗？我始终认为，教学资源和信息技术，对教师最公平的情况就是拿来就能用、拿起就能上手。不要摇头，我相信技术，有了需求，就会有满足，只是在于我们想不想。苹果手机的诞生，不就是很好的例子吗：

问题：智能手机使用起来难度更大，因为它们有着永久存在的键盘。

对策：一个大屏幕和一个指示器。

问题：什么样的指示器？

对策：一个鼠标。

问题：我们不想把鼠标带来带去。

对策：一支触屏笔。

问题：触屏笔容易弄丢。

对策：用我们的手指。

未来我们的需求，我们对简单的渴求，可能就需要这样的逻辑和努力。

谈到了简单，简单还可以体现在哪里？有人预测未来的智能机器人，对不起，又让大家想到了机器人，换个词：人工智能。

信息技术课

他们在预测未来的人工智能，能够根据人们的喜好创作音乐、能够自动完成病人的护理、能够使复杂的工程最优化、能够自主的驾驶汽车、能把玩具变成宠物……但是在大

数据已经存在的当前，为什么没有人向近处看一看，向触手可及的领域看一看，比如教育，比如在教育的过程里，利用人工智能技术，记录每一个教师的教学习惯、记录每一个教师的备课习惯、记录每一个教师的学习路径、记录好每一个教师的技术偏好、记录好每一个教师的个性喜好、记录每一个教师的搜索领域，然后通过大数据的分析和足够的算法，为每一个教师的教学行为，提供足够多的方案选择、资源选择，并且推荐几套最优方案让他们割舍不得、独得其用？而除了最优方案，背后的过程教师什么都不必看到，也什么都不必懂，他只要懂得怎样用好这套方案就好。类似的事情，谷歌、百度已经在做了，但它们并没有专注于教育。问题是，我们的教育需要这样的专注。

凯文·凯利说："在本世纪后半期，人们从事的职业中有70%很可能会被自动化设备取代。"我觉得随着人工智能的发展，这个时间很有可能被提前，而且我们讨论的是结果，不是过程。在过程当中，这个变化是一直在继续的。那么，对教师来说，随着更多的重复性和传授性的工作逐渐被智能技术取代后，教师的角色和定位也在发生着改变，更多的面向"创造""感性""熏陶""陪伴""辅助""观察""建议"，我想核心的角色和定位，会是"组织课程"和"提供指导"，这也正是未来课改对教师的要求。我想，教师、学生与技术之间，慢慢地会形成一种共生关系。

### （三）思考之三：技术为体——"生产就是课程"

最后我表达的一个观点，可能稍微大胆一些。但在北京市全面推进课改与高考改革之后，这也是培养特殊人才的一个很好的途径。我们说信息技术支持教育教学，原则是"教育为体，技术为用"，但往往忽略了技术本身也可以为体。课改与考试改革的最终目的就是要培养个性化、多样化的人才。那么，在学校进行信息化建设和教育软件开发的时候，有没有人愿意带着我们的学生，一起参与到研究需求、参与到设计规划、参与到定制开发、参与到调试应用的整个过程中来？

这当然是一个比直接外包更费力费时的一种做法，但这种做法却能让学生真正开发自己的潜能，让学校能够在完成一项信息化建设的同时，又把它变成一门满足学生个性需求的特色课程，能够让学生真正把个人的兴趣和特长，变成具有实际应用和社会价值的东西，而不是花三到六年去纸上谈兵，不断去参加一些以获奖为目的的程序竞赛，但却在实际上，没有为社会和个人创造丝毫的价值。

我就在大学临毕业的时候参加过一个省级的建模竞赛，题目好像是“一个正方体，只让切割三次，问怎么切割才能让切过的三个物体的表面积最大”，我们三个人一个团队花了两天两夜的时间，用数学和程序语言把这个标准答案答了出来，获得了省级一等奖。当时我很骄傲也很兴奋，但直到现在我都没弄明白自己费了半天劲儿，弄出这个方案能去干什么用，有什么社会应用价值。

所以，如果真有这样的企业，有耐心愿意带着我们的学生共同完成这样的事，在你的产品投入应用的时候，哪怕它不是那么尽善尽美，你还怕学校不给你付钱吗？因为，你们是把产品变成了课程。

最后，我想说的是，今天的学生已经不是昨天的学生，如果学校不主动寻求改变，不主动适应互联网思维，就会离学生越来越远。经济学家迈克尔曾经问他的学生，假设给他100万美元，让他完全放弃互联网，愿不愿意，得到的答案是认真思考后的“不”，要知道这件事还是发生在智能手机流行之前。

今天，在我们学校做访谈，问高二学生，假设给他500万美元，让他完全放弃互联网，愿不愿意？得到的答案是不加思考的“不”。这个学生说：“怎么可能，那就相当于失去了我的自由和希望”。是的，这就是我们现在的学生们。

（2015年2月4日，在GET2015教育大会上发言）

## 利用信息技术，变革学习方式

北京交大附中“幸福学校”的建设，主要依托于四大实施路径，即环境、课程、课堂和团队。本文重点从环境的建设和课堂的双主体——教师和学生的角度，简要阐述交大附中在以信息技术支持学习方式变革方面的一些做法和思路。

交大附中这些年，一直以四个工作途径作为实施重点，推进学校信息化建设与应用，即“以信息技术持续优化教学环境，以信息环境持续知化学生素养，以信息支持持续内化教师素养，以信息自觉持续转化管理理念”。在这四个方面，我们之所以都强调“持续”二字，是因为这四方面的工作是一个持续、渐进、不断优化，但可能永远没有终结的过程，正如技术的革新永远不会有终结。

## 一、以信息技术持续优化教学环境

### （一）硬件环境建设

交大附中信息化基础建设到今天，通过不断完善网络系统，从有线到无线，让学校的每一个角落都能提供给师生畅通的网络环境。目前，我校各校区均已实现光纤互联，万兆主干，千兆到桌面，同时 WiFi 网络全覆盖，为师生教学的各种技术应用提供强有力的基础通信保证。

我校除了配置广播录制级的录课教室之外，所有常规教室不仅标配电脑、多媒体操控讲台、实物展台、触控液晶大屏，而且全部装备自动录播观评课系统。另外，每个教室门口都配备可以展示学生风采、班级文化的媒体发布液晶屏。

除常规教室的信息化建设之外，我校配备足够数量的信息技术教室，并且充分利用图书馆、实验室、校友俱乐部、科技教室、心理活动室、英语听说互动教室等资源，对其进行数字化改造，增加信息化手段和多媒体互动功能，满足常规课堂中的师生特殊教学需求。

我校实验室的建设范畴也进行了大胆的拓展和延伸，不仅为物理、化学、生物实验室进行数字化建设，同时也逐步为物理、化学、生物之外的学科，建设专业实验室。比如学校现在已经建成并投入使用的数学实验室，分为数学探究室、数学阅览室以及数学研讨交流室三个活动区域，通过 TI 图形计算器、3D 打印机、计算机、专业数学软件、数学思维训练套件、数学教学模具以及云直播等高端设备，支持学生数学研究、实验测试、合作交流等个性化学习，改变传统数学教学模式，激发学生学习兴趣，锻炼学生数学思维能力。

### 二、软件环境建设

我校在各校区间建立了统一的数字化管理平台，优化学校管理流程，提升管理效率，满足学校日常数字化办公和信息公开等需求；不断完善校园数学化资源平台，通过引进、分享、制作、购买等多种方式，为师生提供越来越丰富的教学资源。除了为大家提供知网、学优网、学科网、电子图书等资源服务之外，学校也在致力于建设自己的校本资源，比如优质公开课实录资源、常规课录播资源、教研组及备课组教学素材、教师个人优秀课件资源等。

同时开始着手建设校园数字化师生社区，为每位师生提供个人空间，同时开设教研、社团、班级、家庭教育等多种形式的社区，引导师生按不同的需求与身份，自发组织在虚拟空间中，开展师生间、生生间充分的交互、探究、互助活动，满足学生个性化的发展需求。其中，学校刚刚开发完成并投入使用的面对家长和学生的家庭教育大课堂APP，通过推送专家讲座和开设专家咨询等功能，建立学校与家庭的紧密协作与互动，受到了家长广泛的好评。当然，学校虚拟社区的开发和应用还在持续建设之中，处在实验的初始阶段，还远远没有达到理想的应用状态，需要学校在过程建设中根据师生的实际需求不断改进、不断调整。

## 二、以信息环境持续知化学生素养

### （一）学生信息素养的现状

如今的教育者都很清楚，今天的学生已经不是昨天的学生。我们的学生是互联网世界、信息化世界的原居民，相比于学生，我们这些教育者才是后知后觉。学生们的信息素养与生俱来，他们对信息技术的接受速度和操控本能，很可能是我们大部分教师所不能比拟甚至是无法赶上的。

有一个案例至今都让我校的教师们印象深刻。早在2010年，我校开始首次引入PAD互动教学系统，在第一批参与教师与信息技术教师的共同努力之下，课堂资源、互动系统、网络环境、教学设计、教师操作技能等各方面的教学准备非常充分，但大家都对学生进入PAD互动教学环境的适应能力有所担心。所以教师特别为学生设计了一个课前10分钟互动系统操作的入境培训。结果所有人都没有想到，当学生进入实验教室，拿到PAD后不到3分钟，也就是教师的入境培训还刚刚开始，大多数的学生已经开始非常娴熟地操作这套系统了。这个真实的案例恰恰说明了，信息时代的学生与信息技术应用的天然契合度的确是我们无法想象的。值得我们注意的是，这个案例发生在2010年，现在的情况呢？

经济学家迈克尔曾经访谈他的学生，假设给他100万美元，让他完全放弃互联网，愿不愿意，大部分学生认真思考以后，答案是“不”，这事是发生在智能手机流行之前。那么今天呢？我们的学生会作什么回答呢？

所以，如果学校不主动寻求改变，不主动适应互联网思维，我们就会离学生越来越远。我们现在所面对的学生，实在是不需要我们教育者再去用自己可能还不如学生的技术水平，去教育他们如何提升信息素养。我们需要做的是，如何让

学生的信息素养知化。

### （二）学生信息素养的知化

“知化”是一个借用的概念，是凯文·凯利提出来的，意思是说赋予对象认知能力，本意是表达如何让人工智能技术认知化。笔者借用过来表达对学生信息素养的认知化引导。也就是说，既然学生已经具备了足够的信息素养和操作技能，那么我们该怎么引导学生，让他们的信息素养发挥作用于促进学习过程的优化和个性化学习，而不是只用来游戏和休闲。

学生信息素养的认知化引导至少应该包括以下两个方向：第一是将它引导到学生创新、创造和特长教育中；第二是将它引导到学生学习过程的个性化学习中。

在引导学生创新、创造和特长教育方面，这些年我校通过一系列学生项目的开展，比如智能机器人项目、程序设计项目、电脑艺术创作项目、航模数字现实模拟教学项目等，为特殊人才的培养搭建了很好的平台，学生们也取得了丰硕的成果，我校也因此获得了北京市“十佳科技教育创新学校”等一系列荣誉。

在引导学生学习过程的个性化学习方面，我校和其他学校一样，一直致力于在推动各项技术应用于教学互动过程，比如 Pad 互动教学、智能点阵笔互动教学、手机 APP 应用等。

### （三）屏读时代的教育课题

学生在课堂中通过信息化手段，与教师、同学交互学习。我们充分关注到学生所能接触和使用的各种终端设备。可以说，这些终端设备基本上都是以数字屏幕的形式与学生互动。如何把学生的注意力，吸引到教育者需要TA们汇聚的地方，是学校信息化应用下一步要重点研究和实践的工作方向。

## 三、以信息支持持续内化教师素养

教育部颁布的《教育信息化十三五规划》明确提出：“要建立健全教师信息技术应用能力标准，将信息化教学能力培养纳入师范生培养课程体系，列入高校和中小学办学水平评估、校长考评的指标体系，将教师信息技术应用能力纳入教师培训必修学时学分。”这对教师信息素养提出了明确而具体的要求。我校重点通过认知转变、教师培训、教师参与和专业支持等四个方面工作的推动，来逐步提升教师的信息技术素养。

## （一）技术支持

在技术支持方面，除了前文谈到的学校硬件环境和软件环境建设之外，交大附中为每位教师配备台式机和笔记本电脑作为个人标配。同时，以教研组或者备课组为单位配备打印机、照相机、摄像机、扫描仪、录音笔等，还根据需要，个别教研组配备 PAD、智能点阵笔、学科工具软件等。很多学校配备的技术支持设备与平台可能还要更加完善。但我们要问一问自己，这些信息化技术和手段在教师当中应用状况怎样？以笔者个人看来，并不是如我们所愿的那么理想。要知道，能用资金解决的事情，是最简单、最容易实现的事情。其应用价值的关键还是在于人，在于教师。

## （二）认知转变

基于上述情况，从教师转变认知入手，是这些年来我们一直重点关注的工作。虽然现在几乎没有人否认信息技术融入教育活动的高效与优化作用，但在学校中却一直存在着部分教师不愿意转变观念的问题，这是各个学校都会存在的现象。其实这种现象可以理解，因为教师往往容易对自己最熟悉、掌握得最好、应用时间最长的方式方法，有一种习惯性保护；而对自己不太熟悉、掌握得不好的技术和应用，会有一种习惯性的抵制。这一点需要我们着力去引导。

谈到观念转换的引导，有时还需要同时关注教学方式多元化的问题。也就是说，引导教师工作要尽力避免强制化，它需要一个宽松的管理环境。我认为，对于教师的教学方式与方法的优劣高下，应该重点把握教学质量导向的原则，也就是教师无论应不应用信息技术、无论怎么应用信息技术，一切以教学质量和教学效果为导向和评判标准就可以。现实中，确实有这样的教师，他往往沿袭较为传统的教学方式，一支粉笔、一张黑板，就能把学生课堂学习状态和思维活动充分调动起来，学生又非常喜欢他的课堂，教学效果理想。对于这种类型的教师，如果他不愿意采用信息技术手段辅助教学，那学校真的没必要强加于他。再比如，学校建设和提供了一系列信息化工具和平台资源，但有很多青年教师就是要另辟蹊径，应用一些成熟的社会化技术产品像弹幕教学、微信微博签到答题等，也确实能够达到激发学生兴趣、提高学生课堂参与度和反馈质量的教学效果。那么，对于这样的教师，学校就要大力鼓励并推广其应用成果。

还有信息技术工具应用的肤浅化问题。有很多常用常见的软件，在平时的使用中，并没有真正发挥它们应有的技术支持作用。比如有些教师在PPT的应用上，简单地进行板书搬家，基本上是浪费了它强大的多媒体展示功能；比如很多教师在电子表格EXCEL的使用上，只用到了它制作表格和简单的求和求平均值排序的功能。而实际上EXCEL具有强大的数据分析和编程功能，这些功能在分析学生数据、诊断学生学情时能够发挥巨大的作用，但基本上被教师们所忽略；再比如现在各学校都配备的自动评阅卷系统，在每次阅卷后期，系统都会在后台自动产生详细的成绩分析数据，而这些功能和资源也经常被教师们忽略掉而没有发挥它应有的作用。

在教师认知中还存在一个误区，即信息技术对教学过程的支持，是嵌入式还是融合式，这有着本质上的区别。有多少老师是为了使用技术而使用技术，我想我说的这个现象大家都遇到过。这里也包括一些教师（或学校）对新技术的追新求异的现象和心理，对此我们要有一个理性的认识和引导。比如说AR/VR虚拟现实技术应用于教学过程，现在有多少资源能够支撑教学的日常使用，大家心知肚明。当然，这是未来技术发展的趋势，我们可以用实验的心态去面对它。再比如应用学生手机参与教学过程，现在有很多教师都在尝试这个教学方式，尤其是在公开课上。但教师一定要清楚，常规课堂上如果使用手机组织教学，是一件目前来说对教师信息素养要求很高的教学方式，教师至少应该掌握如何制作教学资源二维码、如何筛选适合教学的APP资源、如何设计微课程资源、如何在BYOD环境中组织教学活动等的必要能力。

**（三）教师培训**

这些教师认知的转变和信息素养的提高，在学校层面，都是要依托教师培训和教师参与，尤其是教师示范来实现。交大附中近年来逐步建设完善了教师校本培训体系——“三级五类”校本培训。其中“三级”是指按学科、按年级、按职级进行分层培训；五类是指按教育理念、文化精神、通用技术、专业技术和全员专题五大类进行分类培训。通用技术类，就是指提升教师信息技术素养类的培训。学校借助首师大、北师大、北京教科院、海淀教师进修学校等多方渠道的专家资源，开设多元化信息技术培训课程。同时也定期邀请北京交通大学等高校信息技术专业人士为学校的信息化建设和应用进行技术支持和现场指导。

**（四）教师参与**

发挥骨干教师的示范引领作用，吸引更多的教师参与到信息技术应用于教学的研究和实践中来。在2016年11月15日北京市“技术支持下的个性化学习”中小学生学习方式变革现场研讨会中，我校的语文、数学和信息技术学科三位教师，分别以《动画设计制作之中国行政区识图小游戏》《苏州园林》和《十字相乘法》为课题，进行研究课展示。语文教师赵颖在教学过程中运用平板电脑，引导学生进行个性化阅读和个性化反馈；数学教师丁红运用手机软件数学作业盒子，引导学生进行自主探究和个性化学习，从而实现分层教学，提高学生学习兴趣；信息技术教师王博从地理学科实际问题出发，从游戏开发的角度，引领学生体验完整的思维过程，体现学生的个性化学习和课堂生成。与会的教师们对我校三位教师的课堂给予了很高的评价。在我校，以这三位教师为代表的众多骨干教师和众多先行者们，在带动其他教师参与到信息技术支持教学的改革中，起到了关键的引领和示范的作用。

## 四、以信息自觉持续转化管理理念

在教育部《中小学校长信息化领导力标准》文件中，明确要求中小学校长要引领变革、提升能力、协同创新，其中特别强调：“校长是学校信息化工作的带头人，担负着引领学校信息化发展和引导师生应用信息技术，促进教育教学模式变革的重任；要自觉提升信息化领导力，以身作则；要调动各方面积极因素，整合多种资源，推进学校信息化创新发展”。在我看来，这是一个导向性的文件，它不仅仅是对中小学校长提出的要求，同时也是对学校所有的管理者提出的要求。

在转化管理理念，建立信息自觉，引导学校信息化建设的工作中，作为管理者，我们应该具备以下三种基本认识。

**（一）具备前瞻意识，准确把握方向**

简要地说，作为学校管理者，必须要保持持续学习、终身学习的态度。对未来技术变革的动向高度关注，敏锐而又准确地把握未来教育技术的发展趋势。在2016年1月达沃斯世界经济论坛上，第四次工业革命被定义为集合物联网、3D打印、机器人、人工智能、大数据等融合技术（纳米技术＋生物技术＋信息技术

+认知科学）发展的智能型信息物理系统所主导生产的社会结构性革命。那么，学校领导者就需要根据现有的经验，判断未来教育技术可能出现的改变，针对大数据、人工智能、物联网这些概念和技术应用，有一个充分地认识和学习。随着社会的发展，在新的观念以及技术的冲击下，传统的教育和学习模式必然要被改变。有人说，智能学习时代已经来临，那么，在这种机遇与挑战下，我们中小学的管理者和教师，该如何抓住机会、变革教育，是值得我们深思的问题。

基于以上的认识，我校下一阶段的工作重点可能会放在三个方向上，即信息化基础环境的建设上，如校园网络环境持续升级、校园数字平台资源持续完善等；重点信息化项目的建设与开发投入上，如走班制下的排课系统、学生身份认证（日常信息采集）系统、师生互动社区建设等；特色信息项目大力扶持上，如STEAM 课程、AR/VR 虚拟现实教学、个性化互动工具、教师技术培训课程等。

### （二）遵从教育规律，理性应用技术

与此同时，我们还应该时刻保持理性，遵从教育规律，科学合理地对待新技术的应用。

正如经济合作与发展组织 OECD 报告中所说："先进的技术只能放大优质的教育，而不可能取代平庸的教育。"应用先进技术并不等于有先进的教育内容和先进的教学方式，如果用 21 世纪的技术装进去 20 世纪甚至以前的陈旧内容，那只是新瓶装老酒，毫无应用价值和实际意义可言。先进的技术如果不是和优质的教育内容、教育方式融合起来，是不能够产生真正的优化作用的。至于我们现在一直在纠结和讨论，教育和技术的结合到底应该叫"互联网+教育"，还是应该叫"教育+互联网"，那都是名称上的修辞，无关问题本质。其问题本质在于，教育与技术的结合，绝不是一个物理式变化，它应该是一种化学式变化，其结果应该是产生了新的教育内容、新的教育方法和新的教育成果。我们绝不能简单地理解为把现在的教育内容和方式放在互联网上就是先进了，最终的成果一定是要体现在学生的综合素质提升和学习成就上的。

### （三）区分两种创新，稳步推进变革

芝加哥大学的经济学家戴维·盖伦森认为，我们的社会存在两种完全不同的创新类型，即概念型和实验型。他通过调查研究发现，一方面，概念型创新成就

了年轻的天才，而实验型创新成就了年长的大师；另一方面，概念型创新者在年纪大了之后，很容易受到长期积累的经验的影响，思维定式可能会让他们在年长的时候陷入自我重复，而实验型创新者，虽然取得成就比较晚，但是他们能通过不断地试验发现新的观念，创新能力比较持久。

那么，我们作为教育工作者，是准备做一个概念型的创新者，还是准备做一个实验型的创新者呢？按照戴维·盖伦森的说法，概念型创新者是想出一个创意，然后动手去执行；实验型创新者是通过反复尝试来解决问题，在过程中不断学习和变化。如果说概念型创新者像短跑运动员的话，那么实验型创新者就是马拉松选手。我认为，在推进学校信息化建设和应用的工作方面，中小学的教育者和管理者，还是应该循序渐进、步步为营，做一个马拉松式的选手，也就是实验型创新者和教育者。

（2016 年 11 月 15 日，在北京市中小学生学习方式变革现场会上发言）

## 信息技术应用创新，实现课堂教学变革

当前，以数字化、网络化、智能化为主的信息技术正推动人类进入信息化时代，同时对教育改革与发展提出了更新、更高的要求，充分利用信息化工具更新教育理念、创新教育模式、改进课堂教学方法，培养出适应未来社会发展的、具有创新能力和引领能力的人才。

这些年来，北京交大附中一直在探索并追寻如何实现信息技术手段与教育教学的配合，从视听觉媒体在教学中的应用、教学内容的数字化到基于网络的双向互动，我校进行了系列的探索与实践，目的是加强学校的管理一体化、简约化；突出教学方式的直观性、实效性；增强学生学习的参与感、获得感。

关于信息技术在课堂教学变革中的运用，我们得出以下思考。

### 一、当前存在的问题

#### （一）不应用：有信息技术设备，不使用或效率不高

我国中小学的信息技术装备比较普及，城市学校教育资源配备基本达到国家

规定的水平。以我校为例：目前共有计算机1500余台，笔记本400余台，智能终端70多台；校园网络实现了千兆传输，两校区光纤互联，全校无线网络履盖，出口带宽100M；各教室均配备多媒体设备；我校建有一批个性化的数字化功能教室及实验室：如虚拟演播室、校园电视台、飞行模拟实验室、互动教室、高清录课教室、数字化物理实验室、通用技术实验室等。

但是问卷调查表明：教学过程中使用电脑的教师仅占45%，其他设备的使用效率就更低了，如图5-1-1所示。

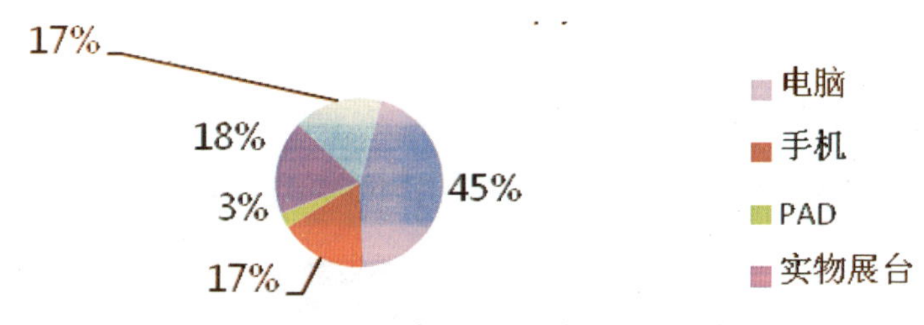


图5-1-1　教学过程中经常使用的信息化设备

### （二）浅应用：设备知识掌握不足，仅在浅层次使用

教育者应引导已经具备足够信息素养和操作技能的学生，让他们的信息素养在促进学习过程优化和个性化学习中发挥作用，而不是只用来游戏和休闲。

对信息技术应用重视不够——学校的硬件和软件多媒体设备完善，并为教师配备台式机和笔记本电脑；教研组或者备课组为单位配备打印机、照相机、摄像机、扫描仪、录音笔等，并根据需要为个别教研组配备PAD、智能点阵笔、学科工具软件等，但调查表明：对信息化应用价值理解不够，应用停留在表层功能，如：打印、查阅资料等。

信息技术应用水平低——日常工作中，由于教师信息技术应用水平低，对办公软件的使用比较表面化。例如：应用PPT时只简单进行板书搬家，浪费了它强大的多媒体展示功能；使用EXCEL时，只应用制作表格和简单的求和求平均值排序的功能，而忽视其强大的数据分析和编程功能；使用自动评阅卷系统时，忽略了该系统自动生成的详细成绩分析数据资源的使用等。

针对这种情况，我校进行了详细的问卷调查研究。通过对“工作中经常利用信息技术做哪些事情”这一问题的调查得知，26%的教师经常利用信息技术制作演示类课件，23% 的教师利用信息技术获取教学资源，22% 的教师利用信息技术进行办公交流，18% 的教师利用信息技术开展科研工作，11% 的教师利用信息技术开展个人学习。

部分教师利用新型信息化设备开展的信息化授课也多集中于公开课、展示课课型，几乎没有教师利用信息技术开展常规课堂授课，这说明大部分教师的信息技术工具应用水平较低，教师信息技术工具应用肤浅化的问题亟待解决。

#### （三）伪应用：常规教学使用少，只图新鲜时尚

把一些屏幕工具引进课堂，并不适用，只是追求时尚。

例如：一节初二的地理课讲“风的形成与运动”，传统的板图显示效果最好。但是教师为了时尚用 PAD 上课，导致学生在 PAD 上画不出运动途径，教师最好还是在黑板上进行板图，不仅浪费时间，还影响了课堂教学进度。

#### （四）乱应用：不了解设备功能，盲目引入课堂教学

从城市到乡村，现在的中小学基本上都有多媒体教室、多媒体设备，教师们更是积极使用这些设备进行教学。但是在这种积极的态度背后，也存在着一定的盲目性，一些学校的教师每节课都用多媒体，甚至不需要时也用。例如：板书、画简图，传统的方式效果更好，但有些教师使用多媒体投影出来，教学效果反而不好。

#### （五）硬应用：不注重课堂教学内容，以多媒体取代传统教具的使用

新课改最为核心的理念就是以学生为本，课堂教学中应充分发挥学生的主体地位，通过教师的主导，促进学生的主动参与。但有些课堂，多媒体主导了课堂教学，传统的教学用具粉笔、黑板、标本、模型、挂图等，被幻灯、投影、电影、电视、iphone 和手机完全取代，甚至一节课视频从头播放到尾，教师、学生只是观看，无任何参与。其实，多媒体是为了辅助教学，是为了提高教学效果，不应该是课堂的霸主。

### 二、以上问题产生的原因

#### （一）设备配置不完善，影响使用效率

从信息化使用情况问卷调查结果来看：29% 的教师认为学校信息化现状满足了对教育教学的支持，58% 的教师认为基本满足了对教育教学的支持，而 13% 的教师认为不能够满足对教育教学的支持。数据说明虽然学校信息化硬件建设相

对理想，但仍有待完善，而且已配备的信息化设备并没有在教育教学上被充分合理的利用，信息技术设备利用率偏低。

### （二）教师观念陈旧，使用不够积极

部分教师对信息化教学有抵触——信息技术融入教育活动的高效与优化作用显著，但各个学校中仍有部分教师不愿意转变观念。问卷调查显示：78% 的教师有强烈愿望接受信息化培训，而 22% 的教师不愿意接受信息化培训。这说明虽然大部分教师希望能得到更多高效的信息化技术培训，但同时部分教师仍对信息化教学存在抵触情绪。

部分教师对信息技术使用不清晰——教师认知中存在一个误区，不清楚信息技术对教学过程的支持是嵌入式还是融合式。例如：交大附中有一年引入 PAD 互动教学系统，对部分教师进行了培训，但教师担心自身的使用能力和学生进入 PAD 互动教学环境的适应能力，90% 多的教师担心使用不当，不用 PAD 进行教学。

### （三）参与程度不够，使用受到限制

技术掌握不够，课堂教学中浅运用——多数教师没有将信息技术充分有效地运用在课堂教学中，即使是部分使用网络资源进行教学的教师，也几乎沿袭了传统教学模式，只是利用演示类课件让教学内容更加生动形象，作为传统教学的一种补充和完善方式，没有真正深度开展信息化授课课堂。

培训不到位，教师运用能力有限——问卷调查显示：学校教师参加过相关的中学教师信息化教学能力培训的比例为 77%，有 23% 的教师没有参加过任何信息化教学能力培训，因此，这部分教师在运用能力方面欠缺。

对学生关注不够，使用的针对性不强——教师应该关注到学生对信息化内容的使用需求，并把这一需求与所能接触和使用的各种终端设备有机结合，才能达到预期的效果，但很多教师在使用信息技术时，没有从学生的需求出发，在运用过程中，不仅没有增效，反而让学生反感。

例如：每位教师对手机的使用是运用自如，但忽略了学生对手机的使用能力和喜好程度，手机屏幕是学生随时随地学习的最佳平台。因此如何引导学生正确使用手机，使得线上、线下教育无缝结合，让它成为学生在校学习的有效补充和助手，这是目前摆在教育者面前的重大紧急课题。

管理者重视不够，信息化的应用不深入——智能学习时代已经来临，要求中小学的管理者和教师变革教育教学方式。但部分管理者和教师易对自己熟悉且掌握得好的方式方法，形成习惯性保护，而对自己不太熟悉、掌握得不好的技术和应用，产生习惯性抵制。

## 三、解决问题的对策

### （一）强化管理者在应用中的引导力

依据政策引领，实践中身体力行——教育部颁布的《教育信息化十三五规划》对教师信息素养提出明确具体的要求，即：“要建立健全教师信息技术应用能力标准，将信息化教学能力培养纳入师范生培养课程体系，列入高校和中小学办学水平评估、校长考评的指标体系，将教师信息技术应用能力纳入教师培训必修学时学分。”

校长是学校信息化工作的带头人，要自觉提升信息化领导力，以身作则；要调动各方面积极因素，整合多种资源，推进学校信息化创新发展。

具备前瞻意识，准确把握方向——学校管理者必须保持持续学习、终身学习的态度。对未来技术变革的动向高度关注，敏锐准确地把握未来教育技术的发展趋势。学校领导者需要根据现有经验，判断未来教育技术可能出现的改变，充分认识和学习大数据、人工智能、物联网概念和技术应用。

遵从教育规律，科学应用技术——只有和优质的教育内容、教育方式相融合，先进的技术才能产生真正的优化作用。教育和技术的结合是化学式变化，其结果是产生新的教育内容、新的教育方法和新的教育成果，最终的成果要依靠学生的综合素质和学习成就的提升来体现。

结合具体情况，进行理性引导——例如：AR/VR 虚拟现实技术应用于教学过程，目前已开发建设的资源尚远远不足以支撑其在常规教学的使用，教师可以用实验的心态去面对。再比如学生应用手机参与教学过程，教师应清楚常规课堂上使用手机组织教学对教师信息素养要求很高，教师至少应该掌握如何制作教学资源二维码、如何筛选适合教学的 APP 资源、如何设计微课程资源、如何在 BYOD 环境中组织教学活动等必要能力。

### （二）加强资源配置的有效性

加强校区间网络系统建设，保障畅通的网络环境——目前许多学校各个校区之间了实现光纤互联，万兆主干，千兆到桌面，同时 WiFi 网络全覆盖，为师生教学的各种技术应用提供强有力的基础通信保证。

配置广播录制及录课教室，完善常规教室信息化设备——学校配置广播录制及专业录课教室，常规教室除配备基础设施如电脑、多媒体展台等之外，应根据师生需求和课堂教学互动需要增加扩展设备投入，如自动感应录播、追踪系统。

提升信息技术教室配置，合理利用满足教学需求——学校配备足够数量的信息技术教室，对现有的功能教室进行数字化改造，增加信息化手段和多媒体互动功能，满足常规课堂中的师生特殊教学需求。

拓展实验室建设范畴，建设专业实验室——学校大胆拓展和延伸实验室的建设范畴，不仅为物理、化学、生物实验室进行数字化建设，同时还逐步为其他学科建设专业实验室，比如数学实验室的设置。

建设信息化基础环境，配合教学改革需求——如校园网络环境持续升级、校园数字平台资源持续完善等；建设与开发投入重点信息化项目，如走班制下的排课系统、学生身份认证（日常信息采集）系统、师生互动社区建设等；大力扶持特色信息项目，如 STEAM 课程、AR/VR 虚拟现实教学、个性化互动工具、教师技术培训课程等。

### （三）提高教师培训的针对性

开展针对性专项培训——依托学校“三级五类”校本培训体系，开设多元化信息技术培训课程，对教师进行信息技术使用参与式培训，同时也定期邀请高校信息技术专业人士为学校的信息化建设和应用进行技术支持和现场指导。

问卷调查显示：36% 的教师需要信息技术支持下的教学模式的培训，32% 的教师需要信息技术应用和信息化教学设计方面的培训。

发挥骨干教师引领示范作用——发挥骨干教师的示范引领作用，吸引更多的教师参与到信息技术应用于教学的研究和实践中来。2016 年 11 月 15 日北京市“技术支持下的个性化学习”中小学生学习方式变革现场研讨会中，交大附中的语文、数学和信息技术学科三位教师，分别以《动画设计制作之中国行政区识图小游戏》

《苏州园林》和《十字相乘法》为课题，进行研究课展示。语文赵颖老师运用平板电脑教学，引导学生进行个性化阅读和个性化反馈；数学丁红老师运用手机软件数学作业盒子，引导学生进行自主探究和个性化学习；信息技术王博老师从地理学科实际问题出发，以游戏开发的角度，引领学生体验完整的思维过程，体现学生的个性化学习和课堂生成。

**（四）关注学生需求，促进学生个性化发展**

建设校园数字化师生社区，满足学生个性化发展需求——建设校园数字化师生社区，为每位师生提供个人空间，同时开设教研、社团、班级、家庭教育等多种形式的社区，引导师生按不同的需求与身份，在虚拟空间中自发组织开展师生间、生生间充分的交互、探究、互助活动，满足学生个性化的发展需求。例如，交大附中研发使用的面向家长和学生的家庭教育大课堂 APP，通过推送专家讲座和开设专家咨询等功能，建立学校与家庭的紧密协作与互动，受到家长的广泛好评。

搭建特色项目平台，激发学生创新能力——在引导学生创新、创造和特长教育方面，学校通过开展一系列的学生项目，比如智能机器人项目、程序设计项目、电脑艺术创作项目、航模数字现实模拟教学项目等，为特殊人才的培养搭建平台，帮助学生取得丰硕的成果；在引导学生学习过程的个性化学习方面，学校坚持致力于推动各项技术应用于教学互动过程，比如 Pad 互动教学、智能点阵笔互动教学、手机 App 应用等。

**（五）遵循教育原则，提升教学效果**

在教育质量第一的原则指导下，创设宽松的管理环境，保证教学方式多元化，避免教师引导工作强制化。对于教师教学方式与方法的评判，应遵循教学质量和教学效果为导向的原则，不以教师是否应用或怎样应用信息技术为唯一标准。

教师运用信息技术授课

例如，有的教师沿袭较为传统的教学方式，依靠一支粉笔、一张黑板，充分调动学生课堂学习状态和思维活动，课堂效果良好，教学效果理想，对于这种类型的教师，学校不必强制教师应用信息技术手段辅助教学；而很多青年教师利用学校建设和提供的一系列信息化工具和平台资源，应用成熟的社会化技术产品，像弹幕教学、微信微博签到答题等，激发学生兴趣，提高学生课堂参与度和反馈质量，提升教学效果，对于这样的教师，学校要大力鼓励并推广其应用成果。

**（六）以学生为本，合理使用信息技术**

以学生为本，处理好人与技术的关系。课程、课堂的服务对象是学生，是为学生获得知识和能力服务的，而学生的能力、认知风格、生活经验存在个别差异，发展需求也是多样化的；课堂教学应依据学生的需求及时进行调整，而不是被教师预设程序取代，要根据具体的教学内容合理使用信息技术。

信息技术能有效提高教学效率和教学质量，但不能完全取代传统的教学方法，而要与传统的教学手段有机结合，才是信息技术价值的完美体现。

总之，我们都知道“工欲善其事，必先利其器”的道理，但也同时不能忘记，工欲利其器，必先育其人。教育信息化，最好的资源不是大家都在讨论的资源库、数据库，最好的资源依然是人，人是教育的第一要素。只有教师真正理解信息技术应用的内涵，并合理掌握信息技术的应用手段，才能在信息技术的支持下，不断促进教与学的过程变革和方式变革。

（2018年1月9日，在北京交大附中教育集团信息技术研讨会上发言）

## 第二节 让学校成为践行绿色发展理念的排头兵

党的十八大将生态文明建设纳入中国特色社会主义事业“五位一体”总体布局中，继而“美丽中国”成为中华民族追求的新目标之一。党的十九大报告作出大力推进生态文明建设与建设美丽中国的部署，把生态文明提升为中华民族永续发展千年大计提升到国家战略新高度。

可持续发展是我国的战略选择，可持续发展教育是我国教育改革和发展的重要趋势。在生态文明建设中，绿色学校与绿色家庭和社区相结合，积极投身生态环境保护，共同落实可持续发展战略，是加快教育现代化的重要使命和重点任务。

多年来，北京交大附中高屋建瓴，持之以恒，通过可持续发展教育，引导学生将可持续发展理念内化于心、外化于行，通过实践转化为人的基础综合素质。学校党委全面贯彻执行党的理论和路线方针政策，贯彻执行党的教育方针，始终把可持续发展作为开展各项工作的重要依据和行动指南，带领全体师生探索践行“绿水青山就是金山银山”的理念，在践行可持续发展教育方面取得了可喜的成绩。

### 护绿水青山，我们在行动——北京交大附中党委践行可持续发展教育经验总结

党的十八大将“生态文明建设”纳入中国特色社会主义事业“五位一体”总体布局，“美丽中国”成为中华民族追求的新目标。党的十九大报告作出大力推进生态文明建设与建设美丽中国的部署，把生态文明提升为中华民族永续发展千年大计提升到国家战略新高度，并强调：必须树立和践行绿水青山就是金山银山的理念，坚持节约资源和保护环境的基本国策，像对待生命一样对待生态环境。这将继续强力引导和推动国内关注、研究与践行可持续发展教育的崭新局面。

早在2000年，北京交大附中就参加了联合国教科文组织的EPD（环境、人口、发展）项目。十几年来，在学校党委的领导下，北京交大附中始终把可持续发展作为开展各项工作的重要依据和行动指南，带领全体师生努力践行“绿水青山就是金山银山”的理念，取得了一定成效。

总体来说，北京交大附中的可持续发展教育经历了以下四个阶段。

## 一、第一阶段：概念植入，开展学校环保活动（2000—2006）

本阶段，学校刚加入可持续发展教育课题研究，主要工作是加强环境教育，开展环保活动，提高师生的环境意识，使师生的环境行为符合可持续发展的要求，并且在部分与环境保护有关的学科中进行教学渗透。活动中，要求党员教师带头学习环保和可持续发展教育理念，并在自己的工作中践行。

### （一）加入可持续发展教育课题研究，引领学校发展

我校在本阶段申报了多项“十五”期间可持续发展教育课题，圆满完成了这些课题的研究任务，取得了优异的成绩。学校于2004年经批准成为了“环境、人口与持续发展（EPD）”教育项目的示范学校；2005年获得了国家级“教育促进可持续发展”创新奖。

### （二）自编环保校本教材，开设环保课学习环保知识

2000年，我校教师自编了一本系统的环境教育的校本教材，教材分为十一章，并在初一年级开设每周一节的环境课。

### （三）部分学科渗透环境教育，培养师生环境意识

利用可持续发展的教育理念指导各学科的教学，把发现、确定、掌握可持续发展教育理念的知识点作为师生教学研究的重点内容，并在地理课、美术课、政治课的教学中渗透环保知识。

### （四）组建学校环保小组，开展环境保护活动

学校组织学生以主题的形式，并与学校日常生活、社区生活服务相结合，设计和开展了丰富多彩的环保活动。例如：

——坚持每周一次的回收废纸和废电池的活动。

——创办学校校刊——绿色家园。

——环保小卫士监督校园内的节水和节电情况。

——每位初一学生写一份自己家里的家庭节水方案和家庭节电计划，并把计划的实施结果写成论文。

——学生将环保活动辐射到学校所在的社区。

至今，我校的环保小组仍在坚持开展各项环保活动。

## 二、第二阶段：明确理念，确定学校发展愿景（2006—2010）

2006年，原交大二附中并入到交大附中，学校对可持续发展教育的理解和研究更加深入，该时期是国家大力提倡建设节约型社会和节约型学校的时期，因此，学校主要的活动是建设节约型学校。到2008年，我校先后获得了首批全国“可持续发展教育示范学校”、全国首批“节能减排与可持续发展学校—社会行动项目示范学校”荣誉。

我校借助“十一五”期间的“建设节约型学校培养师生行为要求的实验研究”课题，进行节约型学校建设。本阶段学校的愿景是“建设绿色生态节约型学校”，学校的党员干部、教师在践行绿色低碳环保的实践中起到了模范带头作用。

### （一）注重知行合一，将节约教育活动纳入德育工作

注重和突出德育教育的环境特色，通过开展环保和节约教育活动，培养师生的节约意识和可持续发展意识，做到了我学习、我行动、我监督、我建言，并组织开展社会宣传活动，例如：

——成立德育校长助理团：检查学校的节水节电情况。

——组建“绿色银行”：回收废纸，换回再生纸；拒绝使用一次性筷子；回收废旧水瓶。

——节约粮食监督岗：从2008年9月开学起，学校成立了节约粮食监督岗，该岗于2011年被学校倡导的光盘行动所取代。

——学校跳蚤市场：每学期一次，让学生了解所谓的废品实际上是放错了位置的资源。

——交大附中节水先锋队：节水先锋队的学生，在学校和社区进行节水宣传活动，并在学校里从自身做起、从点滴做起。

### （二）更新教学方式，将节约教育融入到学科教学

在教学中坚持用“主体探究、综合渗透、合作活动、知行并进”的16字教学原则指导各学科的教学。教师根据课标要求、依托课本，在自己的教学实践中进行了尝试，并从中找出与创建节约型学校有关的内容，对同学进行理论上和知识上的教育。

### （三）依托课程载体，强化各级课程中的节约教育内容

在国家课程层面，挖掘各学科中可持续发展教育、节能减排、保护资源的知识点，其中以地理、生物、物理、化学、美术课教学为主。

在地方课程层面，运用北京市《中小学可持续发展教育》读本和海淀区教科所《北京的水》读本，举办节约资源的讲座。

在校本课程层面，师生共同修改完善学校自编的环保校本教材，并坚持在每个初一年级开设一周一节的环保校本课程。

### （四）结合德育课程，参加节约教育社会实践活动

参加中学生“留住一桶水”活动——我校学生参加了由可口可乐（中国）饮料有限公司发起的“留住一桶水”青少年节水教育项目。

参加华夏绿洲助学行动——2008年，我校开展了“捐一元钱，献一本书”活动，帮助西部同学们一样享受学习、生活的欢乐。

寄一份包裹，送一份关爱，建设节约型社会——2007年，汶川地震发生后，由根与芽社团首先发起、团委会号召的爱心祈福活动共捐款17万多元；捐献衣物、棉被活动共四百余件。2009年5月12日，由共青团交大附中委员会和海淀邮局联系共同开展了“寄一份包裹，送一份关爱・交大附中5.12灾区学生包裹捐献活动”，学校共捐献296个包裹。

### （五）理念引领行动，节约型校园建设初见成效

学校初步建成了雨水回收系统、中水回用系统、太阳能使用系统和地热能使用系统。

## 三、第三阶段：实践渗透，指导学校全面工作（2010—2012）

这一时期，在学校党委的带领下，我校运用可持续发展教育理念全面指导学校的教育教学工作，确立了学校的办学特色，助推学校迈上了新台阶。

### （一）运用可持续发展创新理念，优化和变革学校管理机制

提高管理效率，引入项目管理机制——我校引入项目管理模式，改进学校行政管理机制，提高专项业务行政效率。将每学期学校的重点工作分为具体的项目，设立项目负责人，并对项目的研究内容、依托的理念、达成的目标、人员组成（团队建设）、实施步骤、条件保障、结果呈现、评价方式等，进行科学规范的分项管理。

变革管理体制，促教师专业发展——学校管理从金字塔模式，调整为扁平化的“一室六中心”的管理方法，通过专业的管理和培训，促进教师自主专业发展。

### （二）依托可持续发展教学理念，深度开发和提升课堂效能

在可持续发展教育的“主体探究、综合渗透、合作活动、创新发展”的16字原则指导下，我校以深度开发和提升课堂效能为实施突破口，坚持课堂教学以学生为主体，培养学生的可持续学习能力和创新能力。

稳扎稳打，开展可持续发展教育课堂教学实践研究——2010年，在总结前10年已有经验的基础上，我校深度推进可持续发展教育在课堂教学中的指导作用，全方位地进行教学实践研究，稳扎稳打地践行可持续发展“主体探究、综合渗透、合作活动、知行并进”的教学原则，及时提炼、固化实验成果，并使之常规化、规范化。

在实践探索中打造可持续发展的优秀教师团队——通过阶梯式的培训—研讨—实践—总结—反思—提升，来提升教师的教研能力和教学水平，培养学生专注、合作、探究、思考的学习能力。

专题参与式培训推动学校教师专业化发展进程——邀请联合国教科文组织中国可持续发展教育全国工作委员会执行主任史根东博士，为全体教师进行“可持续发展教育理念在课堂教学中的研究与实践”专题培训。教研组长、备课组长率先探索与示范为导向，26名教师全程参加研究与实践。2011年10月21日，在我校举办了“可持续教学模式的研究与实践——北京交大附中可持续发展教育国家实验学校现场会”，向市、区级领导、同行们交流汇报交大附中教学研究与实践的阶段性成果，取得了圆满成功。

开设特色课程培养学生学习能力与创新能力——开设特色课程为培养精英人才和创新人才、促进并推进更多有潜力学生走向成功搭建了平台，为国家培养出一批以张鑫宇、巩丙辰、洪今滔、黄可聪为代表的拔尖与创新人才。

### （三）凝练价值观核心，塑造走进心灵的德育

可持续发展教育强调以“尊重”为核心的价值观教育，这与我校的校训“饮水思源，爱国荣校”所倡导的学校文化精神是一致的。为此，学校为学生搭建起多样化、系列化的活动平台，培养学生各种可持续发展能力。

（四）创建和谐生态校园，完善环境育人功能

进一步完善学校的雨水回收系统、中水回用系统、太阳能系统、地热系统等节能减排设施。又建成了厨余垃圾处理系统，节能减排教育基地，增加了环境育人的功能。

## 四、第四阶段：融入创新，引领幸福学校建设（2012年至今）

“建一所幸福学校”，是交大附中人为之向往和共同追求的目标，更是每位党员为之奋斗的目标。

（一）圆可持续发展教育理念，实现办学目标引领学校可持续发展

可持续发展教育的尊重当代人与后代人、尊重差异与多样性、尊重环境、尊重资源的“四个尊重”核心价值观与我校“饮水思源，爱国荣校”的校训所倡导的精神与文化是一致的，其参与教学原则与我校“三有”幸福课堂标准是相通的。二者脉络相承，是引领幸福学校建设的重要理论依据。建一所幸福学校，不仅出于对教育目的和终极追求的思索，更是源于对学校历史积淀和师生需求，也是学校可持续发展的需要。

以尊重为核心，关注师生的主体体验——尊重是可持续发展教育的核心价值观，幸福学校的主体是学生和教师，因此，在幸福学校建设过程中，学校应始终关注和尊重师生的主体需要和体验，尊重他们成长和发展的规律，按教育教学规律引领学校发展。

以行动为途径，促学校可持续发展——以建设以人为本的幸福环境、多元个性的幸福课程、参与共生的幸福课堂、自主合作的幸福班级，来促进学校可持续发展。

（二）借可持续发展教育理念，坚持以人为本提升可持续管理效能

强调尊重，坚持以人为本的原则，逐渐完善学校的管理机制。从扁平化管理到“一室六中心”，2015年交大附中集团成立以后，成立了集团办公室、校区负责人、分校执行校长，以师生需求为本，进行人性化管理。

（三）循可持续发展教育理念，开展幸福德育促进学生可持续发展

在可持续发展教育“四个”尊重核心理念的引领下，不仅培养学生多样可持续发展能力，更重要的是培养学生敢于担当、有责任心、有爱心、知感恩的良好

品质；培养感恩重责、阳光包容、博学笃行、健康雅趣的幸福学生。学校将每年的5月15日定为交大附中特有的学生节——取“5·15”的谐音为“我邀我”。

具体做法如下：

——依托引桥课程，建设幸福班级文化；

——围绕小组合作，营造幸福班级文化；

——培养学生干部，推进幸福班级文化；

——丰富学生活动，点亮幸福班级文化；

——构建德育课程，助力幸福班级文化。

### （四）依可持续发展教育理念，培养学生形成可持续学习能力

在可持续发展“主体探究、综合渗透、合作活动、知行并进”的“16字教学原则”的指导下，结合我校“有趣、有参与、有成就”三有幸福课堂的标准，打造参与、共生的幸福课堂，培养具有可持续学习能力的学生。

绽放课堂的精彩与价值，培养学生的可持续学习兴趣——激发学生的学习兴趣和参与度，在提高课堂教学效能的同时，增强学生学习的幸福感，培养学生的可持续学习能力。

关注常态课的教研与教学，可持续稳步提升教学质量——通过问题聚焦、立项教研、课堂教研、行动教研、反思改进等过程开展研究，以“微项目”为依托开展行动研究，可持续稳步提升教学质量。

开展学科整合与跨学科教学，培养学生综合学习能力——我们突破学科教学相互割裂的局限，以主题探究为路径综合某些学科教学，培养学生的跨学科综合的、可持续的学习能力。如：“黄土地民族魂”为主题的文科综合课；“新能源背景下的函数应用”的理科跨学科研究课；“使用清洁能源，留住绿水青山”文理综合跨学科研究课。

提高教师专业素养与技能，促进学校教学成绩可持续提升——学校通过三级、五类教师培训，可持续地提高教师的专业水平和学校的教学质量与成绩。学校的中高考成绩不断攀升、教育增值效能持续彰显，连续几年位于北京市前列。

### （五）行可持续发展教育理念，践行节能低碳生活方式

依托节能减排设施，建立节能减排教育基地——在可持续发展教育“尊重环

境、尊重资源”价值观的指导下，学校依托雨水回收装置、中水回用设施、地热资源使用装置、太阳能光伏照明系统、厨余垃圾处理系统等节能减排设施，编写了“节能减排校本教材”，并建立了“节能减排教育基地”，学生在参观和了解学校节能减排设备的同时，还能掌握这些设备的原理、清楚其作用，从而引导全校的师生养成节约的好习惯，真正践行绿色低碳生活方式。

借力世行资助项目，创建新能源创客教室——我校是北京市首批 5 所世界银行资助建立新能源教室的学校之一，为了让新能源教室在学生中发挥更大的作用，我们制定了新能源教室使用方法：开学第一课认识了解新能源；开设新能源教室选修课；成立“新能源创客”社团；师生共同遵守环保公约。

**（六）承可持续发展教育理念，担当社会责任促人类可持续发展**

引领示范全国范围的青少年节水创新活动——此活动由我校发起。到 2015 年，北京市 16 所学校开展；2016 年，全国范围内 100 所学校开展；2017 年，达到 1000 所学校。我校杨永健同学的“绿化沙漠植物机”项目，于 2015 年获得“第十三届北京青少年科技创新市长奖”。

开展典型环保主题教育活动——节水先锋队活动；节约粮食监督岗与光盘行动；绿色银行活动；一年一度的跳蚤市场；低碳生活示范班活动。

### 五、高端引领，砥砺前行，创造美好明天

新时代，新起点，新作为。建设“美丽中国”是我国生态文明的宏伟目标，我们作为可持续发展教育的研究者和实践者，尤其是广大党员教师，承担着光荣和艰巨的历史使命。北京交大附中全体师生在可持续发展教育理念的引领下，在幸福学校的建设中，必将不忘初心，增强“绿水青山就是金山银山”的意识，做幸福的可持续发展教育。“为了人和环境的共同成长与发展，做幸福的可持续发展教育”是我们的初心。我们将不忘初心，砥砺前行！

## 让环境保护成为学校教育的重要一课

长期以来，我校围绕价值观形成、意识培养、行为养成等，在全校开展环境保护教育，将环境保护和垃圾分类的内容融入日常德育和教学工作中，建立学校

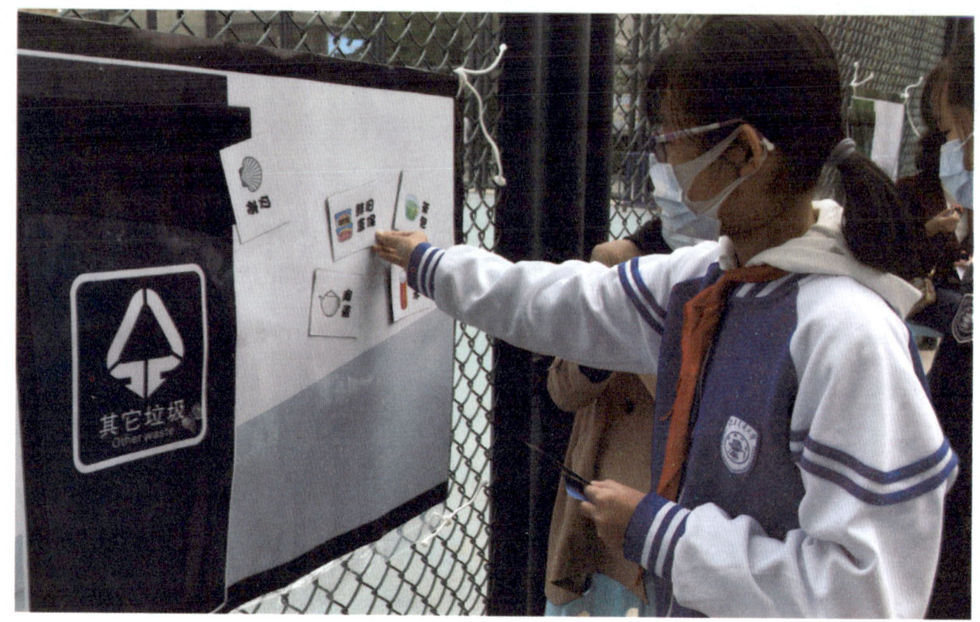


垃圾分类

生活垃圾分类长效机制，在校园中营造环境保护和垃圾分类的氛围，引领全体师生参与环境保护。

## 一、编写环保校本教材，开设环保校本课程

2000 年，学校就自编了内容系统且详细的环保校本教材，包括“废弃物的污染与治理”等十章内容，并坚持在初一年级开设一周一节的环保校本课程，让学生系统学习环保知识，了解环境问题，树立环保意识，掌握垃圾分类的方法。

## 二、成立环保社团，搭建多样化、系列化的环保活动平台

学校环保小组成立于 1999 年，20 多年来一直坚持开展多种多样的环保活动。例如，在垃圾处理方面，一是监督校内的垃圾分类投放；二是坚持每周一次回收废纸、废电池，将回收的废纸换成再生纸，按每个班级上交废纸的多少发放给学生，增加了学生回收废纸的积极性；同时环保小组不仅回收本校和学生家里的废电池，还在学校周围的社区和大型超市设立废电池回收盒，定期把回收的废电池统一送到废电池回收点处理再利用，在更大范围内减少废电池产生的污染。

“绿色银行”社团成立于 2007 年，宗旨是希望每个人都存入一点绿色，让我们的家园更加美丽。社团主要回收废饮料瓶和废旧光盘，同时协助学校制止

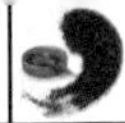

一次性物品的使用。此外，学校还通过知识讲座、国旗下讲话、主题班会、建立节约粮食监督岗、开展环保小卫士监督检查工作等，培养学生的环保意识和环保能力。

**三、在学科教学和学科实践活动中渗透环境保护和垃圾分类的内容，让学生了解垃圾分类的必要性和重要性**

各学科以备课组为单位，结合本年级学情以及本学科特点，每位教师完成一节学科融合课的教学设计、一项学生活动的方案设计，鼓励学科间融合，共同完成。如美术学科进行多种形式的艺术创作，并对垃圾分类进行宣传；生物和化学学科对垃圾分类和垃圾处理等进行课题研究，设计垃圾分类处理计划，探索垃圾分类的新方法和新途径。在综合实践活动中，学生走进社区，了解垃圾分类的情况，同时在小区里做垃圾分类志愿者。

保护环境，是我们永远的初心，垃圾分类，是我们坚守的职责。我校通过多种方式普及环境保护和垃圾分类的知识，培养师生的环境保护意识，以及环境保护和垃圾分类的能力，使每一个人都担当起应尽的责任和义务。

## 挖掘绿色校本课程，培养学生环保意识

初中生的人生观和世界观还没有形成，在这时对他们进行系统的环境教育非常重要，有助于他们形成良好的环境道德观念以及良好的世界观和人生观，有利于他们今后的发展和进步。我校环保课程采用中西结合的教学方法编写，包括课内与课外活动。教材内容系统、详细、涉及面广，共分为11章，具体包括“保护生态系统；水资源的利用与保护；矿产资源和土地资源的利用与保护；大气的污染与治理；噪声的污染与治理；废弃物的污染与治理；明智选择化学物品；人口问题；保护世界文化遗产；促进人类的可持续发展教育；思考未来”。

在教学实践中，我校的主要做法包括以下方面。

**一、开设环保校本课程，学会尊重地球上的资源**

我校依托环保校本课程，在初一年级开设了一周一节的环保课。课程目的包

括：一是让学生知道学习环境保护知识的重要性；二是让学生学习系统的环境保护知识，了解环境保护方法，掌握解决环境问题的基本技能。

每节环保课，我们都是以“主体探究，综合渗透，合作活动，知行并进”为指导，来进行教学。课前：指导学生预习探究，积极查找与上课有关的资料；课上：以小组为单位合作学习，回答问题和讨论问题的兴致非常高，还列举自己身边的事例加以说明；课后：把课上所学到的知识用于解决身边环境问题和环境污染的治理情况，不仅自己做到爱护环境，一些学生还提出很多宝贵的建议。

下面，通过几个具体的教学事例，谈谈我校是如何实施环保课程的。

教材第三章是“水资源的利用与保护”。水是人类赖以生存的主要资源。在讲述这一课时，课前先让学生对自己身边的水资源进行调查，了解北京的缺水情况和水污染的问题，知道北京缺水的程度。学生们了解到北京的人均占有水量只是世界人均占有量的1/25，而我国西部的缺水情况远比北京严重得多，充分认识到了水资源危机的严重性和保护水资源的重要性。学生们不仅在课上积极讨论学习，还在课下把节水付诸实际行动，每个学生都制定了家庭节水节电计划，并且在家中进行节水行动，如水的循环利用，一水多用，少用洗衣粉和洗涤灵，使用节水器等。

教材第七章是“废弃物的污染与治理”。在写废弃物的危害时，我们以《繁荣的代价》这一主题命名，其中写了垃圾的危害及处理方法，每个班的学生都介绍了自己家里备有垃圾处理方式，如有的学生上街自己提一个编织袋，不用塑料袋；有的班级为了减少使用矿泉水瓶子，班里备有两个暖瓶，晾凉开水，让学生饮用；有的学生把家里不再使用但还能利用的物品送到旧货市场等地方，而不把它作为垃圾处理等。这些内容均被我校引入课堂讨论。

节约粮食监督岗

### 二、环保课程与课外活动相结合，学会尊重自然

学生是学校的主人，要想让学生真正投身到节能减排、建设生态型校园的行动中来，最好的办法就是让学生行动起来，通过学生课外活动和社团活动，让学生投入到节能减排和创建生态型校园的活动中去。我校不仅在常规德育中培养学生的可持续发展意识、节能减排行为习惯、低碳生活方式教育，还成立了相关的学生社团，主要活动有以下方面。

节水先锋队——节水先锋队的学生们在北京交大家属区进行了广泛的节水宣传活动，并向社区居民发放节水器具、组织居民参与节水活动、大力宣传节水观念，使居民切身感受到北京水资源短缺的现状，并能从自身做起，从点滴做起，进行节水。

节约粮食监督岗——针对学校食堂存在的浪费粮食现象，由学校德育校长助理牵头，成立了学校节约粮食监督岗，每班值周一星期，他们的主要职责是：监督学校的师生，吃多少，买多少，不能浪费；协助学校建立用餐制度，把用餐情况检查纳入学生日常行为规范的考核；在每个回收餐具的地方都有学生节约粮食监督岗在检查，发现浪费现象，及时制止。

绿色银行——学生社团“绿色银行”接替环保小组，开展废纸和饮料瓶的回收，活动主旨是希望每个人都存入一点“绿色”，让我们的家园更加美丽；存款项目是：拒绝使用一次性筷子；回收废旧水瓶；“以旧换新”兑换再生纸。

环保课程的开设在我校已有十多年的时间，学生不仅学到了系统全面的环境保护知识，更重要的是培养了可持续发展的意识。学生们能从自身做起，从小事做起，保护环境，爱护资源，人人都是环境保护的积极参与者。这是我校环保课程的最大收获。

## 整合学科知识，推进协同育人

可持续发展教育是以可持续发展价值观为导向，培养具有可持续发展意识和素养的公民。可持续发展教育是多学科综合的一种国际教育理念和育人模式，其显著特征就是跨学科性和综合性。我校作为可持续发展教育国家实验学校，开展可持续发展教育已有15年的历史，形成了鲜明的可持续发展教育特色和传统，在办学理念、课程建设、教师培训、环境设施、管理制度、校园文化等各个领域，都融入了可持续发展的教育思想。学校每年都开展可持续发展教育研究活动，在初高中的多个学科探索可持续教学模式，召开研讨会。本学期，我们在初二年级开展了文科综合课的主题教学实践研究。

这节综合课的主题是：黄土地，民族魂。2016年的中考语文总分值将由现在的120分增加到150分，注重语文课程和其他课程以及生活的联系；注重对中华民族优秀传统文化的考查，把历史、地理、政治的课程作为依托和背景材料，融入到语文的命题中去，其中30分涉及历史、地理、政治的内容，引导学生注重相关课程的联系，发展综合学习能力。所以，我们这次尝试将语文、政治、美术、地理这四个学科进行整合。本节课四个学科的内容都与西北有关，展示的是西北的地域文化，涉及了西北民俗、艺术、自然环境等相关的文学作品，既包括知识学习又包括学科能力的强化，还有态度、情感、价值观的提升，最终落实到传承中华民族优秀传统文化，弘扬西北人不屈不挠、自强不息、乐观向上的民族精神上。这节课一改通常政治课说教和灌输的教育方式，而是让学生从身边人、身边事展开讨论，感悟民族精神，实现价值观引领教育。

本节综合课总目标是通过多学科协作形成对西北地区自然环境、社会状况、文化生活、精神风貌等全面、整体的认识，传承中华民族优秀传统文化中的民族精神。在这一总目标下，各学科确定了各自的关键点。

美术：从艺术表现外在现象，了解非物质文化遗产，理解其所承载的文化元素和内涵。

地理：从地理角度学习和认识中华文明的发祥地——黄土高原，了解人与自然和谐相处的重要性。

语文：通过文本分析，深入理解北方农民守土有责、不屈不挠的革命乐观主义精神。

政治：用一系列影响和改变中国历史进程的重大事件，导出黄土地上的民族精神，并结合学生自己对生活的体悟和对社会的观察，提升价值观。

我们期望集中在一个时间段内综合作用于学生，力求以完整的知识板块，发挥综合影响效能，让思维连续从而走向思想深刻，以育人效果对整合学科赋予新的意义。

我们对课程内容进行了以下具体的安排。

美术课：课堂一开始以气势磅礴的安塞腰鼓表演引入到黄土地，通过剪纸艺术表现当地的生活，展示这块土地上乐观生活的那些人、那些事。

地理课：用平铺手法，客观地展示地理环境和这块土地为中华民族所作出的贡献。“一方水土养一方人”，由人们的生活方式，引起学生对地理环境的好奇。

语文课：通过黄土地上那高高挺立的白杨树，赞美这里人们的朴素精神。

政治课：以北京学生优越的生活环境入手，引入到学习西北人民自强不息、乐观向上的精神。

本节课，我们以教学内容整合为突破口，研究“教什么”，在教学过程中也体现教学方式的改革，研究“怎么教，怎么学”，即遵循可持续教学模式的要求，引导学生课前进行预习探究、课中合作探究、课后应用探究。我们相信，通过这样的主题教学，给学生留下的印象是深刻的、整体性的，学生对问题的认识和思考是连贯性的。

中华民族优秀传统文化是培育与践行社会主义核心价值观的有效载体，作为其精髓的民族精神是中华民族赖以生存和发展的精神动力，具有强大的道德教育功能，它深刻影响着学生的思维观念、价值选择以及道德情操。整合学科内容，开展弘扬民族精神为主题的传统文化教育，是实现立德树人这个根本任务的有效路径。今后，我们还将选择有较强可持续发展专题特色的内容，继续进行综合课程的实践与探索。

# 第三节 不断拓展和提升对教育的理解和认知

## 关于挂职经历的思考

时间过得真快，上一次参加挂职工作会，是作为初挂职的新人，心怀忐忑的作表态发言，转眼之间，就又参加挂职工作会，这回依然是心怀忐忑。上次忐忑的原因，是对未来工作表现和成绩充满未知，担心会有负组织的信任；这次忐忑的原因，是对过去这一年的工作表现和努力，不知能不能得到组织的基本认可。这一年的自我改变很多，比如以前从来不写日记，到机关后坚持天天写日记，现在回看这一年的日记，感触良多。虽然这一年的收获和体会很多，我不能一一言尽，但还是把我认为最重要、最核心的收获表达出来、提炼出来，有这么几条：心理适应、思维模式、短板修补、组织纪律、学习内化、同事熏陶、反思整改。

### 一、心理适应：工作内容不是问题，心理与心态的适应才是关键

我从参加工作伊始，就在交大附中工作。期间虽然也经过工作轮岗，但始终没有彻底脱离过交大附中这个环境；就算是参加长期培训、新加坡攻读硕士等时期，思考问题也从来没有脱离过本校教育和管理的思维模式。而这次挂职，真的是让我彻底从多年熟悉的学校教育教学环境脱离出来，进入到相对陌生的工作环境和陌生的工作机制当中。

这可能对我这样从毕业后就长期在一个单位工作的人来说，这次真的是一个考验。因为我实在是对自己的环境与工作适应能力没有预知和自信。而张书记在挂职工作会上又一再强调，挂职干部不要总以适应、熟悉、过渡为由，为不能进入真正的工作状态找借口。所以自进入工作状态开始，我给自己设定了一个比较短的适应期——5 天。这 5 天，我的任务就是望、闻、问、试：“望”的是观察科里的人都在忙什么，工作内容是什么，工作方式是什么，面向对象是谁，工作最基本的流程是什么；“闻”的是把所有与组织科工作相关的干部管理文件、制度、资料等，全部快速学习一遍；“问”的是在学习和观察的基础上，遇到问题和疑惑，就从科里的同事那里询问答案和指导；“试”的是在理论、制度、流程学习的同时，尝试处理和完成一些相关的工作实践。

现在想起来，我认为自己适应得还是比较快的。有几个原因，比较重要的一个原因是科里领导给我分配工作时，循序渐进，逐步加码，让我有一个熟悉的过程；还有就是科里的几位同事对我进行指导和帮助时极具耐心，使我受益匪浅；再有一个重要的原因就是心理，我认为，对任何人、任何岗位来说，工作内容不是核心问题，心理与心态的适应才是关键。

## 二、思维模式：思考问题的角度与方式发生了明显变化

关于这一点，我认为是自己最重要的收获。

在学校工作时，我思考问题、制订规划、开展工作的角度都是与本部门相关，如果没有合作任务或专项任务，很少从全局、全校的观点思维思考。各部门负责人如果都是这样的思维，就会在学校各部门日常工作开展时，产生各种冲突、矛盾、内耗，降低学校整体工作的效率和效益。事实上，我们也都清楚，这种情况在各个学校普遍存在。同样的，学校有时候对于上级布置的任务不理解、有怨言，可能也是这个原因。

在组织科挂职以后，我慢慢习惯了从全局、从综合、从系统的角度看问题、想问题。比如：一些方案和制度的研究制定，首先是从全区范围内的需求和影响推行方案的价值评估，包括各科室、各机关间的协作等角度出发，然后才能具体到科里具体的工作程序与内容。再比如：上半年的全区校级副职公开招聘，从前期筹备、政策导向、公告发布、网上报名、资格审查，再到笔试、面试、志愿调剂、组织考察、人选调剂等环节，环环相扣，还要保证政策与制度的科学合理。这些工作过程，对我贯穿全局的系统思维能力训练，是一次莫大的帮助和机会。

之所以说“习惯”了这种思维模式，是因为我们这些基层干部们，其实心里很明白全局观、系统观的重要性，只是面临实际工作岗位时，思维上不由自主地都会渐渐局限于本部门了。所以，明知这个道理而去不去试图改变，才是问题的主要症结。而这一年的挂职经历，让我把这种全局思维、系统思维变成了一种思考问题的习惯。对我来说，这才是最本质的收获。

## 三、短板修补：工作风格欠缺的严密、严谨、严肃等，得到了很好的修炼

机关有机关的工作方式、工作风格和工作机制。时间长了，你就会发现，这

种方式和机制，都是建立在极其严密、严谨、严格的管理流程之上。不管是科内的工作流程，还是科室间的配合流程，无不体现着这“三严”的特点。

比如：干部管理工作中的备案流程，从学校提出干部聘任申请开始，我们根据聘任级别分开两套不同的工作流程，分别都要按顺序经过个人资格经历审核、学校职数核对、民主测评情况核查、预审与复审、组织考察、拟任公示、纸质备案、干部入库等严密的程序。如果没有严谨的态度与严格的要求，这项工作就会出现纰漏和问题。再比如：干部管理系统是我区教育干部信息最完整、最详细，也是干部信息管理最基础、最根源、最可靠的平台，它的维护与更新，更是一套极为严密、严谨、严格的操作程序。为此，胡科长要求我们为全区教育单位的系统管理干部制作了一本《干部管理系统工作流程手册》，并面向全区系统管理干部进行了整整 3 天的流程培训。

而机关的这种方式和风格，给我带来了很好的启示和改变。我在以前的学校工作中，常常比较重视工作完成的结果，不太在意过程的规范与合理；另外在我以往的工作风格当中，往往有追求效率、灵活多变、提倡和谐、与人为善的优点，但同时也存在缺乏严密、严谨、严格、严肃精神的缺点，这是我的一个短板。所以这一年的工作机制、风格的洗礼，对我的这个短板来说，是一次绝好的修补和修炼机会。

## 四、组织纪律：个人政治素养和组织纪律性提升明显

机关的工作要求有高度的组织纪律性和思想政治素养，像组织科这样的部门，可能还需要较高的保密意识。而这对于学校的干部来说，也是需要特别注意和修炼的基本干部素质，对学校干部的“德、能、勤、绩、廉”考察，“德”和“廉”都对组织纪律性和思想政治素养提出了具体的要求。

在以往的学校工作中，因为与干部教师们太熟悉，我有时候会在一些不合适的场合发点牢骚、耍点脾气、说点闲话、开点玩笑，自己可能当时并不在意，可现在反思起来，的确是不应该。所以这一年机关的熏陶和锻炼，对我的组织纪律意识、思想政治素养的提升，都起到了很大的作用。

我记得最清楚的，是我去年刚来挂职没多久，有一次在布置全区大会会场的时候，我跟科里的同事随口开了一个玩笑，当时在场的胡科长突然间就“翻脸”，

严肃地批评我说，“作为一名教育干部，说话要分清场合、注意分寸、符合身份。”这件事，在别人看来可能是小事一桩，但对我的提醒和触动却很大。也正是这件小事，使我开始对以往的言行进行反思，开始注重修正自我言行上的不羁和随意。

## 五、学习内化：近距离接触各级各类干部，学习、内化，提升个人管理素养和能力

机关的工作有一个特点，就是能近距离地接触到学校各类各级的管理干部，对我这样基层的干部来说，这是一个绝好的学习、交流、反思、内化的机会。尤其是组织科有一项重要工作，就是下校组织考察，包括校长任职期满、试用期满、校级副职提任考察等。在考察程序里，我们一方面要听干部本人的述职介绍和感受反思；另一方面还要与教师谈话，了解他们对干部管理工作的评价反馈。对我来说，与考察对象本人的交流对话，是一次直接性的学习机会；与教师的对话，更是一场间接性、逆推式的反思机会；而每次考察回来撰写考察报告，又是一次归纳式、提炼式的总结机会。

这一年，我粗略统计一下，组织考察下校，包括群众路线教育实践活动下校督导，已经超过百余次。我想，“量”应该已经及格了，关键的是“质”的变化怎么样，也就是通过学习、交流、吸收、反思以后，如何在我这里“内化于心，外化于行”。

## 六、同事熏陶：同事、领导的言传身教，对我的成长帮助极大

教委教工委同事、领导们的言传身教、工作作风、能力和智慧给我带来的熏陶和感染，对我成长的帮助可能是最大的。

我一直有一个观点，学习有四种途径：第一种是常规学习，包括读书、听讲；第二种是实践，在工作中学习；第三种是走访博览，包括外出交流、走南闯北、博览社会，所谓“读万卷书，行万里路”就是这个意思；第四种就是观察模仿，所谓观察模仿，就是察言观行，把观察到的可学之处，先模仿后内化。这一条学习途径总被人忽略，但每个人又不知不觉地受着影响。

所以对我来说，机关的各位书记主任、本科室的领导和同事们、这一年我能接触到的各科室同仁，都是我察言观行的对象，从中汲取各种品质、经验和智慧。借用法国大文豪雨果的话说，就是“在每天阅读好书和模仿榜样的影响下，各种

蠢事，仿佛烤在火上一样渐渐融化”。当然，我会把观察、模仿、借鉴来的智慧，慢慢内化，逐步变成自己特有的智慧和思想。从这个意义上说，我觉得，没有模仿和借鉴，就没有创新。

**七、反思整改：对以往工作的反思与整改措施**

有了收获和感悟，接下来需要做的就是反思和整改。这是需要我回到学校以后，用实践和行动去证明的改变和提升，我将会用未来的日子、未来的工作绩效，去体现我的反思整改效果；我会带着这些丰硕的挂职收获，重新投入到学校的工作中去，以期取得更大的成绩和贡献。

## 家庭教育也要讲点方法论

家庭教育不能只谈感性，不谈理性；不能只谈艺术，不谈逻辑。

父母是孩子的第一位导师，更是终身导师。父母对子女的言传身教，尤其是儿童时期和青少年时期的教育，会在一定程度上影响孩子的终身发展和性格命运。所以当今的父母们，踌躇满志却又焦虑满怀。踌躇满志的是，我们不惜代价集中家庭所有的资源为孩子保驾护航，相信一份耕耘一份收获，孩子一定会有光明有为的前途；焦虑满怀的是，面对竞争激烈的教育环境，我们既担心自己的孩子“输在起跑线上”，又担心自己的教育方法不科学、不得当。

家庭教育的理论“市场”从来没有冷清过，百家争鸣，热闹非凡；家庭教育的方法“仓库”也从来没有单薄过，角度多元，数不尽数。

相信很多家长的手机、电脑、书柜里，都收藏着大量关于家庭教育的文章、书籍；公众号和朋友圈里诸如《家庭教育的10条黄金教育法则》《家庭教育的12条父母规》等文章，也在不断刷屏吸睛；每位父母头脑里可能都装满了阳光教育、失败教育、生命教育、精英教育、信任法则、尊重法则、罗森塔尔效应等丰富而又杂乱的理念。我身边有很多家长，还收集和整理了一系列教育清单用以力行，诸如《××岁身心发展清单》《家务年龄对照表》《各年龄段阅读书目清单》之类，有些清单内容具体到了父母与子女对话句式、家务中的劳动细节等。

功课做得不可谓不深，但依然常听到家长感叹：道理知道了很多，还是茫然无绪；方法应用了很多，难见预期效果。是这些理论和方法有问题吗？不尽然。应该说，大部分理论方法都有其逻辑和实践基础，或者说都有其适用的情境。之所以家长们有以上的感触和现象，原因诸多，涉及认识论；而到底该如何做，则涉及方法论。

从认识论角度来看家庭教育，家长首先要认识到，每个孩子都是“特例”，每个孩子都是独一无二的。很多书籍和专家都提醒家长，不要先入为主认定自己的孩子特殊。于社会规则和发展平均的角度来说，这是有道理的；于每个孩子个性和特质的角度来说，恰恰相反。大量实验证明，即便同卵双胞胎，也会在性格和特质上有明显的差别。每个成功家庭教育方法都不可移植，更不会有一个成功的模板可以被套用。“虎妈”的教育方法成就了她的女儿们，但可能对你的孩子来说就是“灾难”；“放养”式快乐教育有成功的案例，不见得对你的孩子成长就有好处。教育学家第斯多惠说：“应当考虑到儿童天性的差异，并且促进独特的发展。不能也不应实施以一模一样的东西。”

那应该怎样做？我们需要一点方法论思维。

方法论是解决“怎么办”的问题，它是对目标领域一系列具体的理论和方法，系统分析总结出一般性原则的学问。家庭教育同样讲求方法论。我在本文主要谈谈贝叶斯方法论。

贝叶斯方法论来源于概率论和数理统计领域的贝叶斯定理，它对人们在各个领域的行为实践和因果分析都有强大的指导作用，也自然可以应用于家庭教育。当然，我们不必要精通它数理分析方面的机理，只需要应用它的思想。

通俗地概括一下贝叶斯思想，就是“观点和信念要随事实发生而调整”。道理很简单，我们先针对某一事物的进展，秉持一套预设的理念方法，当有新的事实进来之后，我们就依照事实，科学地修正这套理念方法，如此反复，以求更加科学有效。

具体应用到家庭教育，我们可以采取以下的步骤和方法。

## 一、客观评价孩子当前的特质和品质

比如性格外向、毅力欠佳、数字敏感等，归纳得越详细、客观越好。这在贝叶斯方法里称作设置初始状态。值得注意的是，根据最新的基因科学理论，我们在进行这一步骤对孩子的评判时，还要适当参照父母双方的一些特质，这就需要我们家长首先要有一个客观的自我认知。

## 二、针对孩子特质选择具体教育理念和方法

比如规则教育、特长引导等。如前文所说，家庭教育理论与方法丰富多元、体系庞杂，应用情境也各不相同。家长不能“听风就是雨”，照单全收，只做“加法”，不做“减法”。这样只会造成家庭教育思路和方向的混乱。一定要针对孩子的特质和具体目标，选择有针对性的理念方法。要知道，什么都要，就等于什么都不要。

## 三、细心观察，在教育过程中发现孩子新的特质或变化

比如发现孩子兴趣与天赋的错位、应对挫折能力欠佳等情况。孩子的成长过程本身就是一个不断发现、不断变化、不断改进、不断进化的过程。在这个过程里，家长永远不要抱有“终点思维”，而是要秉持一种“旅途思维”，给予孩子足够的耐心和包容，细心去观察，用心去体会。

## 四、根据新的观察事实，及时调整教育方案

比如增加失败教育、调整课外活动课程方案、改变家校合作内容与方式等，对症下药，更新理论和方法，调整原有理念与行为。

## 五、继续观察，继续改进

循照这个思路，保持动态平衡，坚持一种实用主义的态度。我们的目的就是要通过这个动态的方法，对家庭教育的每一个阶段都作出尽可能准确的、真正合适于孩子的判断和决策。这个过程虽然永远摆脱不了主观的成分，但一定会让我们对孩子的教育和引导更科学、更客观。

之所以提倡在家庭教育上运用科学的方法论，是基于我从学校教育反观家庭教育的一些观察、思考和实践。在我个人看来，家庭教育不是标准化的专业，更不是决定论和独断论知识，它是结合社会学、伦理学、教育学、心理学、脑科学、基因学甚至经济学、进化学等的综合实践性科学，需要不断地修正和进化。

本文提出在家庭教育上应用贝叶斯思想的观点，就是基于我对家庭教育的三

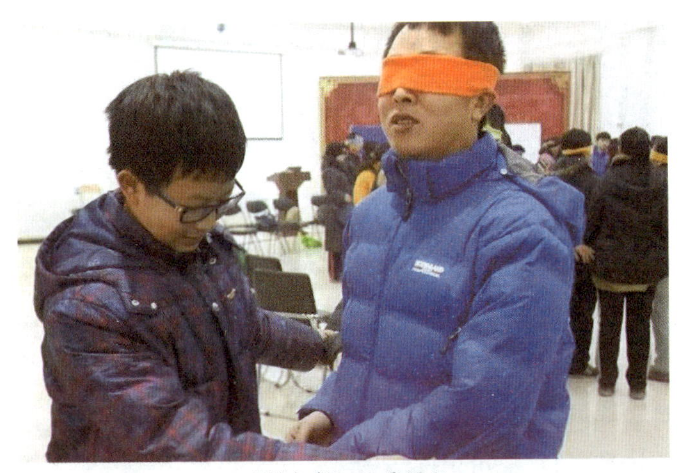
"蜕变式"父母课程

点思考和认识。

首先，家庭教育既是"科学实践"，又是"哲学思辨"。既然它是实践性科学，就需要像对待科学一样善于观察、归纳和证伪，又要像对待哲学一样持续置疑、假设和辩证。

其次，家庭教育既怕"自欺欺人"，又怕"有始无终"。家长万万不可忽略孩子的特质，把别人认为好的东西用到孩子身上就万事大吉；同时又以一种固定的教育套路，试图一劳永逸地解决孩子的所有教育问题。

最后，家庭教育既要"懂得参经"，又要"关注新论"。父母在学习和实践经典教育理论的同时，也要时刻关注有关家庭教育的前沿理论动态和最新成果，这是应用贝叶斯法的效度保障。本文的一些观点，就是受两位学者最新论著《为什么：因果关系的新科学》和《园丁与木匠》两本书的启发。

## 从知道到做到

当今中国的基础教育课程改革，早已不是理念的论证和倡导，而是实践的迫在眉睫。学校的课改工作一直是边探索边实践、边总结边提升，此次推进会也是这个目的。为进一步理清工作思路，请大家共同思考以下六个方面的问题。

### 一、课改是管理团队的使命

有人说，教师是越老越吃香的职业。教师随着经验的丰富和技能的纯熟，在职业生涯中是保值甚至增值的，而我们的干部则有可能是贬值的。比如，中关村某知名科技公司破产消息传出，各科技公司蜂拥而至，在门口等待抢夺技术人才，但管理层人员却各自散去。并不是管理人才不值钱，真材实料的管理人才在哪儿都需要。比如我们今天面临的课改工作，就是对我们管理者集体智慧的考验。课改工作不仅是教与学的方式的变革，更是整个学校管理方式的变革。课改工作的成败，直接映射的是管理团队的水平，而不是教师团队的素质。

## 二、课堂教学是永恒的主阵地

质量是生命。学校的办学质量是什么？无论是走班还是选课，无论组合多与少，无论是班主任制还是导师制，无论多考还是少考，对学校来说，教育的中心场域、教育的主阵地，永远是课堂教学。这里的课堂教学是一个大概念，包括“三有课堂”（有趣、有参与、有成就）的实施、教育科研、教师培养、队伍建设，都要围绕着这个焦点展开，这是我们长期的中心工作。

## 三、没有完美的计划，只有完美的行动

### （一）怎样把事情做对、做好

开车的人都知道，日本车故障率很低。比如，日本丰田，故障率是 34/100，而一般的欧洲汽车，故障率是 78.7/100。为什么呢？因为日本丰田在生产过程中，随时叫停纠错，而且不轻易更换供应商，有问题一起解决，有困难一起分担。而欧洲汽车则是生产完成后再纠错。

这就是敏捷管理。新课改是探索性的工作，是一个“摸着石头过河”的过程，需要我们在执行和运行过程中具有这样的“敏捷管理”思维。

### （二）课改工作具有高复杂性和高耦合性

1979 年，美国宾夕法尼亚州三里岛核电站反应堆瘫痪，导致核泄漏事故。社会学家查尔斯·佩罗研究后发现，三里岛核泄漏事故不是由地震或恐怖袭击等大规模外部冲击造成的，

实验探索课堂

而是由包括管道故障、维护人员疏忽、阀门被卡住、控制室内指示器混乱等小故障的交互叠加造成的。作为历史上最严重的核事故之一，三里岛核泄漏事故，实际上是以一种奇特的方式聚集起了一些小事故，从而造成了大事故。

当系统越复杂，耦合越紧密时，一个小小的疏忽，却可能导致大事故，甚至是一场灾难。

我们教育领域的课程改革，是关涉到立德树人、关涉到民族复兴的系统性工程，同样具有高复杂性和高耦合性。在实践过程中，我们要注意细节，避免小错导致大错，可以采取以下策略。

第一步是在意识层面，要认识到世界已经发生了变化。这是一件很难的事，我们要意识到，我们正面临不同的挑战，失败不是来自外部冲击，而是来自人为错误。

第二步是在工具和方法层面，引入行为经济学的工具，比如可以采用“事前试验”和“事后验证”的方法。“事前试验”就是通过预设失败，想象某个课改项目如果失败是什么原因，找出对策，以求成功。“事后验证”是事后的检讨，“复盘”的意义很大，完成一个阶段或一个重要环节，要善于总结、分析和改进。

第三步，摒弃群体思维，鼓励不同意见。麻省理工学院的研究表明，人们倾向于和自己所熟悉的团队达成一致，当团队中的成员来源多样化后，人们发表意见的可能性大为增加。组织要不断引入“陌生人”的冲击，这些“陌生人”既要对组织有所了解，具备“相关性”，同时还要和组织有一定距离，从而能够从不同角度来看待问题。因此，我们的课改参与主体，不仅是干部团队和全体教师，还要有学生、专家，甚至是关心教育的社会人士。

### 四、问对问题

既然课改是开拓性的、探索性的工作，在这过程中，与难题博弈，是我们的工作常态。遇到难题时，我们要做询问式的管理者和问题解决者。

首先问自己打算怎么做，然后再想想别人会怎么做，接着问问老师想怎么做，最后问问学生怎么看。再如此又回到自身怎么做，形成螺旋上升的态势。

## 五、团队合作的环状结构

现阶段，我们团队之间合作的关系已经不是“线性关系”，而是“环状结构”，你中有我，我中有你，各为前提和后续，无法客观分割，形成一体化。但环形结构也有中心，这个中心在每个阶段根据任务目标而有所不同，在现在这个筹备与冲刺阶段，人力资源是中心。值得注意的是，课程研究院不在这个环形中，而是系统整体运行的观察者、指导者、支持者和反馈者。

## 六、从知道到做到

以上这些观念，相信在座的很多干部都知道，从知道到做到，是一个永恒的话题，涉及到我们的执行力，关键在于“重复”。要实现从知道到做到，正确的流程应该是以下环节。

环节一：我知道这个事情是什么；

环节二：我有正确的方法去执行；

环节三：按这个方法执行到位。

其中，第二个环节“我有正确的方法去执行”，是最容易缺失的环节。这个环节的关键，就是两个字“重复”。不仅仅是简单的重复，而是间隔性、不同阶段的重复。

我们常说“说起来容易，做起来难”，有三大原因阻碍了我们从知道到做到。

### （一）原因一，信息超载

人类天生就有强烈的好奇心，获取新事物要比应用已有的知识有趣得多。信息量过多，有时反而不利于问题的解决。事实上，重复阅读或者练习过去已经学到的知识，带来的价值非常大。

解决这个问题的方案是“精要主义”，要最大限度地成就真正重要之事，切忌贪多求全，事事应允。我们应更加专注、不断重复，从“盲目地追求更多”的转态转为“自律地追求更少，但更好”。

### （二）原因二，消极过滤

我们在做事之前，尤其是做难事之前，常常会用消极心态建立防御机制。比如，布置某项工作，第一反应就是太难了、干不了，潜意识就会寻找各种失败和做不了的理由，红灯思维，人为地给自己的思维和行动设限。

解决消极防御机制的方案是“绿灯思维”，强迫自己在出现惯性红灯思维之前，先提出绿灯思维和黄灯思维。先积极认可一个新观点、新方法的可行之处，再提出进一步的建议。

**（三）原因三，缺少跟进**

很多人在接触了新事物之后，没有制订一个跟进计划，结果是很快就恢复了旧习惯而没有任何行动和改变。

解决方案是“持续跟进”。我们对某项工作都开启“指导——支持——问责”的程序，并重复这一步骤，只有持续跟进问题，才能确保有效解决。

最后，我们总结一下从知道到做到的三个步骤。

第一步，改变认知，知识层面的转化（精要的学习）；

第二步，改变态度，积极思维的转化（训练绿灯思维）；

第三步，改变行为，跟进系统（一套具体详实的跟进计划），每一个步骤都花时间重复，间隔性重复。

## 汇三方力量，育未来英才

今天是新一届家长委员会成立，这对学校教育来说是一件大事，对家校合作来说是一个重要的依托。因为我们都有一个共同目标也是唯一的目标，就是让你们的孩子、我们的学生，健康成长，学有所得，行有所长。正因为如此，我们坐在一起，共聚一堂，为着一个共同目标谋划平台，共建育人环境。

在今天的家长委员会成立大会上，家校社咨询室正式成立。这是海淀区教委的一项重点试验工程，目的就是通过这样一个平台，建立家校社沟通联动机制，联合家庭、学校、社区三方的智慧和力量，为我们的学生健康成长环境的营造，出谋划策，共同建设。

面对现在的教育形势，面对新形势下的学校教育，面对新时代学生群体的特点，家校社共育是未来教育必然的趋势。尤其是家校双方，任何一方单兵作战，都会影响教育过程的完整性，都不利于孩子的教育和成长。

从教育部这几年的各种文件和政策中，我们可以看到，国家开始越来越多地强调家校社共育的重要性；从近些年教育研究领域也可以看到，越来越多的专家学者开始关注家校社共育的紧迫性，也提出了很多的理论模型，例如生态系统理论、交叠影响域理论等。其实我们就算不明白这些理论的机理和内容，也会从切身实际和实践体会的角度上感受到家校社，尤其是家校合作的重要性。

可能很多家长都知道，今年交大附中的中高考成绩非常优异。但大家不知道的是，在年初新冠肺炎疫情刚开始蔓延的时候，在停课不停学刚刚开始的时候，我们是何等担心今年的初高三学生的中高考。后来我们认真分析这次危机中，我们做对了什么，有两点得到大家一致认同：其一是交大附中的老师隔离不隔心，盯住学生不放松；其二就是我们的家校紧密配合，合作无间，我们的家长很给力。我们有一个坚强、真正理解家校合作重要性和关键性的家长后盾。

毕业年级如此，非毕业年级也一样，在座的各位家长朋友就是示范。

说到这里，我还想问在座的各位家长一个问题，你是否真正全面地了解您的孩子、了解他们的内心世界？未必。同样的问题，我在学校的教师会上也问过，各位老师，你是否真正全面地了解您的学生、了解他们的内心世界？更未必。

那天，听马云在一个校长大会上讲了一句话，他说："现在这个时代，很多事情经常是老师假装明白，学生假装不明白。"前一句说的是老师要与时俱进，

警官在家校社咨询室给家长志愿者培训

加强学习。说得对。后一句却让我心里“咯噔”一下，感到紧张。

著名的青少年心理专家陈默说过一句话，更刺激、更现实，她说：“我们现在面对的教育对象是‘00后’和‘10后’，他们大都是独生子女，也是伴随着互联网的发展成长起来的一辈人。其实孩子们也有很多苦恼，只是我们没有深入了解。现在的最大问题是中国孩子已经变了，我们的老师和家长却还没跟上。”

难道不是吗？我们是不是也应该经常问问自己这个问题，我们真的了解自己的孩子自己的学生吗？换句话说，如果家庭、学校包括社区不携起手来，加强沟通，加强合作，又怎么能全方位地了解他们，理解他们呢？不了解他们，不理解他们，又如何谈得上科学的教育、合理的引导呢？

说到沟通，我说一个有意思的事，那天正好是学生放学的时间，我正好外出开会步行回来，在我前面有两个家长也在向学校门口走，准备接孩子。他们俩一边走一边聊天，也不知道在谈论什么话题，就听一个家长说：“孩子在家里不怎么说学校的事，在学校什么样也不清楚，家长会也就听个大概，总担心孩子在学校有什么问题，家长不知道。”另一个家长马上跟上一句：“是啊，老师联系咱们倒是挺多的，但谁知道学校会不会有什么事瞒着咱们呢。”我在后面听到了，心里真不是滋味，特别想紧走几步上去跟他们说：“这个，真没有。”

所以我想说，家长委员会有很多工作和义务，建立畅通的沟通机制是首要的任务，在我个人看来，家校合作首先是沟通，其次是共识，最后才是合作。在座的各位家长，是建立这个沟通机制的关键人物，是我们学校教育的关键依靠。所以，感谢大家，也拜托大家，只有我们家校社真正携起手来，加强沟通，紧密合作，才能共同为我们的孩子、我们的学生，营造出真正有利于他们健康成长的教育环境。

美国思想家爱默生有句名言：“家庭是父亲的土地，母亲的世界，儿童的乐园。”从这句话引申出来，家庭教育专家们有一句话叫作：“优秀的父母是一个家庭最好的风水。”今天应该是交大附中风水特别好的一天，因为有这么多优秀的学生父母坐在这里。希望各位家长常来学校，与老师、学校、社区共商共建育人共同体，让家庭、学校和社区越来越好！

（2020 年 10 月 26 日，在新一届家长委员会成立大会上的讲话）